# ALBERTO F. ROLDÁN

# Reino, política y misión

## Sus relaciones en perspectiva latinoamericana

Ediciones **PUMA**

Reino, política y misión
Sus relaciones en perspectiva latinoamericana

*Alberto F. Roldán*

Derechos de autor:
© 2011 Centro de Investigaciones y Publicaciones (CENIP) – Ediciones Puma

Hecho el Depósito Legal en la Biblioteca Nacional del Perú No. 201104003
ISBN No. 978-9972-701-72-6

Categoría: Teología histórica – Ética

Primera edición, marzo 2011

**Editado por:**
© 2011 Centro de Investigaciones y Publicaciones (CENIP) – Ediciones Puma
Av. Arnaldo Márquez 855, Jesús María, Lima
Telf./Fax: (511) 4232772
E-mail Administración: *puma@cenip.org*
Perú: *pedidos@edicionespuma.org*
Internacional: *ventas@edicionespuma.org*
Web: www.edicionespuma.org
Ediciones Puma es un programa del Centro de Investigaciones y Publicaciones (CENIP)

Diseño de carátula y diagramación: Adilson Proc



Impreso en marzo de 2011 en los talleres de la Asociación Editorial Buena Semilla
Carrera 31 64A-34-Bogotá

Impreso en Colombia
Printed in Colombia

# Dedicatoria

Para Emi,
dulce compañera
en la vida, el Reino y la *missio Dei*

# Contenido

# Un trabajo teológico intenso, sólido, comprometido

Alberto F. Roldán pertenece a una generación de teólogos protestantes latinoamericanos que ha asimilado gradualmente, no sin esfuerzo ni conflicto, lo mejor del pensamiento contemporáneo en diversos órdenes, pues basta con mirar su historia de vida para darse cuenta de la forma en que se ha desarrollado con el paso del tiempo. Partiendo, como muchos otros colegas, de una experiencia definida por los cánones del protestantismo histórico conservador, ha evolucionado hasta alcanzar una voz teológica propia, madura y propositiva. Su curiosidad intelectual lo ha llevado a incursionar en áreas como la educación y, sobre todo, la hermenéutica, en donde la huella de profundas lecturas de Paul Ricœur le ha servido para afinar cada vez más sus enfoques y análisis.

Como resultado de lo anterior, el carácter interdisciplinario de su trabajo lo define puntualmente, pues su acercamiento académico a las ciencias sociales le permite abordar los más diversos temas con una amplia solvencia y un manejo preciso de autores para delimitar adecuadamente los alcances de sus estudios, sean estos bíblicos, doctrinales, pastorales o históricos. Esta sólida metodología le debe mucho a la visión teológica y misionera que ahora desgrana en libros como el presente. Su temprano paso por Guatemala, le permitió un conocimiento fundamental del crecimiento evangélico in situ, justamente en los años en que las comunidades enfrentaron grandes desafíos. Brasil, para mencionar otro de los espacios latinoamericanos que conoce como pocos, le permitió también sumergirse en un "océano" cultural y teológico, caldo de cultivo de inmensos cambios religiosos, lo cual se advierte en muchas de las citas que maneja en sus textos.

Desde obras como las muy tempranas El mundo al que Dios me ha enviado (1992) o Evangelio y antievangelio. Misión y realidad latinoamericana (1993), hasta ¿Para qué sirve la teología? Una respuesta crítica con horizonte abierto (1999), Escatología. Una visión integral desde América Latina (2002) o La espiritualidad que deseamos (2003), nuestro autor ha conseguido, para beneplácito de quienes seguimos su labor, iluminar las realidades estudiadas con aportaciones que se han ganado ya un importante lugar en la teología protestante latinoamericana. ¿Para qué sirve la teología? merece una mención aparte debido a la manera tan sencilla —pero no por ello menos incisiva— con que introduce al lector a una comprensión teórica y práctica, al mismo tiempo la seriedad con que deben vivirse los estudios teológicos, muy en la línea de su admirado Karl Barth, en quien abreva una y otra vez para encontrar pautas de fe, conocimiento y acción.

Este nuevo fruto de sus aficiones y desvelos viene a confirmar que Roldán no solamente vuelve a sus autores preferidos, sino que lo hace con la firme convicción de que la relectura de las mejores tradiciones teológicas del pasado, lejano o inmediato, es una de las mejores fuentes para la tan anhelada renovación eclesial en el ámbito evangélico latinoamericano. De este modo, el triple enfoque de este nuevo volumen, Reino, política y misión, garantiza una lectura de alta calidad para pastores, estudiantes o miembros de iglesias, hombres y mujeres, que deseen informar su fe y su actividad con una fuerte dosis de la mejor teología.

Sobre el primer elemento del título, Roldán despliega en los primeros dos capítulos una mirada erudita y crítica sobre la forma en que se ha entendido el núcleo del mensaje de Jesús de Nazaret en América Latina, condensando en la agilidad de sus páginas el análisis requerido para comprender la manera en que las iglesias evangélicas han tardado tanto en penetrar y dejarse iluminar por el tema central de la acción de Jesús en el mundo. Este panorama tan necesario —que preocupó a algunas vertientes teológicas en germen, particularmente a la Fraternidad Teológica Latinoamericana (FTL) en sus primeros años— recibe el complemento de la nueva perspectiva aportada, desde hace algunos años, por el concepto de la missio Dei (misión de Dios), que tanto ha enriquecido al muchas veces desesperante reduccionismo de las zonas evangélicas más tradicionales.

La reconstrucción histórica de tendencias importantes, como el "evangelio social", que arraigaron escasamente en la mentalidad latinoamericana, aunque no estuvieron ausentes, es uno de los grandes méritos de estas páginas. Roldán es muy claro al señalar que esta corriente, en particular, no puede dejar de verse como un antecedente de lo que después serían las teologías latinoamericanas de liberación. Y es muy enfático: "…el concepto del Reino permite superar la tendencia eclesiocéntrica en la teología y la misión cristianas. Cuando la iglesia entiende la misión como si su centro fuera ella misma, reduce el propósito de Dios con su mundo. En rigor, el propósito último de Dios no se reduce a la salvación de 'almas' o de 'personas' o de 'familias' sino que consiste en la reconciliación del mundo".

El autor discute el tema mediante el análisis de precursores y de teólogos tan relevantes en el siglo XX como H. Richard Niebuhr (tan olvidado en estos tiempos y escondido tras el nombre de su hermano Reinhold), Oscar Cullmann, Paul Tillich, Wolfhart Pannenberg y Jürgen Moltmann, mediante un tour de force autoimpuesto con la conciencia de que muchos de sus lectores latinoamericanos se encontrarán con ellos por primera vez y de que les causarán una profunda impresión, tal como le sucedió a él.

Lo mismo sucede, en el segundo capítulo, con tres autores latinoamericanos (Sobrino, Míguez Bonino y Castro), cuyas aportaciones merecen un amplio reconocimiento en el avance de la conciencia cristiana en nuestro continente al respecto; pues logran superar, mediante sólidas relecturas de los evangelios, las limitaciones "escatologizantes" de otros autores sobre el mismo tema, y ponen sobre la mesa de discusión muchas de las implicaciones sociopolíticas que permanecían inexploradas y que salieron a la luz, forzosamente, en los años más álgidos de las luchas revolucionarias, causando enorme desazón y desconcierto entre las comunidades evangélicas, gracias a la postura supuestamente "apolítica" que aprendieron en el discurso misionero. En ese sentido, van sus respectivos énfasis en la ultimidad, la obediencia y la libertad en la misión.

La segunda vertiente del libro, ligada a las figuras de Juan Calvino y Barth, abarca cuatro capítulos en donde Roldán estudia la ética social y política del reformador, la importancia del comentario de Barth a la Carta a los Romanos, el carácter de la praxis sociopolítica barthiana y, a manera de síntesis y diálogo, el círculo hermenéutico en ambos pensadores. Escasamente se podría abarcar en pocas líneas el alcance de estos textos, el primero de ellos redactado como parte de una estadía de investigación en el Seminario Calvino, de Grand Rapids, justamente en los días del jubileo calviniano. Allí, Roldán discute si la propuesta del reformador constituye una auténtica teoría política, "bañada" de teología bíblica, tan necesaria para fundamentar posturas en toda la historia de la iglesia.

Es notable la manera en que el autor dialoga con diversos estudiosos, antiguos y modernos; entre los más recientes, Schmitt, Walzer y Marta García-Alonso, estudiosa española, a quien ha leído minuciosamente y de quien ha reseñado también su tesis doctoral. Una de sus conclusiones es muy llamativa: "Aunque el calvinismo ha sido superado en la historia y el mundo ha experimentado cambios tan radicales en el modo de ser pensado, todavía sigue siendo un acicate para la acción cristiana en el mundo, cuya meta histórica es lo que la Biblia denomina 'reino de Dios".

"Verdadero punto de partida de una nueva teología que representa una alternativa viable a la falsa alternativa entre liberalismo y fundamentalismo"; así resume Roldán la importancia del comentario de Barth publicado en 1919. El capítulo dedicado a esa magna obra es una necesarísima puesta al día de los entretelones y el impacto que causó en su momento, así como de su recepción en América Latina, en donde Barth tuvo seguidores muy atentos y discípulos directos, como Emilio Castro y Rolando Gutiérrez.

En nuestro medio, afirmaciones como las de Roldán (por ejemplo, "La Carta a los Romanos, de Barth, constituye un punto de partida para una nueva forma de leer la Biblia, desde una nueva hermenéutica contextual y existencial") solo han sido aceptables y digeribles después de décadas de incomprensión, pues la barthiana hermenéutica existencial (por mencionar únicamente un aspecto) se adelantó a su tiempo. Las palabras de Míguez Bonino, gran lector del teólogo suizo, siguen siendo muy útiles para acercarse con "seguridad" a quien temieron tantos profesores de seminarios: "Si se quiere entender a Barth, hay que leer la letra pequeña de su Dogmática, donde hace exégesis de los pasajes bíblicos con los cuales intenta darle fundamento a su teología". La teología barthiana es eminentemente tangencial, pues solo roza la explicación de las relaciones de Dios con el mundo, resume Roldán. El gran comentario barthiano, si se escribiera hoy, sugiere el autor, sería muy distinto, pero no dejaría de ser profundamente contextual, en diálogo con las nuevas realidades. Sería una muestra de auténtica teología liberadora y reivindicadora.

La indagación en el pensamiento de Barth, especialmente en su énfasis en la justicia divina y la praxis que se deriva de su comprensión, se ahonda en el capítulo siguiente y se cierra brillantemente con la comparación, desde la perspectiva del círculo hermenéutico (de origen filosófico y con el matiz protestante de Bultmann y Ricœur), con la obra de Calvino, pues Roldán los ve como creadores de desarrollos propios. En el caso de Barth, como un pionero en la ampliación de horizontes de su teología heredada, especialmente en temas como la soberanía de Dios y la predestinación, siguiendo los momentos del mencionado círculo. Este es quizá el ensayo más original e intuitivo del libro, puesto que pone a dialogar a dos teólogos reformados en el seno de la misma tradición, mediante un criterio de análisis que la teología latinoamericana asumió como propio y específico, sobre todo a partir del trabajo de J. L. Segundo, antes incluso de que su uso se volviera una propuesta hermenéutica prácticamente universal. Por ello, es capaz de señalar que, entre sus propósitos, está demostrar en qué medida "la teología reformada ha sufrido modificaciones sustanciales que, lejos de reducirla ha ampliado sus horizontes y ha mostrado su capacidad de adaptación a nuevas situaciones". Prueba de ello es la brillante relectura que Barth hace de la obra de Calvino.

Los capítulos finales del libro se ocupan de dos temas que siguen siendo vigentes: las teologías políticas de Moltmann y Metz, y el tránsito de la misionología desde una visión del Congreso de Edimburgo (1910) hasta cien años después, desde América Latina, antiguo territorio de misión. En el capítulo dedicado a los dos teólogos alemanes, Roldán expone la forma en que ambos reaccionaron a los escritos de Schmitt para producir notables aportaciones, desde los campos protestante y católico, como "caminos desafiantes para la praxis cristiana en el mundo de lo político". Partiendo de las tesis centrales de Schmitt, Roldán señala los rumbos divergentes de Moltmann (del monoteísmo monárquico al concepto trinitario de Dios y la teología política de la cruz) y Metz (crítica a la privatización de la fe, relaciones iglesia-mundo y dialéctica de teoría y praxis) para encontrar dichos caminos, en medio de la crisis posterior a las dos guerras mundiales.

Por último, Roldán hace una relectura latinoamericana, crítica y comprometida de lo que representó el congreso de Edimburgo en la visión misionológica. Advierte que pasar de la exclusión al protagonismo, es un salto cualitativo nada despreciable, sobre todo porque hoy el futuro de la iglesia y de las misiones ya no depende de las coyunturas del llamado Primer Mundo, sino de los desarrollos cristianos en los países que antes fueron colonias y que ahora están despegando en una labor misionera inconcebible hace cien años. Para él, la misión, concebida como sumarse a la labor del Dios trinitario en su esfuerzo de automanifestación, ya no puede ser excluyente ni ajena a los contextos socioculturales, religiosos o políticos de las sociedades actuales. América Latina está hoy a la vanguardia de las misiones.

Con todo este contenido, al que poca justicia hace este prólogo, el presente volumen viene a mostrar la madurez de su autor y su capacidad para comunicar, con una terminología intensa y clara, algunos de los debates teológicos actuales. Celebremos su aparición con una lectura atenta y comprometida.

Leopoldo Cervantes-Ortiz
México, DF, enero de 2011

# Introducción

¿Qué tienen en común el reino de Dios, la política y la misión? En principio, el primero y el tercero de esos factores se relacionan entre sí de un modo que llamaríamos "natural", porque el Reino es la esfera de gobierno divino y, como tal, representa el marco teórico de la misión en el mundo. ¿Pero qué tiene que ver la "política" en esa relación? ¿No será más bien un factor disonante entre el Reino y la misión? La presente obra tiene como finalidad exponer el significado del reino de Dios para la misión en el mundo y de qué modo la política —entendida en un sentido amplio como el gobierno y la teoría sobre el gobierno— es también un factor importante en ese significado. En palabras de Paul Lehmann: "Cuando decimos, pues, que Dios es un político y que lo que está haciendo en el mundo es 'hacer política', tenemos en mente la *definición* aristotélica y la descripción bíblica de lo que está pasando"[1]. Para Lehmann, esa acción de Dios tiene como finalidad "mantener humana la vida humana"[2]. Mostraremos que lo político es parte constitutiva del reino de Dios, expresión que en su propia formulación es política, ya que apunta al modo en que Él actúa soberanamente en el mundo. Pero lo político no se reduce simplemente al modo en que Dios actúa en el mundo, sino que también el reino de Dios precisa de mediaciones sociopolíticas. Este es un aspecto bastante ignorado por las teologías evangélicas, conservadoras y fundamentalistas que todo lo reducen a "lo espiritual" desconociendo que la vida no se vive en una esfera etérea, sino en un tiempo y un espacio y en medio de las contradicciones de la historia. Y que esa vida también se vive dentro de marcos teóricos que pueden ser filosóficos, teológicos, políticos y económicos que nos afectan. Por lo tanto, lo político no solo es una

---

[1]  Paul L. Lehmann. *La ética en el contexto cristiano*. Montevideo: Editorial Alfa, 1968, pp. 89–90.

[2]  *Ídem*, p. 104.

referencia al accionar de Dios en la historia desplegando su Reino, sino también se relaciona con la política humana. De ahí que es importante ver cómo, a través de la historia, el reino de Dios ha sido atravesado por corrientes, ideologías y posicionamientos diversos, dando lugar, desde el campo teórico, al surgimiento de lo que se da en llamar "teología política" que, en rigor, debiera pluralizarse en "teologías políticas".

En el primer capítulo, reflexionamos sobre las distintas concepciones del reino de Dios en la teología protestante europea y estadounidense. El recorrido comienza por los pioneros que instalaron el tema a fines del siglo XIX, pero la exposición pormenorizada recae en primer lugar en Walter Rauschenbusch y el *Social Gospel*, proyecto desarrollado en Nueva York en el sector social conocido como "la cocina del infierno". La importancia del *Social Gospel* radica en haber sido un proyecto concreto de puesta en práctica de las dimensiones sociales del evangelio de Jesús en una situación histórica concreta en los comienzos del siglo XX y que se tornó, de alguna manera, en un antecedente de las teologías latinoamericanas de liberación forjadas en nuestro continente a mediados del siglo XX. A ello sigue, a modo de contraste, la exposición de H. Richard Niebuhr en su obra *The Kingdom of God in America*, en la cual realiza un recorrido histórico de cómo se fue concibiendo el reino de Dios en la historia americana, mostrando no solo los factores teológicos de esas concepciones, sino también la influencia de los contextos sociopolíticos. Nos pareció importante analizar las perspectivas de Rauschenbusch y de Niebuhr por la influencia que tuvieron las teologías americanas en las prácticas misioneras de las iglesias evangélicas latinoamericanas. A esas perspectivas, les siguen luego los análisis de las teologías que sobre el reino elaboran teólogos sistemáticos como Oscar Cullmann, Paul Tillich, Wolfhart Pannenberg y Jürgen Moltmann, y finalizamos con una reflexión sobre la importancia que el Reino tiene para la definición de la *missio Dei*. Este capítulo es inédito y fue preparado, inicialmente, para el curso "Teología latinoamericana de la iglesia" que conduje en San José, Costa Rica, en agosto de 2010 dentro del Programa Doctoral Latinoamericano de Teología (Prodola).

El capítulo 2 está consagrado al reino de Dios en la teología latinoamericana. Reconociendo la amplitud del tema, hemos escogido tres autores clave: Jon Sobrino, representativo de la teología de la liberación, cuyo énfasis radica en los pobres como destinatarios del Reino y en la crítica a las diversas formas de antirreino en la sociedad y la historia; José

Míguez Bonino, teólogo metodista argentino, cuyo aporte principal radica en su reflexión sobre el discernimiento del Reino en la historia, que, para él, no es un asunto de una mera teoría, sino de un discernimiento que implica una opción concreta dentro de las muchas mediaciones sociopolíticas. El capítulo se cierra con la teología de Emilio Castro, metodista uruguayo, representativo de la teología protestante ecuménica que vincula al Reino con la evangelización y el compromiso en la historia, ofreciendo también ciertas pistas a las dimensiones ecológicas de la misión del Reino en el actual escenario mundial. También se trata de un capítulo inédito hasta ahora.

En el capítulo 3, exponemos la teología de Calvino, indagando, a partir de sus propios textos, el modo en que el reformador francés elabora una ética política y social para su tiempo. Discutimos si su propuesta es, en rigor, una teoría política, concluyendo que se trata más bien de una ética política, en la cual el Decálogo y el carácter santo de Dios son los andariveles a partir de los cuales Calvino elabora su pensamiento de lo social y lo político, siendo la última parte de su *Institución de la Religión Cristiana* solo un esbozo para una teoría política moderna que alcanzaría su pleno desarrollo en el siglo XVII. Este capítulo fue elaborado en Grand Rapids, Michigan, como fruto del Award concedido por el Center for Calvin Studies del Calvin College and Seminary en junio de 2009, coincidente con los quinientos años del nacimiento de Juan Calvino. Aprovecho la oportunidad para agradecer públicamente a ese Centro por las magníficas posibilidades de acceder a su biblioteca, acaso la más actualizada en estudios reformados del mundo y las atenciones de que fui objeto. También agradezco al doctor Mariano Ávila Arteaga, profesor de Nuevo Testamento en el Calvin Seminary, por sus muestras de amistad que hicieron mucho más productiva y placentera mi estadía allí. En forma digital, el capítulo fue publicado por la revista *Teología y cultura* (año 6, volumen II, diciembre de 2009).

El capítulo 4, titulado "La importancia del comentario de Karl Barth a la Carta a los Romanos", es el texto de una conferencia que di en Buenos Aires en noviembre de 2008, organizada por la revista *Teología y cultura*. Dicha conferencia coincidió con los noventa años de la primera edición del celebrado comentario de Barth. Allí exponemos el momento histórico y cultural en que Barth da a publicidad su comentario y el valor que este tiene para una nueva etapa en la teología que, al decir de Has von Balthasar, fue una "bomba de tiempo que cayó en el terreno de los teólogos". Este texto se publica por primera vez aquí.

El capítulo 5 es una profundización del anterior. Esta vez nos abocamos a exponer el carácter dialéctico de la justicia tal como lo plantea Barth en su comentario a la Epístola a los Romanos y, a modo de contraste, la praxis sociopolítica de Barth, especialmente en la Confesión de Barmen y *Comunidad cristiana y comunidad civil*. En el comentario a la Carta a los Romanos, el teólogo suizo da prueba de su método que denominamos "dialéctico-crítico-paradójico", donde se contrasta la "justicia humana" como intento fallido con la justicia de Dios, justicia *aliena*, que es expresión de la gracia y de la fe. No obstante la notable exposición barthiana del tema, nos pareció importante señalar la ausencia del abordaje de la justicia social en ese comentario, aspecto que sí está presente en posteriores trabajos del teólogo de Basilea. Por tal razón, en la última parte exponemos la ética sociopolítica de Barth en las obras citadas. Inicialmente, este texto fue publicado en la revista *Enfoques* (año XXI, números 1–2, 2009), pero ha sido sensiblemente ampliado para los fines de la presente obra.

Luego de la exposición de las teologías de Calvino y Barth, nos pareció importante reflexionar sobre las razones por las cuales esas teologías, representativas de la tradición reformada, son tan disímiles. Creemos que se debe al contexto histórico de ambos escritores y, sobre todo, al círculo hermenéutico. Por tal razón, en el capítulo aplicamos el círculo hermenéutico a las teologías de Juan Calvino y Karl Barth. Tomando como marco referencial ese círculo hermenéutico tal como es expuesto por Juan Luis Segundo, lo aplicamos a esas dos figuras descollantes de la teología protestante reformada. Mostramos de qué modo cada uno de los cuatro momentos del círculo hermenéutico que representan otras tantas sospechas, van modificando la teología heredada. Particularmente, el momento más controversial y osado, es el cuestionamiento que Barth hace de enfoques resbaladizos desarrollados por Calvino: la soberanía de Dios y la predestinación, logrando, en nuestra opinión, ampliar el horizonte para una teología más humana, contextual y dialéctica. El contenido de este capítulo, inédito hasta hoy, representa muchos años de reflexión en el campo de la hermenéutica contemporánea que reconoce como sus figuras más notables a Martín Heidegger, Rudolf Bultmann, Hans-Georg Gadamer y Paul Ricoeur, y, para América Latina, a José Severino Croatto y el citado Juan Luis Segundo.

El capítulo 7, titulado: "Las teologías políticas de Jürgen Moltmann y Johann Baptist Metz", inicialmente fue una ponencia que presenté en la Universidad Nacional de Rosario, Argentina, por invitación de la doctora

María de los Ángeles Yannuzzi, profesora titular de la cátedra de teoría política en esa casa de altos estudios. Luego, esa ponencia fue reelaborada como artículo científico, el cual se publicó en la revista *Cuadernos* de teología (volumen XXVII, Buenos Aires, Instituto Universitario Isedet, 2008). Su inclusión aquí obedece a que expone, esperamos que con suficiente claridad, la influencia de la teología en la conformación de la teoría política moderna, tal como fuera presentado inicialmente por Carl Schmitt, un jurista alemán que publicó su ensayo *Teología política* planteando como eje central que los conceptos de la teoría política moderna son de origen teológico y han sufrido un proceso de secularización. El desafío planteado por el controversial pensador, quien en alguna etapa de su vida frecuentó el nazismo, es retomado por Moltmann y Metz para formular unas teologías políticas más elaboradas "teológicamente", si se nos permite la redundancia. Es decir, repensar la teología desde una vertiente política. Tanto Moltmann, con su énfasis en la Trinidad como modelo superador del monoteísmo occidental, fundamento para la monarquía, como el concepto de teología crítica de la sociedad y de la iglesia elaborado por Metz, junto con su énfasis de la necesidad de "desprivatizar" la fe, constituyen no solo superaciones del marco ofrecido por Schmitt, sino que resultan orientaciones insustituibles que orientan la praxis sociopolítica de los cristianos y cristianas en el mundo actual.

El capítulo final, titulado "América Latina y Edimburgo 1910–2010: de la exclusión al protagonismo en la misión", fue una ponencia que elaboré por invitación de la Fraternidad Teológica Latinoamericana, núcleo Buenos Aires, en ocasión de los cien años de la Conferencia de Edimburgo, la cual, como se sabe, fue el primer evento mundial para la reflexión de la misión cristiana en el mundo. Lo curioso es que América latina fue decididamente excluida de esa conferencia. En el texto, indagamos en las razones históricas e ideológicas de esa exclusión y planteamos que a cien años del acontecimiento, América latina es hoy protagonista de la misión, siendo uno de los continentes —en sentido cultural— donde más se expande el reino de Dios, tanto en lo que se refiere a reflexión teológica, expuesta en el capítulo 2, como en el desarrollo expansivo de la iglesia.

En síntesis: la obra que ofrecemos a los lectores y lectoras está atravesada por los tres ejes: el Reino, la política y la misión. Cada uno de los capítulos corresponde a alguno o a varios de esos elementos. Los dos primeros están dedicados al primer tema: el reino de Dios, tanto en lo referido a las concepciones que de él se han elaborado en las teologías europeas y estadounidenses como en las teologías forjadas en nuestro contexto latinoamericano. Los cuatro capítulos siguientes están dedicados a la teología reformada en sus máximos exponentes: Juan Calvino y Karl Barth, donde se muestran las varias influencias histórico-culturales, sociales y políticas en la elaboración de la teología de esa vertiente, sus propuestas, aportes y vacíos.

Los capítulos finales tienen como eje central el tema de la teología política y la misión. El primero de ellos analiza pormenorizadamente la temática de la teología política a partir del desafío planteado por Carl Schmitt y ampliado sensiblemente por Moltmann y Metz con aportes significativos para la misión de la iglesia cristiana en un mundo secularizado. Luego de pasar por el excursus dedicado a comentar el análisis de Harold Bloom en cuanto al calvinismo en relación con la "religión americana", finalizamos con el capítulo consagrado a la misión, analizando el significado de la conferencia de Edimburgo 1910, la exclusión de América Latina en ese evento y el protagonismo que el continente ha llegado a tener en el presente, a cien años de aquel evento misionero.

Reino, política y misión son tres dimensiones que deben distinguirse entre sí, pero que, a la hora de la praxis cristiana en el mundo, están interconectadas. No hay Reino sin política ni misión sin Reino. El Reino, símbolo y meta de la historia, se va desarrollando en un mundo donde la *missio Dei* es protagonista y donde los cristianos y cristianas del mundo somos invitados e invitadas a participar activamente para la gloria de Dios y para mantener humana la vida en la tierra.

**Alberto F. Roldán**
Buenos Aires, Navidad de 2010

# CAPÍTULO 1

# Concepciones del Reino y *missio Dei*

*El mensaje de Jesús sobre la venida del reino de Dios antecede histórica y objetivamente a toda cristología [...]. La teología actual ha de recuperar de nuevo este tema fundamental del mensaje de Jesús.*

Wolfhart Pannenberg[3]

*Es difícil que se busque una claridad misionera desde una perspectiva que no sea la de la teología del reino. Casi todas las teologías contextuales del tercer mundo intentan interpretar la realidad —histórica, cultural y política— apuntando hacia una visión de futuro dentro de la perspectiva del reino.*

Emilio Castro[4]

## Introducción

Si partimos del axioma ampliamente difundido por Paul Ricoeur en el sentido de que el lenguaje religioso es, por antonomasia, simbólico, ya que "el símbolo da que pensar", en lo que se refiere a la misión de la iglesia, ese símbolo es el "reino de Dios". El símbolo del Reino es el que nos hace pensar la misión de la iglesia en el mundo. La teología cristiana en general y, particularmente, la protestante, ha desarrollado con bastante

---

[3] Wolfhart Pannenberg. *Teología y reino de Dios*. Salamanca: Sígueme, 1974, p. 13.

[4] Emilio Castro. *Llamados a liberar*. Buenos Aires: La Aurora, 1985, p. 109.

amplitud el concepto de "reino de Dios" y su importancia para la vida y misión de la iglesia. En el presente trabajo, intentamos definir el reino de Dios como clave hermenéutica para entender y hacer misión en el mundo que, para nuestro caso particular, es el "mundo-historia-geografía-cultura-latinoamericanas". En la primera parte del trabajo, nos referimos al concepto bíblico de "reino de Dios". En la segunda, hacemos un repaso de cómo ha sido interpretado el reino de Dios en la teología contemporánea. El campo para analizar aquí es vastísimo e imposible de rastrear a profundidad. Por lo tanto, hemos resuelto hacer un repaso histórico desde los comienzos de la reflexión en Albert Schweitzer para analizar un poco más detenidamente el aporte de Walter Rauschenbush y su teología del evangelio social y, a modo de contraste, el ensayo de H. Richard Niebuhr *The Kingdom of God in America*. Después, nos abocamos al pensamiento de teólogos del siglo XX y actuales cuyas obras son más sistemáticas. Nos referimos a Oscar Cullmann, Paul Tillich, Wolfhart Pannenberg y Jürgen Moltmann[5]. En la tercera, vinculamos al reino de Dios con la misión y el modo en que esa clave hermenéutica ayuda a comprender la *missio Dei*.

## El concepto bíblico de "reino de Dios"

En su meduloso trabajo titulado *Reino y reinado de Dios*, Rudolf Schnackenburg afirma: "El pensamiento del reino de Dios extiende sus raíces hasta lo más profundo del Antiguo Testamento. El erudito judío M. Buber dice: 'La realización del reino universal de Dios es el *próton* y el *escháton* de Israel"[6]. No obstante este hecho, el reino de Dios no fue un tema importante en la teología cristiana, debido, entre otros motivos, a la fuerte impronta agustiniana que dominó el pensamiento cristiano en Occidente identificando el reino de Dios con la iglesia. Ello derivó en teologías fuer-

---

[5] En esta ocasión no analizamos la teología de Karl Barth sobre el reino de Dios en razón de que su tendencia a lo protohistórico, ahistórico o posthistórico tiende a ubicar al Reino en un plano trascendental en el cual, en famosa metáfora del propio Barth, lo eterno apenas roza como una tangente al mundo, tocándolo solo en un punto. Para más datos, véase Alberto F. Roldán. *Escatología. Una visión integral desde América Latina*. Buenos Aires: Kairós, 2002, pp. 28–30, y mi artículo "El carácter dialéctico de la justicia en el comentario de Barth a la carta a los Romanos" (*Enfoques*, 2009). Tampoco tomamos en consideración la teología de Rudolf Bultmann, cuyo enfoque existencialista (o existenciario) ubican también el Reino casi fuera de la historia.

[6] Rudolf Schnackenburg. *Reino y Reinado de Dios*. Tercera edición. Madrid: FAX, 1974, p. 3. Cursivas originales.

temente eclesiocéntricas, para las cuales el interés de Dios pasaba solo por la iglesia. El reino de Dios, en consecuencia, quedaba en un plano inferior o, decididamente "pospuesto"[7]. Una mirada somera al testimonio bíblico, muestra que existen varias nociones de "reino de Dios" que se distinguen a partir de los contextos históricos y literarios donde aparece la expresión. El reino de Dios es vinculado al gobierno de Dios sobre Israel y el mundo, es de naturaleza escatológica y motivo del culto del pueblo que encuentra expresión en algunos salmos que proclaman: "El SEÑOR reina, revestido de esplendor" (93.1a); "¡El SEÑOR es rey! ¡Regocíjese la tierra!" (97.1); "El SEÑOR es rey: que tiemblen las naciones" (99.1a).

Según el ya citado Schnackenburg[8], aunque en el judaísmo tardío la expresión "reino de Dios" no es muy frecuente, ese hecho no debe conducirnos a pensar que la idea esté ausente de las reflexiones rabínicas, porque la opinión dominante es que Dios enviaría al Mesías-Rey, hijo de David, para restaurar el reino davídico a Israel. "El pensamiento de la restauración de Israel y de su imperio bajo la sombra de su Dios y rey se extiende a través de la mayoría de los testimonios de la fe judía, por muy diversos matices que adquieran al pintarnos las bendiciones mesiánicas"[9].

En lo que se refiere a la perspectiva del Reino que expresan los Apocalipsis judaicos intertestamentarios, el pensamiento del Reino reaparece en forma más espiritualizada y enmarcada dentro de lo "supramundano". Hay un universalismo soteriológico que alcanzará a todos los buenos, los "justos". Por ejemplo, un texto del Apocalipsis de Baruch reza: "Por causa de ellos (es decir, de los justos) ha surgido este mundo, por amor de ellos aparecerá el mundo futuro (15, 7)"[10].

---

[7] El concepto de "posposición" del Reino es elaborado por el dispensacionalismo, para el cual hay diversos modos en que Dios trata con la humanidad (dispensaciones o economías) afirmando que el Reino que Jesús ofreció a los judíos era el davídico, a modo de restauración del reino teocrático que había caído en manos de los enemigos de Israel. Cuando el pueblo judío rechazó el "evangelio del Reino", Jesús cambió planes sobre la marcha, para fundar la iglesia. Este postulado ha sido ampliamente refutado en varios textos. Véanse: George E. Ladd. *Crucial Questions about the Kingdom of God*. Grand Rapids: Eerdmans, 1952, y Alberto F. Roldán. *Escatología. Una visión integral desde América Latina*. Buenos Aires: Kairós, 2002.

[8] *Óp. cit.*, p. 32

[9] *Ídem*, p. 33. En su tesis doctoral recientemente traducida al español, Jacob Taubes afirma precisamente que en la expresión reino de Dios "se mezclan inextricablemente la escatología nacional, el mesianismo davídico y la escatología cósmico-trascendente de un Reino de los Cielos pensado esencialmente como mucho más allá" (Jacob Taubes. *Escatología occidental*. Buenos Aires: Miño y Dávila Editores, 2010, p. 75).

[10] Citado en Schnackenburg, *óp. cit.*, p. 58.

Pero es en los evangelios donde el reino de Dios adquiere, a través de la persona y mensaje de Jesús un nuevo relieve y una centralidad que todavía no se percibía en los antiguos testimonios. Jesús irrumpe en el Imperio romano proclamando: "Se ha cumplido el tiempo —decía—. El reino de Dios está cerca. ¡Arrepiéntanse y crean las buenas nuevas!" (Mr 1.15; *NVI*). Aquel reino anunciado por los profetas, proclamado en los salmos y ansiado en el período intertestamentario, ahora irrumpe en la historia. En feliz expresión de Orígenes: Jesús es la *autobasileia*, quien personifica el reino de Dios[11]. Tanto la enseñanza como la praxis evangelizadora de Jesús están centradas en el Reino. Proclama la venida del Reino, establece "la ley del Reino" en el Sermón del Monte (Mt 5, 6, 7; Lc 6), que exige una ética tan radical que ha suscitado las más diversas interpretaciones en la teología contemporánea. A eso nos dedicamos en el próximo apartado.

# El reino de Dios
# en la teología contemporánea

**Precursores: Albert Schweitzer, Albrecht Ritschl y Johannes Weiss.** Estos teólogos alemanes protestantes fueron los precursores en el debate contemporáneo sobre el reino de Dios y la escatología. Albert Schweitzer ha sido, en palabras de Moltmann: "el renovador de la escatología cristiana en nuestro siglo". Representa el comienzo de la discusión sobre el reino de Dios en la teología contemporánea. Hombre de intereses múltiples: médico, filántropo, teólogo y músico, estaba interesado en encontrar el núcleo del mensaje de Jesús. Mientras visitaba a los enfermos de lepra en Lambarané, África, buscaba el mensaje del Jesús histórico. Es así como elabora la teoría del *ínterin* que, con referencia al reino de Dios, sostiene que Jesús esperaba la venida de este en un futuro cercano, razón por la cual establece una ética del tiempo intermedio entre el anuncio y su llegada. Las cosas fueron distintas: Jesús resultó un Mesías sorprendido de que el Reino anunciado no viniera y, en actitud desesperada, casi suicida, se va a Jerusalén para acelerar su venida a través de la cruz[12].

---

[11] Contrariamente a la interpretación habitual del cristianismo, Taubes sostiene que no es Jesús quien trae el reino. Apoyado en Wellhausen, dice que una idea semejante es totalmente ajena a Jesús. Más bien, el reino trae a Jesús consigo (*óp. cit.*, p. 75).

[12] He desarrollado más ampliamente las ideas de Schweitzer en el libro ya citado: *Escatología. Una visión integral desde América Latina*, capítulo 1.

Por su parte, Albrecht Ritschl, teólogo luterano, influido por la deontología kantiana, había concebido el reino de Dios como una realidad ética. El modelo para seguir es Jesús de Nazaret y su enseñanza ética, expresada, fundamentalmente, en el Sermón del Monte. En términos del propio Ritschl: "El Reino de Dios es producido por los seres humanos que actúan inspirados por el amor"[13]. Esa concepción, sin embargo, recibiría un golpe de gracia en 1892 cuando Johannes Weiss, yerno de Ritschl, formula otro postulado diametralmente opuesto: el reino de Dios no vendrá por la acción humana, sino como la irrupción de Dios en la historia. La venida del Reino sería "el estallido de una abrumadora tormenta divina que irrumpe en la historia para destruir y renovar"[14]. En síntesis: los precursores del tema del reino de Dios en el campo teológico protestante reflejan, en general, una visión individualista y "espiritual" del Reino cuya presencia afecta la vida de las personas que, inspiradas en el amor, crean el Reino a través de acciones solidarias. En esa perspectiva, el Reino sería el producto de la acción humana más que de la acción de Dios. La excepción a ese punto de vista, lo constituyó el pensamiento de Weiss, el cual acentuó la venida del Reino como una irrupción divina en la historia.

**Walter Rauschenbush.** A modo de contraste con la visión de Schweitzer, es necesario analizar la perspectiva de Walter Rauschenbusch, gestor del *Social Gospel*. Rauschenbusch, de origen alemán, fue profesor de historia en el Rochester Seminary y pastor en la Segunda Iglesia Bautista Alemana al norte de Nueva York en un barrio pobre conocido como "la cocina del infierno". En medio de una situación de pobreza extrema, Rauschenbusch elabora una teología fuertemente arraigada en lo social y que es conocida luego como el *Social Gospel*. En cierto modo, su búsqueda fue una puesta en práctica de la teología de los valores morales de Albretch Ritschl. Para Rauschenbush, el mensaje del reino de Dios tiene alcances sociales. Dice Rauschenbusch: "Jesús derivó de la vida histórica del pueblo

---

[13] Esta interpretación es coincidente con la postura de Adolf von Harnack —profesor de Karl Barth en Alemania—, quien también había definido la llegada del Reino en términos individualistas: "Llega cuando se acerca al individuo, entrando en su corazón y tomando posesión del mismo".

[14] Johannes Weiss. *Jesus' Proclamation of the Kingdom of God*. Citado por Anthony Hoeckema en *La Biblia y el futuro* (Grand Rapids: Subcomisión de Literatura Cristiana, 1984, p. 325). Moltmann apunta un dato interesante: Weiss esperó hasta 1892, dos años después de la muerte de Ritschl, para publicar su obra que, a todas luces, se posicionaba en las antípodas de su suegro (Jürgen Moltmann. "Hope and Reality: Contradiction and Correspondence". En Richard Bauckham. *God will be all in all. The Eschatology of Jürgen Moltmann*. Minneapolis: Fortress Press, 2001, pp. 78–79).

hebreo la idea de 'el Reino de Dios'. La mejor traducción sería 'el reinado de Dios'. Esta concepción incorporó el ideal social y el propósito de las mejores mentes de una de las naciones más creativas de la historia"[15] (en *Christianity and the Social Crisis*[16]). Rauschenbusch aunque dice que Jesús no fue un reformador social del tipo moderno, sostiene que fue mucho más que un mero "maestro de moral". Esta designación, propia del liberalismo teológico, es superada por Rauschenbush al explicar que, aunque es cierto que el corazón del mensaje de Jesús es la religión, entendida como la relación de vida con Dios, por otra parte nadie comparte su vida con Dios sin que esta reconstruya todas sus relaciones. Analizando con mayor profundidad el propósito de Jesús definido como "reino de Dios", Rauschenbusch[17] sostiene que Jesús no fue un iniciador, sino más bien un consumador de las expectativas del Reino. Incorporó la fe y la esperanza proféticas acerca del reino de Dios. Unió su obra al mensaje de Juan el Bautista, con el cual mostró una afinidad interna. Jesús comenzó su ministerio anunciando: "El tiempo se ha cumplido y el reino de Dios está cerca, arrepentíos y creed al evangelio" (Mr 1.15). El Reino continuó como centro de su enseñanza, tal como está registrado en los Sinópticos. Raschenbusch hace una observación interesante en el sentido de que la audiencia de Jesús no necesitaba definiciones del Reino porque se trataba de una concepción y una frase ampliamente conocidas. No ocurre lo mismo hoy, reflexiona Rauschenbusch, y ofrece, entonces, un panorama de cómo era comprendido el Reino en aquellos comienzos del siglo XX. Rauschenbusch sintetiza las diferentes comprensiones del Reino en sus días:

> Para el lector ordinario de la Biblia, "heredar el reino de los cielos" simplemente significa ser salvo e ir al cielo. Para otros significa el milenio. Para algunos, la Iglesia organizada; para otros "la Iglesia invisible". Para el místico, significa "la vida escondida con Dios"[18].

Rauschenbusch sostiene que el concepto del Reino fue adquiriendo un sentido colectivo y nacional en Israel, el cual implicaba independencia, seguridad y poder bajo el mando de los reyes davídicos. Involucraba justicia social, prosperidad y felicidad tal como está descrito en la ley y los

---

[15] Walter Rauschenbusch. *The Social Principles of Jesus*. Nueva York: The Woman's Press, 1917, p. 55.

[16] Walter Rauschenbusch. *Christianity and Social Crisis*, p. 48.

[17] *Ídem*, p. 54

[18] *Ídem*, pp. 54–55.

profetas. En su interpretación del Reino de la perspectiva de Jesús, Rauschenbusch dice que si el Reino no fuera dependiente de la fuerza humana ni de catástrofes divinas, pero creciera quietamente por medio de procesos orgánicos: "entonces el Reino en un sentido ya estaba aquí. Su consumación, por supuesto, es del futuro, pero sus realidades fundamentales ya estaban presentes"[19].

El aporte más significativo que Rauschenbusch ofrece sobre el reino de Dios es el siguiente: "El Reino de Dios es todavía una concepción colectiva, involucra toda la vida social humana. No es un asunto de salvación de átomos humanos, sino la salvación del organismo social"[20]. Es así por el sencillo hecho de que "toda bondad humana debe ser bondad social. El hombre es fundamentalmente gregario y su moralidad consiste en ser un buen miembro de su comunidad. Un hombre es moral cuando es social; es inmoral cuando es antisocial"[21]. A partir de estos presupuestos teológicos, Rauschenbusch define su proyecto: "Necesitamos una combinación entre la fe de Jesús en la necesidad y la posibilidad del Reino de Dios, y la moderna comprensión del desarrollo orgánico de la sociedad humana"[22]. En otra de sus obras, Rauschenbush distingue entre el reino de Dios y las modernas teorías sociales. Dice:

> La idea del Reino de Dios no se identifica con ninguna teoría social particular. *Significa justicia, libertad, fraternidad, trabajo, gozo.* Muéstrenos cada sistema o movimiento social la contribución que puede hacer, y tomaremos en consideración sus pretensiones[23].

No es este el lugar para analizar las razones por las cuales el evangelio social no tuvo el éxito esperado[24]. Provocó reacciones diversas, entre otras, la

---

[19] *Ídem,* p. 62.

[20] *Ídem,* p. 65.

[21] *Ídem,* p. 67

[22] *Ídem,* p. 91.

[23] Walter Rauschenbusch. *Las enseñanzas sociales de Jesús.* Buenos Aires: La Aurora, 1947, p. 92. Cursivas originales.

[24] José Míguez Bonino, al evaluar el evangelio social, considera que fue una solución defectuosa porque pretendía ofrecer ciertos "principios sociales" tomados de la enseñanza de Jesús, aislados de la obra redentora de Jesucristo, por lo cual derivaba en un idealismo que, al fin de cuentas, era tan inoperante como el pietismo individualista ("Fundamentos teológicos de la responsabilidad social de la Iglesia". En VV. AA. *La responsabilidad social del cristiano.* Montevideo: Iglesia y Sociedad en América Latina, 1964, p. 24).

del fundamentalismo que lo consideró poco menos que herético. Pero fue, sin dudas, un aporte importante al situar nuevamente en el plano teológico la centralidad del reino de Dios y su presencia activa en un mundo en crisis.

**H. Richard Niebuhr.** Siempre en el escenario de los Estados Unidos, resulta importante tomar en cuenta el aporte de otro teólogo notable: Helmut Richard Niebuhr. Hermano del quizás más famoso Reinhold Niebuhr, Richard aportó a la reflexión sobre el reino de Dios en su obra: *The Kingdom of God in America*. En los comienzos de su reflexión, Niebuhr se refiere al reino de Dios como el principio último de la vida cristiana, en una perspectiva que sigue el camino trazado por Isaías, Jeremías y Jesús de Nazaret. Y puntualiza: "poner la soberanía de Dios en el primer lugar es hacer de la actividad obediente algo superior a la contemplación; sin embargo, es necesaria mucha *teoría* para la acción"[25]. Luego de analizar las varias perspectivas que el concepto "reino de Dios" ha tenido en la historia del cristianismo, Niebuhr subraya que la realización del reinado de Dios es el elemento más importante de la fe protestante. Abocándose luego al análisis de la historia de los Estados Unidos de América, Niebuhr subraya que la idea del reino de Dios fue dominante en el primer período de esa historia. Para Niebuhr, hubo tres ideas que imprimieron su sello en la vida americana: el constitucionalismo, la independencia de la iglesia y la limitación de la soberanía humana.

Con referencia al reino de Cristo en la historia de los Estados Unidos, Niebuhr compara la perspectiva de los cuáqueros y los puritanos. Los primeros, junto con los separatistas, ponen la gracia delante de la soberanía, mientras que los puritanos invierten esa relación[26]. Los cuáqueros tuvieron una conciencia revolucionaria muy pronunciada. Se encontraban más interesados en el reino de Cristo que en la soberanía de Dios: "es decir, estaban impresionados aún por el hecho de que el reino ha venido y podría venir a los hombres en sus propias vidas, trayendo libertad y gozo, que por el hecho de que la ley universal y la justicia reinaran a través de las esferas"[27].

Otro momento histórico importante fue el Gran Avivamiento o Despertar, que abarca desde Jonathan Edwards a Charles Finney. Según la comprensión de los adherentes al Despertar, el reino de Cristo ha de adquirir un sentido nuevo: "Dios ha actuado y está actuando en la historia; en

---

[25] H. Richard Niebuhr. *The Kingdom of God in America*. Hamden: The Shoe String Press, 1956, p. 20. Cursivas originales.

[26] *Ídem*, p. 89.

[27] *Ídem*, p. 92.

Jesucristo él ha producido el gran cambio que ha operado en los hombres el reino de libertad y de amor"[28]. El Avivamiento tendió a considerar el Reino como algo presente e insistió en su carácter de "revolución espiritual" que era necesaria encarar. "El Reino de Dios en la tierra había venido muy cerca, no como resultado de esfuerzos moralistas que siguen a la perfección, sino como consecuencia del poder del evangelio de la reconciliación"[29].

La última etapa de la historia del reino de Dios en Estados Unidos es la que Niebuhr denomina "institucionalización y secularización del Reino". Si bien la institucionalización es algo inevitable, en el caso de la historia estadounidense, el movimiento post-avivamiento confinó el reino de Cristo dentro de las paredes de la iglesia visible, con un detalle: "La institucionalización del reino de Cristo fue naturalmente acompañada por su nacionalización"[30]. Se afianzaron las ideas moralistas de un modo íntimamente asociado de lo que Niebuhr denomina "concepción mecánica de la conversión", lo cual significaba lo siguiente: "Ser reconciliado con Dios ahora significó ser reconciliado para establecer las costumbres de una sociedad más o menos cristianizada"[31]. En la parte final de su meduloso estudio, Niebuhr se refiere al reino de Dios en la concepción del liberalismo. Es aquí donde introduce su famosa definición de ese movimiento marcado por un fuerte optimismo y el cumplimiento de una promesa sin juicio. Dice Niebuhr: "Un Dios sin ira introduciría a hombres sin pecado en un reino sin juicio mediante los ministerios de un Cristo sin cruz"[32]. De todos modos, Niebuhr observa que el optimismo evolucionista no prevaleció en todos los ámbitos del movimiento liberal. En aguda observación, sostiene que, mientras algunos mediadores compartieron la protesta contra las versiones estáticas de la soberanía, la salvación y la esperanza, no retuvieron los elementos dialécticos y críticos propios del protestantismo.

A modo de evaluación de la obra de Niebuhr, debemos decir: la concepción del reino de Dios marcó, desde sus orígenes, la historia de los Estados Unidos de América. Pero no se trató de una concepción unívoca y mucho menos estática. Sufrió mutaciones que acompañaron la marcha de la historia estadounidense, desde una concepción de la soberanía de Dios en todos los órdenes, pasando por un énfasis en el reino de Cristo

---

[28] *Ídem*, p. 103.

[29] *Ídem*, p. 148.

[30] *Ídem*, p. 178.

[31] *Ídem*, p. 181.

[32] *Ídem*, p. 193. Pannenberg interpreta correctamente el tono de la frase de Niebuhr definiéndola como "irónica" (*Teología y reino de Dios*, p. 99).

de naturaleza fundamentalmente soteriológica y llegando hasta una cierta secularización del Reino. En estas modificaciones, hay diversas influencias, entre las que se destaca el Avivamiento o Gran Despertar que sacudió las iglesias estadounidenses por medio de figuras clave como Johnatan Edwards y Charles Finney. Esa influencia dejaría una impronta más espiritualista en la concepción del reino de Dios con énfasis en la salvación experimentada en términos de paz y gozo personales. Pero, de esa versión "espiritualista" del Reino, se pasará luego a lo que Niebuhr denomina: "la institucionalización y secularización del Reino", aspectos que serán acompañados por una creciente nacionalización al punto de identificar el reino de Dios con la historia americana. "Cuando el Evangelio social apareció al fin del siglo XIX este punto de vista institucionalizante de la venida del Reino fue uno de sus ingredientes"[33]. Si algo muestra la historia estadounidense con respecto al reino de Dios es que cuando esta realidad se institucionaliza, no solo pierde su raíz histórica, sino que también deriva en una especie de "mecanización de la conversión", perdiendo su carácter dialéctico y su fuerza transformadora.

**Oscar Cullmann.** Este teólogo reformado se inscribe dentro de la corriente conocida como "historia de la salvación" (*Heilgeschische*). Sus trabajos corresponden más bien al campo del Nuevo Testamento. En lo que se refiere a nuestro tema, acaso el libro más importante es *Cristo y el tiempo*. En opinión de C. René Padilla: "A Cullmann le cabe el honor de haber ofrecido el estudio más completo del significado del Hecho de Cristo en relación con el concepto del tiempo que se refleja en el Nuevo Testamento"[34]. Cullmann distingue tres concepciones del tiempo según el Nuevo Testamento. Hay tres *aiones*, que son:

1°.: El que precede a la creación, en el que la historia de la revelación ya está preparada en el plan divino y en el *Logos*, que está ya al lado de Dios;

2°.: el que se halla situado entre la creación y el fin del mundo, el *aión* "presente"; y

3°.: el *aión* "que viene", en el cual se sitúan los acontecimientos finales[35].

---

[33] *The Kingdom of God in America*, p. 183.

[34] C. René Padilla. "El Reino de Dios y la Iglesia". En *El Reino de Dios y América Latina*. El Paso: CBP, 1975, p. 62, nota 7.

[35] Oscar Cullmann. *Cristo y el tiempo*. Barcelona: Editorial Estela, 1968, p. 55. Cursivas originales.

Dentro de la historia, la irrupción de Cristo introduce un elemento nuevo que implica que, desde la Pascua, el centro de la historia ya no está situado en el futuro: "la mitad de la historia ya ha sido alcanzada"[36]. El reino venidero ya ha comenzado a partir del hecho de Cristo. La expresión "Cristo reina" se refiere al tiempo presente de la iglesia en el mundo. Sin embargo, hay una oposición entre "este siglo" y el "siglo venidero". En este contexto de su reflexión, Cullmann ofrece una "solución" al tema del presente y del futuro del reino de Dios, la cual, por la importancia que tendrá en las reflexiones futuras, merece ser citada in *extenso*:

> Es ya el último tiempo, pero todavía no es el final. Esta tensión está marcada en toda la teología del cristianismo primitivo. La era presente de la Iglesia es el tiempo que separa la batalla que ya ha sido decisiva para el resultado de la guerra y el "Victory Day". Para el que no se da claramente cuenta de esta tensión, el Nuevo Testamento entero es un libro sellado con siete sellos, porque es la condición implícita de todas sus afirmaciones. Ésta es la única dialéctica y el único dualismo que hay en el Nuevo Testamento. No es una dialéctica entre aquí abajo y más allá, ni entre el tiempo y la eternidad, sino entre el *presente* y el *porvenir*[37].

Como se verá más adelante, el concepto del "ya pero todavía no" del reino de Dios, acuñado por Cullmann, ejerció un influjo importante en la teología latinoamericana. Pese a ello, no ha carecido de críticas, particularmente, por parte de Jürgen Moltmann, quien sintetiza la idea central de Cullmann en el sentido de que "su tesis es que la historia de la salvación determina el tiempo, de modo que la continuación del tiempo no destruye la esperanza escatológica"[38]. Pese a ello, le formula tres críticas puntuales:

---

[36] *Ídem*, p. 67

[37] *Ídem*, p. 126.

[38] Jürgen Moltmann. *The Coming of God. Christian Eschatology*. Minneapolis: Fortress Press, 1996, p. 12. Una crítica a esta obra —a propósito de su aparición en español— se puede ver en David A. Roldán. "La escatología pre-crítica. Un balance de *La venida de Dios* (2004)" (*El títere y el enano*. Buenos Aires, número 1. Para un análisis más pormenorizado de la crítica de Moltmann a la escatología de Cullmann, véase Richard Bauckham. *God will be all in all. The Eschatology of Jürgen Moltmann*. Capítulo "Time and Eternity". Minneapolis: Fortress Press, 2001, pp. 177 y ss. Desde otro ángulo, Wolfhart Pannenberg también critica el binomio cullmanniano del "ya pero todavía no" del Reino, porque, dice, esa concepción no tiene en cuenta que el mensaje de Jesús partió manifiestamente de la prioridad del futuro antes que del presente. Parece más adecuada la ordenación inversa que comprende el presente del Reino como la manifestación anticipada de su futuro (Wolfhart Pannenberg. *Teología y Reino de Dios*, p. 15).

primero, si el tiempo entre la batalla decisiva y el día V es tan extenso, hace surgir una justificable duda en cuanto a lo decisivo de esa batalla; segundo, la noción del tiempo lineal no es un hecho bíblico, como Cullmann sostiene. Se trata, más bien, de un concepto científico moderno que podría rastrearse en la *Física* de Aristóteles, pues es imposible cuantificar el tiempo en términos de la historia de la salvación, y, tercero, "una teología de la salvación que está basada en un 'plan redentor' preprogramado por Dios, es teología del Iluminismo. No es otra cosa que deísmo histórico"[39].

**Paul Tillich.** Analizamos ahora el pensamiento teológico de Paul Tillich sobre el reino de Dios[40]. Tillich comienza el abordaje de la relación entre el ser humano y la historia recordando el sentido del término griego: *historia*. Primariamente, ese vocablo significaba inquirir, informar, reportar y luego, secundariamente, los eventos investigados e informados. Para Tillich, es importante destacar la conciencia histórica que se expresa en una tradición; por ejemplo, un juego de memorias de generación en generación. "La tradición no es una colección casual de eventos recordados, sino la recolección de aquellos eventos que han ganado significado por los que trajeron y recibieron la tradición"[41]. La importancia de la conciencia histórica, radica en lo que un grupo determina lo que debe considerarse como un evento histórico. De ese modo, según Tillich, las cosas que ocurren son elevadas a un significado histórico a través de medios que transforman esos acontecimientos en símbolos de la vida. "La tradición une los informes [*reports*] históricos con interpretaciones simbólicas"[42]. En todas las formas de la tradición, resulta imposible separar el acontecimiento histórico de su interpretación simbólica. Este hecho es tomado en cuenta en los registros bíblicos, tal como Tillich expone en el tercer volumen de su teología sistemática. Uno de los problemas que señala Tillich se relaciona con una cuestión subjetiva: cómo elegir un objeto de la historia. Esto se realiza dependiendo de la evaluación de su importancia para establecer la vida de un grupo histórico. Entonces, elabora un axioma:

---

[39] Jürgen Moltmann, *óp. cit*, p. 13.

[40] El texto base de nuestra investigación es Paul Tillich. *Systematic Theology. Life and the Spirit History and the Kingdom of God*. Volumen III. Chicago: The University of Chicago Press, 1963. De ese modo, usamos el texto original inglés, ya que el propio Tillich consigna en el prefacio: "I want to express my thanks to Mrs. Elizabeth Boone, who did the necessary 'Englishing' of my style with its unavoidable Germanisms [...]".

[41] *Ídem*, p. 300.

[42] *Ídem*, p. 301. La palabra *scholar* que insertamos entre corchetes, es para indicar el término inglés que usa Tillich. Cada vez que nos parezca importante indicar el vocablo original, lo consignaremos de este modo.

Todo escrito histórico depende tanto de los acontecimientos reales como de su recepción por una conciencia histórica concreta. No hay historia sin acontecimientos fácticos, y no hay historia sin la recepción e interpretación de los acontecimientos fácticos por la conciencia histórica[43].

A partir de estos conceptos iniciales, que sirven como preámbulo a su exposición, Tillich luego indica el propósito de su exposición, que consiste en "discutir los símbolos en los cuales el cristianismo ha expresado su respuesta a la cuestión del significado de la existencia histórica"[44]. Para que no queden dudas de su perspectiva "existencialista", Tillich agrega que, aun el más objetivo erudito [*scholar*] "está existencialmente determinado por la tradición cristiana, interpreta los eventos históricos a la luz de su tradición, por más inconsciente e indirecta que esa influencia pueda ser"[45].

Luego, Tillich se refiere a la dimensión histórica a la luz de la historia humana, afirmando que la historia humana siempre es una unión de dos elementos: el objetivo y el subjetivo. En un lenguaje cercano a Hegel, dice: "La dirección horizontal bajo la dimensión del espíritu [*spirit*] tiene el carácter de intención y propósito"[46]. En una breve referencia a la polaridad "libertad" y "destino", Tillich dice que el ser humano trasciende su propia situación, al usar su libertad. No obstante, se trata de una propia trascendencia que no es absoluta, pese a lo cual es capaz de producir algo cualitativamente nuevo. En la categoría de lo "nuevo", hay una distinción que el autor hace al comparar, por un lado, las realizaciones en el campo de la naturaleza, como la producción de nuevas especies en un proceso evolutivo o el descubrimiento de nuevas constelaciones en el universo, y, por otro, lo "nuevo con relación a la historia. En este último caso, lo "nuevo" está relacionado "esencialmente a significados y valores"[47].

¿Cuándo un evento histórico es significativo? Tillich propone que lo es cuando representa un momento dentro del movimiento histórico hacia el fin. Los eventos históricos son significativos por tres motivos: representan las potenciales esenciales de lo humano, muestran esas potencialidades realizadas en un sentido único y representan momentos en el desarrollo hacia el blanco [*aim*] de la historia.

---

[43]  *Ídem*, pp. 301–302.

[44]  *Ídem*, p. 302.

[45]  *Ibíd.*

[46]  *Ibíd.*

[47]  *Ídem*, p. 303

Pasamos ahora a analizar el significado del reino de Dios para Tillich. En primer lugar, fiel a su enfoque existencial y filosófico, que privilegia el lenguaje simbólico en la religión, Tillich dice que el reino de Dios es el símbolo que "significa que 'Reino' incluye la vida en todos los ámbitos [*realms*], o cada cosa que participa en la lucha hacia el objetivo interno de la historia: el cumplimiento o la sublimación última"[48]. Para Tillich, el reino de Dios es la respuesta a la cuestión planteada: el significado de la historia. El Reino implica un doble carácter: intrahistórico y transhistórico. En su primera faceta, participa de las dinámicas de la historia. En su carácter transhistórico, el Reino "responde las preguntas implicadas en las ambigüedades de las dinámicas de la historia"[49]. Tillich lamenta que el símbolo del Reino haya perdido fuerza a través de un énfasis sacramental de las iglesias católicas, el evangelio social y algunas formas de socialismo religioso. Pero todavía cree que es posible rescatar su poder simbólico, tarea a la que se dedica. Esa reinstalación del Reino como símbolo viviente, puede proceder del encuentro del cristianismo con las religiones asiáticas, especialmente el budismo, aunque es consciente de que difícilmente este acepte el símbolo del reino de Dios en un modo semejante al sentido original. No obstante, Tillich cree que no hay otro símbolo del cristianismo que pueda ser útil para apuntar a la fuente última de las diferencias, especialmente cuando es contrastado con el símbolo del Nirvana.

El reino de Dios posee cuatro características: política, social, personal y universal. Procederemos a comentar las dos primeras, que nos parecen más relevantes:

a. La primera connotación de esa expresión es política. "Esto armoniza con la esfera [...] predominantemente política en las dinámicas de la historia"[50]. El reino de Dios tiene un desarrollo como símbolo a través del Antiguo Testamento. Originalmente, implica que Dios reina asumiendo el poder de control sobre todas las naciones y derrotando a los enemigos de Israel. En el judaísmo tardío y el Nuevo Testamento, esa esfera de acción del gobierno divino llega a ser más importante, ya que implica la transformación de los cielos y la tierra, lo cual resulta en el renacer de la nueva creación. De ese modo, el "símbolo político es transformado en un símbolo cósmico pero sin perder su connotación política"[51].

---

[48] *Ídem*, p. 350.

[49] *Ídem*, p. 357.

[50] *Ídem*, p. 358.

[51] *Ibíd.*

b. La segunda característica del reino de Dios es social. Esta característica incluye, especialmente, los valores de la paz y la justicia. En una referencia al elemento utópico del Reino, Tillich dice que este símbolo cumple con la expectativa utópica del reino de paz y justicia y que la adición "de Dios" acentúa la imposibilidad de que un cumplimiento terreno sea implícitamente reconocido. Casi como nota adicional, Tillich vincula la santidad con la justicia: "no hay santidad sin que lo santo deba ser el imperativo moral incondicional de justicia"[52]. Este es un punto que Tillich trata en otro libro (*Moralidad y algo más*), en el cual critica la tendencia a subrayar el elemento intimista de los enfoques de la caridad que, de alguna manera, desplazan la lucha por la justicia. Dice Tillich:

> Es lamentable que el cristianismo haya tan a menudo ocultado su falta de voluntad para hacer justicia, o su no disposición para luchar por ella, oponiendo la justicia y el amor y realizando obras de amor, en el sentido de la "caridad", en lugar de luchar por la eliminación de la injusticia social[53].

En síntesis: el aporte de Tillich a la teología del Reino consiste en la vinculación que establece entre el Reino, la historia y la justicia, carácter este último imposible de materializar sin la mediación política.

**Wolfhart Pannenberg.** Este teólogo luterano es una de las figuras más importantes en el campo de los estudios sistemáticos. Ha reflexionado sobre la importancia del reino de Dios de un modo que es imposible soslayar. Está inscrito dentro de una "teología de la historia", la cual, de alguna manera, es una continuación de la escuela inaugurada por Oscar Cullmann. Su principal énfasis radica en la "revelación en la historia" como un evento universal, abierto a todos; Pannenberg vincula el reino de Dios con la escatología y la iglesia[54]. En *Teología y reino de Dios*, Pannenberg resalta la importancia que el tema tiene en el mensaje de Jesús y la disminución de su centralidad en la teología a mediados del siglo XX. Como contenido central, el reino de Dios se encuentra en Kant, Schleiermacher, Abrecht Ritschl, Jonathan Edwards y el *Social Gospel*, que ya

---

[52] *Ibíd.*

[53] Paul Tillich. *Moralidad y algo más*. Buenos Aires: La Aurora, 1974, p. 38. Este libro lo dedica Tillich a su amigo Reinhold Niebuhr, quien precisamente es autor de la notable obra: *El hombre moral en la sociedad inmoral* (Buenos Aires: Siglo XX, 1966).

[54] El proyecto teológico de Pannenberg centrado en la historia se puede apreciar en Wolfhart Pannenberg (editor). *Revelation as History. A proposal for a more open, less authoritarian view o fan important theological concept*. Londres: The Macmillan Company, 1968.

hemos analizado. Pero agrega: "La idea del reino de Dios no se desvanece propiamente hasta la dogmática de los últimos decenios"[55]. Pannenberg entiende que desde Kant hasta Ritschl, dominó la idea ética del Reino que lo entendía como producto de la acción humana. Posteriormente, se pasó de una interpretación ética a una comprensión escatológica del Reino. Ello, pese a que en la teología dialéctica, expresada por Bultmann y Barth, lo "escatológico" recuperaba su posición central, pero enmarcada en una visión antropológica-existencial y, en consecuencia, desprendida de su sentido temporal. "Se prescindió de que en el mensaje de Jesús la idea del reino de Dios designaba un futuro bien concreto"[56]. Pannenberg insta a recuperar el sentido histórico del Reino como una realidad presente hoy, para tornarlo relevante en problemas que hoy acucian a la teología: el problema de Dios, la relación entre la comprensión cristiana del mundo y las ciencias naturales, y la relación entre la iglesia y la sociedad.

Con referencia a las relaciones entre el Reino y la iglesia, Pannenberg distingue ambas realidades definiendo: "El reino de Dios es mayor que la iglesia y ésta tiene su función específica y su importancia sólo en la ordenación al reino de Dios"[57]. La concepción del reino de Dios en la historia de Israel tomó un cariz político y de él se esperaba la realización del *Shalom* y la justicia plena. "Nunca se habla en este contexto del templo o de la iglesia. Es absolutamente posible representarse el reino de Dios entre los hombres sin una institución religiosa"[58]. Pannenberg observa la tendencia, equívoca, en la historia de la cristiandad, de identificar la iglesia con el Reino, concibiendo el "reino de Cristo" como preparatorio para el reino pleno de Dios. Pero la crítica más aguda de Pannenberg se relaciona con el hecho de que los signos del Reino no siempre se han dado en la iglesia, sino, muchas veces, fuera de ella y hasta en contra de ella. Dice:

> La iglesia no es siempre el único lugar donde acontecen estos signos. Más aún, con frecuencia han acontecido y acontecen en oposición a la iglesia. Precisamente, cuando la iglesia se ha considerado a sí misma como la forma presente del reinado de Dios, las huellas del reino de Dios en la historia han quedado frecuentemente marcadas fuera del ámbito de la iglesia y, no pocas veces, contra la resistencia de la misma[59].

---

[55] Wolfhart Pannenberg. *Teología y Reino de Dios*. Salamanca: Sígueme, 1974, p. 12.

[56] *Ídem*, p. 13.

[57] *Ídem*, p. 43.

[58] *Ídem*, p. 47.

[59] *Ídem*, p. 49.

El reino de Dios apunta a una realidad concreta de amor, justicia y derecho. Está llamado a ejercer una influencia en las instituciones sociales y políticas. La dimensión política es la que suscita la pregunta insoslayable: ¿el reino de Dios se identifica con alguna forma política determinada, sea monarquía, democracia o socialismo? La respuesta es negativa, porque el reino de Dios no ha tomado forma concreta en ningún tipo de Estado, ya que ninguna forma social y política es definitiva y perfecta. En una referencia más específica al marxismo, Pannenberg admite que su explicación de la permanencia de las religiones es correcta en el sentido de que han de persistir mientras no se haya realizado la forma definitiva de la vida social. Pero el marxismo incurre en un error, que para Pannenberg consiste "en la ilusión de que la sociedad verdaderamente humana pueda ser realizada definitivamente por los hombres y, ciertamente, en un proceso relativamente corto"[60]. Esta crítica a la visión marxista, realizada en una época de cierto esplendor, no es obstáculo para que Pannenberg también señale el de la propia iglesia, visión que consiste en el repliegue y la retirada de la sociedad, aduciendo que la sociedad secular nunca podrá alcanzar los fines superiores que porta la iglesia. Esto es fuertemente criticado por Pannenberg, en el sentido de que la retirada de la sociedad también implica una función social. Y agrega: "Las iglesias que afirman que están totalmente ocupadas con las tareas, en este sentido, 'espirituales' y que se mantienen alejadas, por esto, de todos los problemas políticos, son, en realidad, verdaderos bastiones de la defensa de lo establecido"[61].

Tomando en cuenta estos presupuestos teológicos, ¿cuál es entonces la función de la iglesia en su relación con la sociedad y el reino de Dios? Siendo una institución provisoria, tiene el deber de adentrarse en la vida social y política existentes y juzgarlas a la luz del Reino venidero. A modo de propuesta programática, dice Pannenberg:

> La existencia de la iglesia, como una institución particular
> en el marco de la sociedad actual, está justificada en la
> medida [en] que cumpla su función crítica y constructiva de
> iluminar a la sociedad en su marcha hacia el cumplimiento
> de su determinación en el reino de Dios[62].

En síntesis: la perspectiva teológica del reino de Dios elaborada por Pannenberg ofrece ciertas notas particulares que es menester subrayar. En primer lugar, realiza un esfuerzo por volver a situar el tema del reino de Dios

---

[60] *Ídem*, p. 55

[61] *Ídem*, p. 58

[62] *Ídem*, p. 59.

en las consideraciones teológicas de la segunda parte del siglo XX al advertir cómo ese tema tan central en Jesús y su mensaje, quedó desdibujado por la tendencia ética expresada en la teología liberal. En segundo término, distingue adecuadamente entre el Reino y la iglesia, definiendo a esta última como una realidad temporal y provisoria. En tercer lugar, fiel a su búsqueda de una teología en la historia, señala ese escenario en el que se despliega la revelación del futuro de Dios expresado en el Reino futuro que, desde esa dimensión, debe iluminar el presente. En cuarto término, su visión es realista, ya que no ve posibilidad de neutralidad por parte de la iglesia en las zonas sociales y políticas en las que le toca vivir dando testimonio del Reino. En quinto lugar, la misión de la iglesia, a la luz del Reino, consiste en criticar e iluminar a la sociedad toda en su marcha hacia el cumplimiento escatológico del reino de Dios. No obstante estos aportes, la exposición de Pannenberg carece de una crítica al capitalismo en sus diversas formas, lo cual se espera luego del severo cuestionamiento realizado al marxismo.

**Jürgen Moltmann.** El teólogo reformado Jürgen Moltmann surgió al campo teológico con su obra *Teología de la esperanza*, fruto del diálogo con la filosofía de Ernst Bloch: *El principio esperanza*. Moltmann cuestiona el lugar postrero que le ha cabido siempre a la escatología en los tratados teológicos, postulando que ella debe ocupar el primer lugar, ya que el mensaje cristiano es, por naturaleza, escatológico e ilumina todo el pensamiento cristiano que se basa en la esperanza de la concreción de la promesa de Dios. Dentro de esa perspectiva, la escatología, entonces, ya no es una "doctrina sobre el futuro", sino que "significa doctrina acerca de la esperanza cristiana, la cual abarca tanto lo esperado como el mismo esperar vivificado por ella"[63]. Si el mensaje cristiano tiene a la esperanza como su núcleo central, entonces el reino de Dios se constituye en el eje del obrar de Dios en la historia. Dice Moltmann: "El auténtico centro y el concepto básico de la escatología —concepto utilizado continuamente, y cuyo contenido varía— consiste, sin duda, en aquello que se nos ha prometido y que aguardamos como 'Reino de Dios' y 'dominio divino'"[64]. El Reino entendido como dominio divino no es tanto un reinado universal como un conducir de Dios a la humanidad hacia "lugares de la promesa", situados en la historia y dirigidos hacia una meta. En otras palabras y, a modo de definición: "El dominio divino quiere decir originariamente dominio en promesa, en fidelidad y en cumplimientos"[65].

---

[63] Jürgen Moltmann. *Teología de la esperanza*. Salamanca: Sígueme, 1969, p. 20.

[64] *Ídem*, p. 282.

[65] *Ídem*, p. 283.

En *Trinidad y reino de Dios*, Moltmann continúa su reflexión sobre el Reino, pero esta vez vinculado al concepto trinitario. Se pregunta qué relación guardan entre sí la Trinidad y el reino de Dios. Formula, entonces, una crítica al monoteísmo en su uso político, apuntando como premisa: "Cuanto más se subraya la economía de la salvación y de la soberanía de Dios, más se impone la unidad de Dios, pues esa soberanía parece que sólo puede ejercerla un sujeto único, idéntico"[66]. Moltmann indica que la pregunta "¿Existe Dios?" representa un planteo equivocado, porque es abstracta. De esa idea de un Dios "monárquico" en el cielo y en la tierra, se deduce, luego, una soberanía política, religiosa, moral y patriarcal. Por eso, insta a pasar de la monarquía divina a la Trinidad divina como eje a partir del cual pensar a Dios. Con estas premisas, Moltmann entra de lleno a elaborar una crítica de la "teología política", frase acuñada por el jurista alemán Carl Schmitt[67]. Moltmann destaca el origen estoico de la expresión "teología política", que presupone una unidad entre política y religión. Así se fue gestando el monoteísmo político, cuya última figura, en la historia europea, fue el absolutismo de la Ilustración. Lo único que puede superar el marco estrecho del monoteísmo aplicado luego al campo político en términos de monarquía, es el concepto trinitario de Dios. Para ello, Moltmann propone cuatro aspectos que se deben tomar en cuenta[68]:

1) La doctrina trinitaria cristiana une a Dios, Padre todopoderoso, con Jesús, el Hijo entregado a la muerte, al que lo romanos crucificaron, y también lo une al Espíritu vivificador. De la unidad del Padre, del Hijo y del Espíritu no puede surgir la figura del monarca omnipotente del universo al cual imiten los soberanos terrestres.

2) El omnipotente no es trinitariamente un arquetipo para los poderosos del mundo, sino que es el Padre de Cristo crucificado y resucitado. Como Padre de Cristo, se expone a la experiencia del sufrimiento y la muerte. Antes que omnipotencia, es amor apasionado y vulnerable.

---

[66] Jürgen Moltmann. *Trinidad y reino de Dios*. Salamanca: Sígueme, 1983, p. 207.

[67] Para un análisis más profundo de la teología política de Carl Schmitt y su superación por parte de Metz y Moltmann, véase el capítulo "Las teologías políticas de Jürgen Moltmann y Johann Baptist Metz. Alternativas al planteo de Carl Schmitt".

[68] Sintetizamos aquí los conceptos vertidos por Moltmann en *Trinidad y reino de Dios*, pp. 214–215.

3) La gloria del Dios trino no se refleja en las coronas de los reyes y vencedores, sino en el rostro del Crucificado, de los oprimidos, de los creyentes y de los pobres.

4) El Espíritu vivificador no se apoya en la acumulación de poder y absolutismo, sino en el Padre de Jesucristo y su resurrección.

A partir de estas pautas que surgen de las relaciones interpersonales del Padre, del Hijo y del Espíritu, Moltmann deriva una aplicación al tema social y político diciendo: "La doctrina cristiana impulsa a desarrollar un *personalismo social y un socialismo personal*[69]. De ese modo, en opinión de Moltmann, se podrían superar el personalismo occidental aliado al monoteísmo y el socialismo del Este, el cual, desde la óptica religiosa, tiene una base de panteísmo más que de ateísmo.

Desde esa crítica al monoteísmo teológico y el modo en que se refleja en el campo político en términos de monarquía y soberanía absolutas, Moltman pasa a reflexionar sobre "la doctrina trinitaria del Reino". Parte de una cita de Ernst Bloch, el filósofo marxista gestor del "principio esperanza" como núcleo de su pensamiento, quien afirmó: "Cuando gobierna el gran Soberano del universo, no hay espacio para la libertad, tampoco para la libertad [...] de los hijos de Dios ni para el reino místico-democrático de la esperanza milenarista"[70]. La crítica, aparentemente, no carecería de razón y obliga a la teología cristiana a hacer un esfuerzo para crear espacio de libertad en el reino de Dios. Apela, entonces, a la elaboración escatológica del Reino elaborada por Joaquín de Fiore. Se nutrió de dos escatologías: la de Tyconio, desarrollada por San Agustín, según la cual Dios creó al mundo en siete edades, y la de los teólogos capadocios, quienes distinguieron entre reino del Padre, reino del Hijo y reino del Espíritu. Esto lo hicieron no de manera deliberada, sino incidental. Joaquín amplió ese horizonte para ver cómo en la historia se fue desplegando, gradual y consecutivamente, el reino del Padre, el reino del Hijo y el reino del Espíritu. El primero significa la creación y conservación del mundo, y el segundo, la redención del pecado. El tercero, el reino del Espíritu, es el renacimiento del hombre por la fuerza del Espíritu, que implicará, también, la llegada de la "inteligencia espiritual"[71].

---

[69] *Ídem*, p. 216. Cursivas originales.

[70] Ernst Bloch. *The Prinzip Hoffnung*. Frankfurt-am-Main: Suhrkamp Verlag Kg, 1959, p. 1413, citado en Moltmann, *óp. cit.*, p. 220. Hay versión española por Trotta, de Madrid.

[71] Gianni Vattimo ha ampliado los conceptos de Joaquín de Fiore y los ha aplicado al tema hermenéutico. Dice que, según Joaquín, el reino del Padre es el que estuvo caracterizado por la ley; el del Hijo por la servidumbre filial, y el tercero, el del Espíritu, por la libertad. Gianni Vattimo. *Después de la cristiandad. Por un cristianismo no religioso*. Buenos Aires: Paidós, 2004, p. 42).

Pero no solo Joaquín de Fiore ha elaborado una teología del Reino en perspectiva trinitaria. También lo han hecho las teologías luterana y reformada. Esas teologías distinguen, en la doctrina del reino de Cristo, el reino de la naturaleza, el reino de la gracia y el reino de la gloria. ¿Cuáles son las diferencias entre ambos planteamientos? Básicamente, en que Joaquín concibe los tres reinos como etapas en la historia, mientras que el protestantismo se refirió a dos reinos históricos: el reino de la naturaleza y el reino de la gracia. Ofrece un esquema para comprender las diferencias:

Joaquín: ⇒ reino del Padre ⇒ reino del Hijo ⇒ reino del Espíritu: reino de la gloria

Ortodoxia protestante: regnum naturae ⇒ regnum gratiae: regnum gloriae

A modo de síntesis de cómo habría que entender la doctrina trinitaria del reino de Dios, dice Moltmann:

a. El reino del Padre consiste en la creación de un mundo abierto al futuro del reino de la gloria.

b. El reino del Hijo consiste en la soberanía liberadora del Crucificado y en la comunión con la multitud de hermanos y hermanas.

c. El reino del Espíritu "se siente" en las fuerzas que dispersa el Espíritu Santo a los seres humanos liberados por el Hijo.

Lo que debe caracterizar al reino trinitario de Dios es la libertad y posee las siguientes características:

a. Reino del Padre, consistente en la creación y conservación del mundo

b. Reino de Cristo, como liberación de los seres humanos de su oclusión mortal y

c. Reino del Espíritu, "definido por las fuerzas y las energías de la nueva creación, que hace del hombre morada y patria de Dios"[72].

En resumen: el aporte de la teología de Moltmann al tema del reino de Dios consiste en haber vuelto a situar la escatología en el primer lugar de las reflexiones teológicas, ya que el mensaje cristiano es, por definición, escatológico. En esa perspectiva, el reino de Dios aparece como el ámbito del gobierno de Dios creando espacios de promesa, pero no en un más allá celestial o etéreo, sino en el más acá de la historia. Ese Reino debe ser

---

[72] Moltmann, *óp. cit.*, p. 230.

concebido desde el concepto trinitario de Dios, ya que el monoteísmo a secas solo ha servido para legitimar las monarquías absolutistas. Por lo tanto, el concepto trinitario es el que puede ser capaz de superar ese monoteísmo que conduce a la esclavitud y el sometimiento de la humanidad. En Joaquín de Fiore y en la teología luterana y reformada, Moltmann encuentra un marco teórico que le permite pensar el reino de Dios en términos de solidaridad, de pluralidad, donde el Padre crea y conserva el mundo, el Hijo libera a los seres humanos de su oclusión y el Espíritu libera energías produciendo una nueva creación en la historia.

# Importancia del Reino de Dios para la missio Dei

¿Qué importancia tiene el concepto teológico "reino de Dios" para la *missio Dei*? Primero, debemos definir lo que significa esta expresión latina, *missio Dei*, para luego reflexionar sobre las vinculaciones entre el reino y la misión.

Tradicionalmente, en el ámbito de las iglesias evangélicas y protestantes, se habló siempre de "la gran comisión" como el mandato misionero de Jesús a los apóstoles y, en ellos, a la iglesia naciente, mandato cuya narrativa está en Mateo 28.19 y ss., y pasajes paralelos. También se habló siempre de la "misión de la iglesia" y de las "misiones". Pero, la expresión *missio Dei* no es tan conocida. Aparentemente, se trata de una terminología antigua, pero que, según Johannes Verkuyl[73], fue actualizada en una conferencia realizada en Willingen, Alemania occidental, en 1952. Esa conferencia realizó un giro copernicano en la comprensión de la misión, ya que estableció que "la misión es de Dios, no nuestra". Del informe final de esa conferencia, surgió el concepto: "El movimiento misionero del cual tenemos parte tiene su fuente en *el mismo trino Dios*[74]. La *missio Dei* enfatiza la cuestión de "cómo Dios actúa en la historia y cómo se puede discernir la *missio ecclesiarum*, relacionandolo con este proceso de discernimiento de sus actos"[75].

---

[73] Johannes Verkuyl. "Prolegomena". En *Contemporary Missiology: An Introduction*. Tomado del curso de Carlos Van Engen, TM 10: Perspectivas bíblicas de la *missio Dei*, lecturas complementarias adicionales, Prodola, p. 3.

[74] *Ibíd*. Cursivas originales.

[75] *Ibíd*.

Por su parte, David Bosch analiza con profundidad el desarrollo del concepto de *missio Dei* señalando el papel decisivo que Karl Barth tuvo en ese proceso. Bosch[76] dice que a Barth se le puede denominar el primer exponente claro de un nuevo paradigma teológico que rompió de manera radical con el acercamiento de la Ilustración. Bosch coincide con Verkuyl en indicar que fue en la conferencia de Willigen donde se recuperó el concepto de *missio Dei*, lo cual colocó a la misión "en el contexto de la doctrina de la Trinidad, no de la eclesiología o la soteriología. La doctrina clásica sobre la *missio Dei* como Dios Padre enviando al Hijo, y Dios Padre y el Hijo enviando al Espíritu Santo se amplió para incluir un "movimiento" más: El Padre, el Hijo y el Espíritu Santo enviando a la Iglesia al mundo"[77]. En esta perspectiva, la misión es un atributo de Dios mismo. La iglesia no tiene una misión que le sea propia, sino que Dios, en su soberanía y amor, comparte su misión a la iglesia para que ella participe en sus movimientos. En tono sincero, Bosch dice: "No podemos pretender de manera simplista que lo que hacemos es idéntico a la *missio Dei*: nuestras actividades misioneras son auténticas únicamente en la medida en que reflejan una participación en la misión de Dios"[78].

Definida la *missio Dei*, es oportuno, entonces, reflexionar sobre su importancia y las conexiones que pueden establecerse con el reino de Dios. El tema es muy amplio; por ello, en esta oportunidad, solo enunciaremos lo que consideramos más importante.

En primer lugar, el concepto del Reino permite superar la tendencia eclesiocéntrica en la teología y la misión cristianas. Cuando la iglesia entiende la misión como si su centro fuera ella misma, reduce el propósito de Dios con su mundo. En rigor, el propósito último de Dios no se reduce a la salvación de "almas" o de "personas" o de "familias", sino que consiste en la reconciliación del mundo. Pablo dice que "en Cristo Dios estaba reconciliando al mundo consigo mismo" (2Co 5.19). A la luz de este texto y de otros de la literatura paulina (como Romanos 8.19 y ss.), hay que entender "mundo" en un sentido comprehensivo, abarcando no solo la vida humana y salvación de las personas, sino también el mundo creado por Dios, ya que la esperanza cristiana no se reduce a un "cielo etéreo", sino a "cielos nuevos y tierra nueva". La teología del Reino permite que la iglesia salga de su claustro para evangelizar el mundo con la buena nueva

---

[76] David J. Bosch. *Misión en transformación*. Grand Rapids: Libros Desafío, 2000, p. 476.

[77] *Ídem*, p. 476.

[78] *Ibíd*.

de la reconciliación de todas las cosas, visibles en invisibles, presentes y futuras, terrenas y celestiales en Cristo. José Míguez Bonino, al referirse a esta superación del eclesiocentrismo, cita un trabajo de J. C. Hoekendijk, presentado en la conferencia de Willingen, que dice:

> La concepción eclesiocéntrica, que desde Jerusalem (1928) parece haber sido el único dogma casi indiscutido de la teoría de la misión, nos ha aferrado tan estrechamente, nos ha enredado en una trama tan densa, que apenas podemos darnos cuenta de la medida en que nuestro pensamiento se ha "eclesificado". De este abrazo asfixiante no escaparemos nunca a menos que aprendamos a preguntarnos de nuevo qué significa repetir una y otra vez nuestro amado texto misionero: "Este evangelio del Reino debe ser predicado en todo el mundo" y a tratar de hallar nuestra solución al problema de la Iglesia en este marco de Reino-Evangelio-Testimonio (apostolado)-Mundo[79].

En segundo lugar, el Reino nos da una pista para entender la acción de Dios en la historia[80]. Es responder a la pregunta que en su tiempo planteaba Paul Lehmann: "¿Qué está haciendo Dios en el mundo?". La incisiva pregunta era respondida a partir del concepto aristotélico de "política" y del testimonio bíblico de la acción de Dios: "Según la *definición*, podemos decir que política es la actividad y la reflexión sobre la actividad, que tiende a y analiza lo que implica hacer y mantener humana la vida *humana* en el mundo"[81].

---

[79] J. C. Hoekendijk. *Evangelische Missions Zeitchrift*, enero de 1952, p. 9, traducción. *International Review of Missions*, julio de 1952, pp. 324–336, citado por José Míguez Bonino en *Rostros del protestantismo latinoamericano* (Buenos Aires: Nueva Creación, 1995, p. 132).

[80] Sobre la expresión "acción de Dios en la historia", de amplio uso en la literatura teológica, Rudolf Bultmann ha hecho unas observaciones dignas de tomar en cuenta. Dice que cuando nos referimos al "acto de Dios", estamos hablando, al mismo tiempo, de nuestra propia existencia, dado que la vida humana se vive en un tiempo y un espacio, y solo puede ser en una forma de encuentro del ser humano con Dios. Tal tipo de lenguaje no es ni simbólico ni pictórico, sino analógico, ya que supone una analogía entre la actividad de Dios y la del ser humano. Por otra parte, critica el pensamiento mitológico que considera la actividad divina como una interrupción en la historia o en la naturaleza. Por lo tanto, concluye: "El único modo de preservar el carácter no mundano, trascendental de la actividad divina, es considerarla no como una interferencia en los sucesos mundanos, sino algo realizado en ellos de tal modo que la trama cerrada de la historia, tal como se presenta a la observación objetiva, se mantiene imperturbada" Rudolf Bultmann. *Nuevo Testamento y mitología*. Buenos Aires: Almagesto, 1998, p. 80).

[81] Paul Lehmann. *La ética en el contexto cristiano*. Montevideo: Editorial Alfa, 1968, pp. 90.

En palabras de Julio de Santa Ana:

> …el propósito de la acción del cristiano es el mismo de la acción de Dios en Cristo: la humanización del hombre. De ahí que sea posible dialogar con aquellos otros movimientos o filosofías que, sin ser cristianos y por caminos distintos y hasta encontrados, también están comprometidos en la humanización del individuo. De ellos, también se sirve Dios, dado que están sujetos a Su soberanía[82].

En tercer término, la teología del Reino da un marco teórico para el involucramiento de la iglesia en todos los movimientos sociales que, fuera de ella, también luchan por la justicia y la paz, aunque no estén explícitamente inspiradas en el reino de Dios. La iglesia puede participar, entonces, en esas luchas sin sentimientos de culpa ni prejuicios. Aquí, es necesario plantearse dos preguntas: ¿Cómo se relaciona el Reino con la iglesia? ¿Puede el Reino prescindir de la iglesia o la iglesia del Reino? A la primera pregunta, deberíamos responder qué es el Reino como esfera del gobierno de Dios en el mundo que crea la iglesia. Esta es una realidad temporaria, mientras que el Reino es eterno, el centro y la meta de la historia de la salvación. En palabras de Verkuyl:

> El Reino es, por supuesto, más amplio que la Iglesia. El Reino de Dios es una realidad que lo abarca todo con respecto a ambos puntos de vista y propósito; esto significa la consumación de toda la historia; tiene proporciones cósmicas y cumple tiempo y eternidad. Mientras tanto, la Iglesia, la comunidad creyente y activa de Cristo, surge por la acción de Dios de entre todas las naciones para compartir en la salvación y el servicio sufriente del Reino. La Iglesia consiste en aquellos a los que Dios ha llamado para estar a su lado y actuar con Él en el drama de la revelación del Reino que vino y está viniendo[83].

---

[82] Julio de Santa Ana. "Algunas referencias teológicas actuales al sentido de la acción social". En VV. AA. *Responsabilidad social del cristiano*, p. 42.

[83] Johannes Verkuyl. "The Biblical Notion of Kingdom". En Charles Van Engen, Dean Gilliland y Paul Pierson. *The Good News of the Kingdom*. Maryknoll, NY: Orbis Books, 1993, p. 73. En su más conocida obra, *Contemporary Missiology*, Verkuyl ya había planteado la pregunta sobre cuál es el último objetivo de la *missio Dei*, y respondió que, tanto en el Antiguo como en el Nuevo Testamento, por medio de palabras y hechos, Dios reclama su intención de traer el Reino para expresar y restaurar su dominio de autoridad liberadora. Por ello, de las muchas imágenes que provee el testimonio bíblico, Verkuyl escoge el reino de Dios como la más clara expresión de sus propósitos con el mundo (Johannes Verkuyl. *Contemporary Missiology. An Introduction*. Grand Rapids: Eerdmans, 1978, p. 197).

En la misma línea interpretativa, Carlos Van Engen subraya el carácter integral y transformador de la misión que surge del Reino, al afirmar que "ella involucra el cambio estructural y societal tanto como la transformación personal. Involucra toda la persona, no sólo los aspectos espirituales. Involucra la totalidad de la vida y no sólo la eclesiástica"[84]. Y agrega: "Esta misiología de esperanza es profunda y creativamente transformacional, porque busca ser un signo del presente y futuro Reino de Dios"[85].

La segunda pregunta planteada debe responderse negativamente: tanto el Reino como la iglesia son realidades íntimamente vinculadas, de modo que cada una remite a la otra. La iglesia constituye las primicias del Reino. Aunque la iglesia no es un objetivo en sí mismo, no por ello es "una entidad desdeñable —como al presente podría parecer— que podría sentir vergüenza de su llamado y buscar su redención en su propia destrucción. Las llaves del Reino fueron dadas a la Iglesia"[86]. Pero la iglesia no se predica a sí misma ni se nutre de sus propios valores, sino que proclama el reino de Dios y se nutre de sus valores, que son, según Pablo, justicia, paz, alegría y poder (Ro 14.17; 1Co 4.20). Aunque estas *aretai* (virtudes) también pertenecen a un lenguaje universal, lo cual se puede rastrear en la tradición filosófica, no siempre coinciden con los valores del Reino[87]. Por lo tanto, en cada situación histórica y cultural, hemos de discernir de qué justicia, paz, alegría y poder se trata. La justicia del Reino es, como Barth lo expresa en su comentario a Romanos, una "justicia aliena", es decir, ajena a la producción humana; en otras palabras, una justicia que nos viene como expresión de la gracia divina actuando como respuesta a la fe. La paz no es una simple ausencia de guerra, sino el *Shalom* de Dios, que significa bendición y bienestar integrales[88]. Tampoco se trata de una alegría y poder de cualquier naturaleza, sino de la alegría que produce el Espíritu en la vida humana y de un poder que, lejos de ser despótico y do-

---

[84] Charles van Engen, "Faith, Love, and Hope". En Charles Van Engen, Dean S. Gililand y Paul Pearson. *The Good News of the Kingdom*. Maryknoll, NY: Orbis Books, 1993, p. 261

[85] *Ibíd.*

[86] Verkuyl, *óp. cit.*, p. 73.

[87] Por ejemplo, las *aretai* que se describen en el pasaje de 2 Pedro 1.3–7 se encuentran también en el estoicismo.

[88] Míguez Bonino contrasta precisamente estas dos visiones cuando dice: "También aquí tenemos que advertir el contraste entre los conceptos de paz basados en la tradición grecorromana, que concibe la paz como ausencia de conflicto, como una calma casi 'natural' y la concepción dinámica de la Biblia como un orden que Dios quiere e invita al hombre a buscar para establecer la justicia en medio de las tensiones de la historia" (José Míguez Bonino. *Ama y haz lo que quieras*. Buenos Aires: La Aurora, 1976, p. 131, nota 27).

minante, está al servicio del prójimo. De todos modos, aunque debemos subrayar que no siempre han de armonizar los valores del Reino con los valores de la sociedad, no debemos poner límites a la acción soberana de Dios en la vida de las personas. Solo para citar un caso testigo: Cornelio, el centurión romano, según el relato de Hechos 10, tenía una comunión con Dios aun antes de su "conversión" al evangelio. El ángel le dijo: "Dios ha recibido tus oraciones y tus obras de beneficencia como una ofrenda" (Hch 10.4b). Esto debiera advertirnos sobre el peligro de negar toda acción del Reino fuera del ámbito eclesial. El Espíritu creador actúa en el mundo físico, preservando la creación y en el mundo de las personas más allá de su filiación religiosa. El Reino también puede actuar en ellas.

En cuarto lugar, la teología del Reino permite tomar la historia como el escenario donde se despliega la misión de Dios dentro de sus propias dinámicas y contradicciones. Esta cuestión se relaciona con dos hechos clave: el primero, la unidad de la iglesia como anticipo de la reconciliación de todas las cosas en Cristo y, segundo, el discernimiento del Reino en las contradicciones de la historia. Para el primer tema, es oportuno citar la reflexión de Emilio Castro en el sentido de que la concreción de la unidad de la iglesia como anticipo del Reino, se debe dar sin ignorar las divisiones y divergencias doctrinales que tienen sus raíces históricas, sociales, políticas y culturales. A partir de su propia experiencia en el espacio ecuménico, dice que "la búsqueda de unidad de la Iglesia y la visión del Reino de Dios como tema de nuestros esfuerzos, se concreta en los verdaderos conflictos que dividen a la humanidad, asegurando una tendencia de continuación del desacuerdo y la controversia en la vida ecuménica"[89]. En otras palabras, no se trata de una unidad idealista que termina por ser ineficaz, sino de una unidad en medio de situaciones de conflicto. Y, en lo que se refiere al discernimiento del Reino, quien con mayor agudeza ha trabajado el tema es Míguez Bonino en "El Reino de Dios y la historia", en donde plantea una pregunta incisiva e inquietante: "¿Tienen los acontecimientos históricos —a saber, la acción histórica humana, con sus diversas dimensiones: política, cultural, económica— alguna significación en términos del reino que Dios prepara y ha de establecer gloriosamente en la *parusía* del Señor?"[90]. Su respuesta es positiva, pero, a la vez, distingue entre una búsqueda meramente noética (*nous = mente*) del Reino,

---

[89] Emilio Castro. *A Passion for Unity*. Ginebra: WCC, 1992, p. 9.

[90] José Míguez Bonino. "El reino de Dios y la historia". En C. René Padilla (editor). *El reino de Dios y América Latina*. El Paso: CBP, 1975, p. 83. Analizamos con mayor profundidad este trabajo de Míguez Bonino en el capítulo "El reino de Dios en la teología latinoamericana".

propia de un *diletante*, y una búsqueda activa y comprometida. "Porque el reino no es un objeto a conocer sino un llamado, una convocación, una presión que impulsa [...]. La historia, en relación con el reino no es un enigma a descifrar, sino una misión"[91].

# Conclusión

Este recorrido histórico por el modo en que la teología contemporánea ha concebido el reino de Dios, ha puesto de manifiesto los siguientes hechos:

Luego de las décadas del siglo XX en que el reino de Dios quedó obturado como tema teológico, por impulsos de la llamada "teología liberal", particularmente por el aporte de Schweitzer y Weiss, el reino de Dios vuelve a ubicarse en la centralidad de las reflexiones teológicas.

Hay una gran diversidad de enfoques del reino de Dios que van desde una visión espiritualista e intimista —en sus versiones de la propia teología liberal y del pietismo en sus diversas formas— hasta una secularización del Reino, cuyas versiones estadounidenses están representadas por el *Social Gospel*, de Walter Rauschenbusch, y la obra de H. Richard Niebuhr: *The Kingdom of God in America*. Cada una de esas corrientes, tiene su propia dinámica, pero ambas coinciden en el intento de plasmar el reino de Dios en América (del Norte) con todas las influencias culturales e ideológicas que tal intento implica.

De los aportes sistemáticos al tema, podemos destacar los de Paul Tillich, Wolfhart Pannenberg y Jürgen Moltmann. El primero, porque reflexiona agudamente sobre las vinculaciones entre el reino de Dios y la historia. El segundo, debido a que realiza unas aportaciones a los temas de la relación entre iglesia y Reino y la crítica a una pretendida neutralidad de la iglesia en el área de lo social y lo político. En este último aspecto, aunque su crítica al marxismo es atendible, llama la atención —o quizás no tanto— que no haya ensayado ninguna crítica al capitalismo. Finalmente, el aporte principal de Moltmann consiste en tres aspectos: primero, la crítica al monoteísmo occidental que deriva en una monarquía absolutista —tema que surge de su diálogo crítico con la "teología política"—; segundo, la importancia de la Trinidad en su relación con el Reino, el cual, a partir de los testimonios bíblicos y la reflexión teológica,

---

[91] *Ídem*, p. 85

es redefinido como reino del Padre, creación y conservación del mundo; reino del Hijo, liberación de los seres humanos de toda esclavitud, y reino del Espíritu, fuerzas y energías de la nueva creación; tercero: el Reino trinitario se caracteriza por la libertad de toda clase de opresión.

En suma, la teología del Reino es la que ofrece el marco teórico que orienta a la iglesia en su participación en la *missio Dei*. Por lo tanto, coincidimos con Emilio Castro en el sentido de que "es difícil que se busque una claridad misionera desde una perspectiva que no sea la teología del reino"[92]. El presente trabajo ha sido un modesto intento para contribuir a la reflexión de este eje central en la vida y mensaje de Jesús y, por ende, en la vida y misión de la iglesia en el mundo de Dios. A partir de este marco teórico que sitúa al Reino en el lugar central de la misión, resulta necesario indagar sobre los modos en que ese Reino ha sido interpretado más recientemente en la teología latinoamericana, para efectos de establecer con mayor precisión el *locus* histórico, social, eclesial y geográfico de la *missio Dei*. A eso nos abocaremos en el próximo capítulo.

---

[92] Emilio Castro. *Llamados a liberar*. Buenos Aires: La Aurora, 1985, p. 109.

# CAPÍTULO 2

# El Reino de Dios en la teología latinoamericana

*Como realidad escatológica, el reino de Dios es universal, en él pueden entrar todos… Pero en directo, el reino es únicamente para los pobres.*

Jon Sobrino

*El reino no es un objeto a conocer sino un llamado, una convocación, una presión que impulsa.*

José Míguez Bonino

*Tengo la convicción [de] que la misión de la iglesia es la misión del reino de Dios. Dentro de la perspectiva del reino, estoy persuadido de que somos liberados para ser señales del reino.*

Emilio Castro

## Introducción

En el capítulo anterior, hemos analizado las diversas interpretaciones que el reino de Dios ha recibido por parte de la teología contemporánea. Ahora, nuestro propósito consiste en examinar cómo lo ha interpretado la teología de América Latina, ya que este es el lugar donde Dios nos ha puesto para dar testimonio de su acción redentora en Jesucristo. Dado que el tema es demasiado amplio, nos vamos a ceñir al análisis de los siguientes teólogos: Jon Sobrino, José Míguez Bonino y Emilio Castro. Los escogemos debido que estos son los pensadores que han realizado los mayores aportes al tema en cuestión desde una perspectiva que intenta superar el eclesiocentrismo característico de las teologías conservadoras y fundamentalistas. En la primera parte, analizaremos el pensamiento del teólogo católico vasco radicado en El Salvador; pensamiento que se puede sintetizar con la expresión acuñada por él mismo: el reino de Dios es lo último para Jesús. En la segunda sección, destacaremos el aporte del teólogo metodista argentino José Míguez Bonino, cuya contribución principal sigue siendo la reflexión sobre el reino de Dios y la historia. En la tercera sección, estudiaremos las ideas del teólogo metodista uruguayo Emilio Castro, cuyo pensamiento tiene como eje la importancia del Reino en relación con la *missio Dei*, enfatizando la libertad como su rasgo esencial.

# Jon Sobrino:
# El Reino como "lo último" para Jesús

No es una casualidad que Sobrino relacione el tema del Reino con la cristología. Deliberadamente, entiende que no se pueden aislar ambos temas, ya que se encuentran tan íntimamente relacionados que no sería posible interpretar a Jesús y su misión sin referirnos al reino de Dios. El centro del mensaje de Jesús no fue su propia persona, pues él no hizo de sí mismo el eje de su predicación y misión. "La vida de Jesús fue una vida descentrada y centrada alrededor de algo distinto de sí mismo"[93]. A partir de este punto de partida, Sobrino desglosa el tema en dos grandes subtemas: Jesús y el Reino, y las cristologías actuales y el Reino. Por una razón de espacio y por su importancia para nuestro tema, hemos de ceñirnos solamente al primer gran subtema de la exposición de Sobrino: Jesús y el Reino.

Lo distinto a Jesús no es la iglesia, ni siquiera Dios en su esencia, sino el reino de Dios. Porque Dios nunca es presentado en el mensaje de Jesús como "Dios-en-sí-mismo", sino Dios en relación con la historia y con el mundo. Dios actuando en la historia. De hecho, los evangelios solo registran dos casos en que Jesús habla de la iglesia (Mt 16.18 y 18.17).

---

[93] Jon Sobrino. *Jesucristo liberador. Lectura histórico-teológica de Jesús de Nazaret*. San Salvador: UCA editores, 1991, p. 121. En adelante citaremos: JL. Otra obra del mismo autor, *Jesús en América Latina* (Santander: Sal Terrae, 1982), contiene un material similar a *Jesucristo liberador*. Hemos optado por este último porque su contenido es algo más sistemático y más amplio. Solo cuando lo creamos necesario, recurriremos al otro texto.

Dios es presentado por Jesús dentro de "una dualidad unificada", es decir: el *reino* de *Dios*. "Lo que hay que recalcar es que, para Jesús, Dios no es una realidad que pudiera no relacionarse con la historia ni la historia con él, sino que esa relación le es esencial al Dios mismo"[94]. Ambos términos clave: Dios y Reino permiten decir a Sobrino que: "Para Jesús, por lo tanto, lo último tiene una dimensión trascendente y una dimensión histórica"[95]. En este caso, los dobles no son opuestos, sino complementarios:

Dios  ⇒ trascendencia

Reino ⇒ historia

Para hacer justicia al testimonio bíblico, es necesario retener ambas dimensiones, aunque el énfasis parece recaer en esta dimensión histórica del Dios que actúa en la historia y se relaciona con su pueblo. En palabras de Sobrino:

> …Dios nunca aparece como un Dios-en-sí, sino como un Dios para la historia y, por ello, como el Dios-de-un-pueblo. "Yo seré su Dios y ustedes serán mi pueblo" es la confesión de Israel. En ella se proclama a un Dios por esencia relacional, que *se revela* y que *es* en relación a un pueblo. Por diferentes que sean las tradiciones sobre Dios en el AT, esto tienen en común: que es un Dios-*de*, un Dios-*para*, un Dios-*en*, nunca un Dios-*en-sí*[96].

En un enfoque epistemológico muy creativo, Sobrino plantea que para averiguar lo que el Reino significó para Jesús, hay tres vías. La primera, nocional, que consiste en indagar lo que Jesús entendía en cuanto al Reino. Esta es la vía más transitada por la teología. La segunda, es la del destinatario y trata de definir el Reino a partir de los destinatarios de este, que, como expondrá más adelante el autor, son los pobres. La tercera vía es la práctica de Jesús, a partir de la cual el sentido del Reino será plenamente esclarecido.

Sobrino destaca los aspectos clásicamente transitados de la enseñanza de Jesús sobre el Reino: el anuncio de su inminencia —"el reino de Dios está cerca"—; el Reino como don y gracia, y el Reino como *eu-aggelion* = buena noticia. De estos tres aspectos, resulta importante subrayar el segundo,

---

[94] *JL*, p. 124.

[95] *JL*, p. 123.

[96] *JL*, p. 124. Cursivas originales.

porque, como señala Sobrino, la gratuidad del reino de Dios no excluye la acción humana. A modo de ilustración, menciona las parábolas del Reino (Mateo 13) que muestran que, aunque el reino de Dios no depende de la acción humana, tampoco la excluye. Tomando en consideración el contexto histórico-político en que se enmarca el mensaje de Jesús, dice Sobrino:

> El don de Dios no se opone a la actividad humana, o, con más precisión, sólo se opone a una cosa: a que esa actividad se comprenda prometeicamente, a que pueda causar o forzar la acción de Dios. Lo que se rechaza, pues […], al afirmar el reino como don es que, tal como pretendían los esenios, fariseos y grupos armados, cada uno a su modo, se pueda o se tenga que forzar la venida del reino. Este viene por puro amor de Dios[97].

Pero es en la vía de los destinatarios donde mejor se explicita lo que significa el Reino. No hay dudas para Sobrino de quiénes son estos destinatarios: los pobres. Esto, a partir de las propias declaraciones de Jesús: "bienaventurados los pobres" (Lc 6.29, *cf.* Mt 5: "pobres en espíritu") y "a los pobres es anunciado el evangelio" (Lc 4.18). En este punto es donde la teología de Sobrino se torna más radical, ya que se refiere a "la parcialidad del Reino". ¿En qué sentido el Reino es parcial? En que Jesús define a los pobres como sus destinatarios. En este contexto, Sobrino distingue dos dimensiones del Reino: la escatológica y la actual y aclara: "Como realidad escatológica, el reino de Dios es universal, en él pueden entrar todos, aunque no todos de igual modo. Pero en directo, el reino es únicamente para los pobres. Y si esto es así, el reino es por esencia 'parcial'"[98]. Admite que la afirmación es tan osada que ha suscitado interminables discusiones en torno a expresiones como "opción por los pobres", la que luego se matizó con "opción preferencial".

A fin de determinar con la mayor precisión quiénes son los pobres de que habla Jesús, Sobrino dice que se trata de grupos o colectividad de pobres en dos sentidos: el primero, pobres económicos y sociales, del griego *ptojos* (del verbo *ptosso* = agacharse, encogerse). Señala que de las veinticinco veces que aparece el término, veintidós de ellas se refiere a los afligidos y económicamente desposeídos. El segundo sentido de "pobres" es el aspecto dialéctico. Se trata de los que son "dialécticamente pobres", es decir, aparecen en oposición a los ricos y opresores. El carácter parcial del

---

[97] *JL*, p. 139.

[98] *JL*, p. 148.

Reino hunde sus raíces en el Antiguo Testamento, donde siempre hay una tríada de grupos —pobres, viudas y huérfanos— que son los predilectos de Yahvé. Sobrino argumenta que no debería sorprender la parcialidad del Reino toda vez que esa perspectiva ya se observa en el Antiguo Testamento referida al futuro rey venidero. Citando a Joachim Jeremías, dice:

> El "rey esperado", la utopía, no es cualquier rey, sino el rey parcial hacia los oprimidos. "La justicia del rey [...] no consiste primordialmente en emitir un veredicto imparcial, sino en la protección que se preste a los desvalidos y a los pobres, a las viudas y a los huérfanos"[99].

Finalmente, Sobrino indaga sobre el significado del reino de Dios a partir de la práctica de Jesús. Aclara que usa el término "práctica" en un sentido general y no específico de *praxis* que, según dice, lo reserva para más adelante. Sin embargo, no puede evitar referirse al Reino bajo un concepto "práxico". Luego de puntualizar que en general las teologías relacionan el Reino con la esperanza, aclara:

> Para la hermenéutica esto significará que el "reino no es sólo un concepto "de sentido", en este caso, de esperanza, sino que es también un concepto "práxico", que connota la puesta en práctica de lo que se comprende en él, es decir, la exigencia a una práctica para iniciarlo, y, al hacerlo, genera una mejor comprensión de lo que es el reino. (Y digamos de paso que en el hacer el reino es cuando más claramente se conoce la real existencia de su contrario: el antirreino. Lo cual puede explicar también por qué algunas teologías que sí hablan acerca del reino y lo analizan bíblicamente, silencian, sin embargo, prácticamente la realidad del antirreino)[100].

Dos hechos surgen de este párrafo de Sobrino. Una, que aun cuando dice que se reserva para más adelante el tratamiento de la "praxis" en relación con el Reino en las acciones de Jesús, no puede evitar su consideración inmediata y, segunda, aunque la explicación que sugiere para entender el silencio de las teologías respecto del "antirreino", es plausible, no es la única, como veremos en las observaciones finales.

---

[99] *JL*, p. 149. La última oración, entre comillas, es una cita de Joachim Jeremías de *Teología del Nuevo Testamento*. Volumen I. Salamanca: Sígueme, 1977, p. 122.

[100] *JL*, p. 157.

La práctica de Jesús a partir de la cual es posible definir el Reino, se sintetiza en las siguientes acciones: milagros, expulsión de demonios, acogida a los pecadores, palabras y celebraciones. Tomando una expresión de González Faus, Sobrino comienza su reflexión sobre los milagros denominándolos: "clamores del reino". En un análisis de los términos griegos que se usan para "milagros", señala que nunca se utilizan los vocablos *teras* o *tauma*, sino *semeia* ('signos'), *dynameis* y *erga*. A partir de ello, se puede deducir que el acento no está puesto en lo extraordinario e incomprensible de esas acciones, sino en su carácter de señales. "En este sentido, los milagros no hacen real el reino de Dios en cuanto transformación estructural de la realidad, pero sí son como sus clamores y ponen en la dirección correcta de lo que será el reino en su advenimiento"[101]. Además de ser "signos liberadores de la presencia del Reino", los milagros son también salvaciones plurales para los pobres y expresiones de la misericordia de Jesús.

Otro tema del que también se ocupa Sobrino es el referido a la expulsión de demonios. Tratándose de un tema teológicamente controversial, que va desde una radicalización del tema demoníaco como el eje hermenéutico de toda la realidad del mal, hasta su negación fáctica por parte de las teologías liberales y existenciales[102], Sobrino intenta tomar distancia de ambos extremos. Sostiene que en el mundo del Antiguo Testamento y en el de Jesús, "existía la convicción de que el mundo estaba poblado por fuerzas desconocidas que se hacían muy presentes en la vida de los seres humanos y eran dañinas para ellos"[103]. Admite que el Nuevo Testamento comparte esa visión, pero que Jesús la radicaliza. ¿En qué sentido? Responde:

> La radicaliza al unificar las diversas fuerzas maléficas plurales, en el Maligno, con lo cual éste adquiere una dimensión totalizante. Si el judaísmo conoció los demonios individuales, Jesús recalca la unidad de todos ellos en Satanás. El mal actuante no es, pues, sólo una acción aislada de demonios aislados, sino que es

---

[101] *JL*, p. 159.

[102] Nos referimos especialmente a la perspectiva de Rudolf Bultmann, quien considera la referencia neotestamentaria a los demonios como un resabio de la época precientífica en que ha sido escrito el Nuevo Testamento. Dice Bultmann: "Es imposible usar luz eléctrica y radio y beneficiarnos con descubrimientos médicos y quirúrgicos modernos y, al mismo tiempo, creer en el mundo de espíritus y milagros del Nuevo Testamento" (*Nuevo Testamento y mitología*. Buenos Aires: Almagesto, 1998, p. 11).

[103] *JL*, pp. 166–167.

algo que lo permea todo. Es la fuerza negativa de la creación, que la destruye y la hace capaz de destruir, la cual se expresará histórica y socialmente como antirreino[104].

Nos parece importante consignar esta descripción de Sobrino, porque plantea dos cosas en cuanto al mal: una, que él se radicaliza en el Mal por antonomasia, con mayúscula, que corresponde al término griego *ponerós*, el cual aparece en el Padrenuestro (Mt 6.13) traducido generalmente como "maligno", pero que mejor sería traducirlo al español como "perverso". La segunda cosa que plantea Sobrino en cuanto al mal, es su carácter estructural. No es un hecho aislado ni acciones malas sin conexión entre sí, sino que pertenecen a una estructura del mal que ejerce su influencia maléfica en la historia y la sociedad.

Más adelante, Sobrino se refiere a la expulsión de demonios operada por Jesús y las características del antirreino. Llama la atención al hecho de que los evangelios no usan los términos comunes de aquella época para designar los exorcismos, tales como *exorkidso*, en griego, y *gadasar* en hebreo, sino los verbos *ekballo* (expulsar, mandar) y *epitimao* (conminar). Ese cambio implica la autoridad de Jesús sobre los poderes del mal.

Con Jesús ha comenzado la aniquilación del Maligno (Mr 1,24) y, precisamente, por eso, el fin de las tribulaciones está cerca. En palabras de Jesús, "si expulso demonios es que ha llegado el reino de Dios" (Mt 12,28 par) pero ha llegado porque tiene poder para vencer al antirreino[105].

Las liberaciones que Jesús opera ponen de manifiesto la oposición que se establece entre el Reino y el antirreino. En rigor, se trata de tres dobles opuestos que podemos graficar:

*Jesús vs. los demonios*
*Dios vs. el maligno*
*Reino vs. antirreino*

Se trata de fuerzas contrarias que implican que la venida del Reino no es, como dice Sobrino, ni pacífica ni ingenua, porque implica una lucha del Reino contra el antirreino, pero, a su vez, se trata de un advenimiento que se traduce en victoria.

---

[104] *JL*, p. 167.

[105] *JL*, p. 168.

Otro aspecto del Reino que desarrolla Sobrino se relaciona con el contraste que establece entre "perdón de pecados" y "acogida de los pecadores" por parte de Jesús. Dice que el énfasis es la acogida de los pecadores y el perdón de pecados ya que, argumenta, solo en dos pasajes se dice que Jesús otorga perdón al paralítico y a la mujer pública (Mr 2.10 y Lc 7.48). Para ello, parte de la premisa de que "ambos pasajes no son históricos, sino redaccionales"[106], fundamentación que consideramos endeble, como hemos de mostrar más adelante.

Finalmente, Sobrino dedica un espacio importante al tema de las parábolas del Reino, las cuales define como "relatos interpelantes y polémicos acerca del reino". Establece tres premisas para orientar su interpretación: en primer lugar, sostiene que hablan del reino aunque no lo definen, ya que nunca Jesús dice "el reino de Dios es", sino "el reino de Dios es como"; en segundo lugar, "el contenido de esos relatos es de tal naturaleza que la interpretación del hecho relatado queda abierta y exige, por su naturaleza, una toma de postura en el oyente"[107]. En tercer lugar, las parábolas son cuestionantes y polémicas. Pero lo que enfatiza Sobrino es que las parábolas elaboran el mismo mensaje central de Jesús: que el reino de Dios pertenece a los pobres y, por lo tanto, ese anuncio y esa práctica de Jesús suscitan escándalo en el *establishment*.

A modo de síntesis crítica: la exposición de Sobrino significa una mirada realista al mensaje de Jesús sobre el Reino. Lejos de espiritualizaciones que han caracterizado a las lecturas clásicas de los evangelios, Sobrino se fundamenta en los mensajes y en la praxis de Jesús para definir que el Reino pertenece a los pobres (no solo "espirituales", sino más bien económica y socialmente pobres) y que esa parcialidad guarda una relación estrecha con la perspectiva del Antiguo Testamento, donde Yahvé toma posición a favor de los pobres, las viudas y los huérfanos. Resulta destacable de su exposición la referencia a la expulsión de demonios operada por Jesús como signo de la presencia del Reino cuyo advenimiento implica oposición de fuerzas contrarias. Otro aspecto destacable radica en su planteo de las fuerzas en oposición que actúan en el mundo, tipificadas por los tres dobles opuestos: Dios vs. Maligno, Jesús vs. demonios y Reino vs. antirreino. Sobrino supera el enfoque agustiniano del mal como una mera ausencia del bien, pues entiende que el mensaje de Jesús y su

---

[106] *JL*, p. 171.

[107] *JL*, p. 176.

práctica liberadora deben interpretarse como una radicalización del mal en "el Maligno", cuya acción deletérea afecta toda la realidad penetrando en todas las esferas. En consecuencia, ejerce una presencia en las esferas sociales e históricas.

Hay, sin embargo, algunos aspectos cuestionables en su exposición, entre los que destacamos:

a. Aunque es cierto que existe una "parcialidad" del Reino que, por naturaleza pertenece a los pobres, el propio Sobrino admite que, en un sentido general, el Reino es para todos; no indica otros caminos de acceso a él por parte de quienes no son pobres. Reconoce que hay maneras distintas de ingreso al Reino, pero no presenta ninguna ilustración al respecto.

b. En segundo lugar, aunque es muy importante la referencia al antirreino que opera en las antípodas del reino de Dios, no hace referencias concretas al modo en que ese antirreino se expresa en las esferas sociales, políticas e históricas. Su planteo se puede enriquecer con la reflexión de José Míguez Bonino cuando pregunta, con referencia a la resurrección de Jesús: "¿Es totalmente absurdo releer hoy la resurrección como la muerte de los monopolios, la liberación del hambre o una forma solidaria de propiedad?"[108]. En otras palabras, así como hay que "nombrar el Reino", en el sentido de indicar cómo se expresa no solo en el ámbito de la salvación de las personas, sino también de la liberación de los cautivos, la humanización de las personas y la restauración de todas las relaciones, el antirreino también debiera ser señalado en sus dimensiones concretas, tal como lo plantea Míguez Bonino. Esto no aparece en la exposición de Sobrino.

c. Finalmente, cuando Sobrino apela a los pasajes de los evangelios donde Jesús perdona pecados basándose en la premisa de que ambos pasajes no son históricos, sino redaccionales, tal presupuesto nos parece endeble por dos razones: una, no hay nada en esos textos que explícitamente indique esa cuestión redaccional y, segundo, existen otros textos de los evangelios donde el perdón de los pecados también es parte de la misión de Jesús y expresión de la presencia del Reino. Por ejemplo, la llamada "gran comisión" que cierra los evangelios sinópticos, contiene el

---

[108] José Míguez Bonino. *La fe en busca de eficacia*. Salamanca: Sígueme, 1977, p. 127.

tema del perdón de los pecados como un elemento central de la misión (*cf.* Lc 24.46–47). Sin embargo, esta crítica en nada desmerece la ponderación que Sobrino hace de la acogida o recepción que Jesús hace de los pobres, como característica de su ministerio y signo de la presencia del Reino.

# José Míguez Bonino: el discernimiento del Reino en la obediencia

Corresponde ahora analizar la teología del teólogo metodista José Míguez Bonino en torno al reino de Dios. Partimos de su ensayo titulado *El reino de Dios en la historia*[109]. Se trata de una ponencia presentada por el autor en el segundo encuentro de la Fraternidad Teológica Latinoamericana en Lima, Perú, en 1972. A pesar del tiempo transcurrido, el abordaje del tema y su carácter incisivo hacen de ese trabajo algo todavía vigente. El teólogo argentino plantea una cuestión bien concreta:

Cómo podemos entender la presencia activa del reino en nuestra historia de tal modo que podamos adecuar a ella nuestro testimonio y acción, particularmente en esta hora concreta de América Latina en que nos ha sido dado profesar nuestra fe y servir al Señor[110].

El autor sitúa su presentación dentro de lo que denomina "tesis sistemático-ética", la cual no es una respuesta final al problema, sino que representa una serie de "fórmulas y […] proposiciones un tanto desprotegidas y cuestionables, destinadas más a invitar a un diálogo comprometido de articulaciones divergentes"[111]. Define el Reino como "la *soberanía activa de Dios* sobre el mundo (natural e histórico en su unidad y totalidad), especial y representativamente ejercida y atestiguada en Israel, perfeccionada en Jesucristo y prometida en manifestación plena en la *parusía* del Señor"[112].

---

[109] José Míguez Bonino. "El reino de Dios y la historia. Reflexiones para una discusión del tema". En C. René Padilla. *El reino de Dios en América Latina*. El Paso: CBP, 1975, pp. 75–95.

[110] *Ídem*, p. 75. Cursivas originales.

[111] *Ibíd.*

[112] *Ídem*, p. 76. Cursivas originales.

Luego de estos planteos iniciales y epistemológicos, Míguez Bonino comienza su tema reflexionando sobre la historia de la salvación y la historia secular. Establece que "no hay una acción divina que no comporte historia humana ni hay historia que no sea narrada en su relación con la soberanía divina"[113]. Pero aclara que no se puede hacer una ecuación entre la soberanía de Dios y la historia como si la primera sacralizara todo lo que ocurre. Más bien, señala, esa soberanía divina se realiza polémicamente. En otras palabras, la Biblia presenta a un Dios soberano que convoca, rechaza, llama y juzga, entrando en polémica, incluso, con su propio pueblo Israel.

De particular importancia es el énfasis que el autor hace en cuanto al carácter político de ese conflicto; "político", tanto en el sentido amplio como en el más estricto, ya que, señala: "Todo intento de separar en el Antiguo Testamento lo religioso de lo político resulta totalmente artificial"[114]. Ilustra esa realidad mencionando las historias de Moisés, Isaías, Rut y Noemí como manifestaciones personales, pero indisolublemente enmarcadas en los movimientos de pueblos en su relación con Israel.

Pero cuando llegamos al Nuevo Testamento, el clima cambia. El problema, plantea el autor, radica en cómo definir ese cambio. Rechazando las aparentes soluciones, entre las que se destaca la pretensión de definir al Nuevo Testamento como "más espiritual" y "más individualista" que el Antiguo, propone: "en el Nuevo Testamento, la historia de la salvación adquiere una cierta consistencia propia, una cierta 'distancia' con relación a la totalidad de la historia humana"[115]. Hay una diferencia entre la fe de Israel y la fe de la iglesia. La primera, como memoria, está inextricablemente unida a la historia del pueblo. La de la iglesia gentil se incorpora a una historia que, en principio, le es extraña. Por eso: "Confesar el reino no es, pues, para nosotros los cristianos gentiles, solamente entrar en la herencia de nuestra propia historia, sino a la vez tomar distancia de ella [...]"[116]. Esto entronca directamente con otro tema controversial que aborda el autor: el dualismo y el monismo en la comprensión de la historia. La solución dualista podría ser ilustrada con el enfoque de San Agustín en *La ciudad de Dios*, donde tiende a identificar el Reino con la iglesia. Esta "solución" no es adecuada, porque no se puede leer la Biblia, argumenta Míguez Bonino" y pensar

---

[113] *Ibíd.*

[114] *Ídem*, p. 77.

[115] *Ídem*, p. 78.

[116] *Ibíd.*

que la historia general, "el mundo", es un mero episodio sin ninguna vinculación con el Reino. En este contexto, menciona algunas cuestiones muy acuciantes para nosotros y que quizás en el Nuevo Testamento no era un problema planteado: la salvación de los paganos. Menciona, como de paso, los discutidos pasajes de 1 Corintios 15.29 y 1 Pedro 3.18, 19; asimismo, las fórmulas teológicas que, al respecto, surgieren, tanto en el catolicismo como en el protestantismo, tendientes a dar respuesta al problema. Justamente, ahí es donde se refiere a "ciertos aspectos de la doctrina de la predestinación, que se hacen claros en Barth"[117].

De la solución dualista, el autor pasa a analizar la solución monista, la cual se ilustra en Ireneo, Orígenes y la teología de la liberación. Tomando el caso de Gutiérrez como exponente de esta última corriente, sintetiza su pensamiento de este modo: "Dios va construyendo su reino en y desde la historia humana en su totalidad; su acción es un constante llamado y desafío a los hombres"[118]. De todos modos, ni la propuesta monista ni la perspectiva dualista convencen a Míguez Bonino[119], como tampoco le convence la propuesta de René Padilla, la cual implica que la iglesia no es la mediadora del Reino, sino que, según dice el propio Padilla, "el mundo es redimido en la iglesia y a través de la iglesia"[120].

---

[117] Nos ocupamos de analizar esta cuestión en el capítulo "El círculo hermenéutico en las teologías de Juan Calvino y Karl Barth", en esta misma obra.

[118] José Míguez Bonino, *óp. cit.*, p. 60.

[119] Esta situación se parece a la estructura de la apocalíptica y la gnosis, que no puede caracterizarse ni de dualista ni monista. Jacob Taubes dice que "la estructura de estas formaciones de pensamiento no se ajusta a la terminología filosófica moderna. Debería decirse que es dualista y monista a un tiempo" (*Escatología occidental.* Buenos Aires: Miño y Dávila Editores, 2010, p. 57).

[120] José Míguez Bonino, *óp. cit.*, p. 81. La frase citada por Míguez Bonino corresponde a la ponencia de C. René Padilla: "El Reino de Dios y la Iglesia" (en *El reino de Dios y América Latina*, p. 55). Este carácter redentor que Padilla reconoce en la iglesia, está acentuado en la nota 85, donde agrega: "Esto es otra manera de afirmar que lo único que la historia tiene de valor permanente es aquello que es tomado por Dios en la iglesia y a través de la iglesia" (*ídem*, p. 65), con lo que el autor parece ubicarse dentro de un monismo en el cual la historia es una especie de apéndice a la historia de la salvación. Esta perspectiva, que podríamos denominar "eclesiocéntrica", será continuada por Padilla en el artículo "El reino de Dios y la historia en la teología latinoamericana" (*Cuadernos de teología.* Volumen VII, número 1, 1985, pp. 5 y ss.), donde expone críticamente las mediaciones marxista y socialista propuestas por Hugo Assmann y Míguez Bonino, respectivamente, proponiendo que la mediación del Reino es la iglesia. En su argumentación, Padilla sostiene que su posición no debe interpretarse como un "estrechamiento religioso" que arroja a la irrelevancia a la historia humana. Sin embargo, la tesis propuesta deja de lado las mediaciones sociopolíticas, aspecto crítico que en cierta oportunidad conversé con el propio autor, quien, con honestidad, admitió no haberlas tomado en cuenta. Un artículo en el que Padilla analiza las relaciones entre Reino e iglesia, es "La misión de la Iglesia a la luz del Reino de Dios" (en *Misión integral.* Buenos Aires: Nueva Creación, 1986, pp. 180–193), aunque tampoco allí aparecen las mediaciones políticas.

Admitiendo que no puede ofrecer una solución definitiva y satisfactoria, Míguez Bonino formula una serie de preguntas dirigidas al núcleo del problema planteado:

> ¿Tienen los acontecimientos históricos —a saber, la acción histórica humana, con sus diversas dimensiones: política, cultural, económica— alguna significación en términos del reino que Dios prepara y ha de establecer gloriosamente en la *parusía* del Señor? ¿O es éste la negación total y absoluta de aquellos? Si hay tal relación, ¿cómo hemos de entenderla, y cómo incide en nuestra acción?[121]

A modo de respuesta a estas cuestiones, el autor dice que, en su comprensión, el Reino no sería la negación de la historia, sino la eliminación de su corruptibilidad, debilidad y ambigüedad. Pero precisa también que el Reino no es el desenlace natural de la historia, a partir de las "leyes inherentes" a ella, sino que ese desenlace es precedido por el conflicto y el juicio. En síntesis: "el reino rescata, transforma y plenifica la 'corporalidad' de la historia y la dinámica del amor solidario que ha operado en ella"[122].

Finalmente, luego de esta indagación sobre un tema crucial en torno a identificar la presencia del Reino en la historia, Míguez Bonino llega a su propuesta final: el reino de Dios no es una cuestión teórica de la nous, sino una respuesta activa. "El reino no es un objeto a conocer sino un llamado, una convocación, una presión que impulsa"[123]. Se trata de discernir el Reino en la obediencia. ¿En qué consiste, concretamente, la opción socio-político-económica en el presente latinoamericano? Sin olvidar que el trabajo que analizamos pertenece a 1972, Míguez Bonino define su opción: "El socialismo es para mí hoy en América Latina el medio de correlación activa con la presencia del reino en lo que hace a la estructura de la sociedad humana. Es, en este terreno, mi obediencia de fe"[124].

En otro texto, José Míguez Bonino continúa su reflexión sobre el Reino. Se trata de su obra *Toward a Christian Political Ethics*[125]. En el capítulo "Hope and Power (esperanza y poder), el autor se pregunta si el reino

---

[121] *El reino de Dios y la historia*, p. 83.

[122] *Ídem*, p. 84.

[123] *Ídem*, pp. 84–85.

[124] *Ídem*, p. 89.

[125] José Míguez Bonino. *Toward a Christian Political Ethics*. Philadelphia: Fortress Press, 1983. No existe version en español.

de Dios es una utopía. Comienza su reflexión con una síntesis de la discusión que, a partir de Marx, se ha desarrollado en las diferentes corrientes marxistas sobre el significado de la "utopía", mencionando, entre otras tendencias, el socialismo soviético, la interpretación de Althusser y la escuela de Frankfurt. Luego, analiza la obra de Ernst Bloch y su filosofía centrada en "el Principio Esperanza" (*Prinzip Hoffnung*) extrayendo tres aspectos de su pensamiento que considera significantes para la discusión del tema. En primer lugar, la utopía, según Bloch, tiene tres funciones sociales: 1) representa una protesta contra la presente situación denunciando el aspecto negativo de las cosas tal como son; 2) explora las posibilidades todavía no realizadas, en el sentido de relacionar la imaginación y la realidad proyectándola en el tiempo (*quiliasmo*) o en el espacio (la utopía propiamente dicha); 3) demanda la inmediata realización de ella en una nueva sociedad sin demorar en etapas intermedias. Para Bloch, el pensamiento utópico es un camino de conocimiento que corresponde a la realidad, la cual "debe ser comprendida contra el horizonte de sus posibilidades, en lo que ha sido llamada 'una ontología del todavía no'. La utopía no es una ilusión, es conocimiento —anticipación del posible futuro de la realidad"[126].

En segundo lugar, no toda utopía pertenece a la categoría descrita. El propio Bloch distingue entre una "utopía ingenua", donde todo es posible, y una utopía que es anticipación y que comienza en el conocimiento de la realidad. En ese contexto, Bloch reconoce en algunas manifestaciones de la religión, particularmente la tradición judeo-cristiana, la presencia de una "conciencia anticipatoria que, para él, tiene que ser transformada y realizada en un verdadero "materialismo dialéctico." En tercer lugar, Bloch admite un límite último a todas las utopías realistas, aun en la sociedad sin clases y en el "reino de la libertad". Ese límite es la muerte.

A partir de este trasfondo de la utopía en el pensamiento de Bloch, Míguez Bonino considera el carácter utópico de la fe cristiana, particularmente el significado social de una utopía cristiana y su lugar en una ética política cristiana. Menciona a la teología de la liberación, donde hay cierta tendencia a vindicar la utopía cristiana, como una fuerza movilizadora.

---

[126] *Ídem*, p. 91. Para un análisis del concepto de utopía vinculado al pensamiento y la teología en América Latina, véase Horacio Cerutti Guldberg y Carlos Mondragón González (coordinadores). *Religión y política en América latina: la utopía como espacio de resistencia social.* México: Universidad Nacional Autónoma de México, 2006, especialmente los ensayos "La utopía en América Latina", "Concepción de utopía en la Teología de la Liberación" y "Utopía y religión en América Latina: la subversión de la esperanza", de Mario Magallón Anaya, Horacio Cerutti Guldberg y Carlos Mondragón González, respectivamente.

"En algunos casos, la exhortación cristiana usa los motivos escatológicos tales como 'cielos nuevos y tierra nueva' y "el nuevo hombre' como utopías cristianas que nos desafían 'en la construcción de una nueva sociedad nueva, más justa y solidaria"[127]. A despecho de esa visión, el autor prefiere, junto con Gustavo Gutiérrez y otros, establecer de un modo más indirecto la relación entre la utopía y la fe cristiana. Y ello, por dos razones: en primer lugar, la utopía es una categoría ambigua para referirnos a la promesa de Dios. Aunque reconocemos la naturaleza escatológica de las categorías y símbolos escatológicos, en la escatología no estamos hablando de "anticipaciones humanas", sino del tiempo y de la consumación de Dios. En segundo lugar: "bautizar como cristianas a las utopías concretas que emergen en la búsqueda humana no sólo es ignorar la novedad cualitativa de la consumación de Dios sino también sacralizar —y mucho más serio aún, clericalizar— los proyectos humanos[128].

En otro artículo titulado "Theology and Peace in Latin America"[129], Míguez Bonino se refiere al Reino como uno de los principales símbolos bíblicos que describen la acción de Dios en la historia. Sostiene que tanto la teología de la liberación como la Fraternidad Teológica Latinoamericana están de acuerdo en el énfasis de que el reino de Dios es la clave para la misión de la iglesia. Los valores del Reino son justicia, paz y gozo en el Espíritu (Ro 14.17). La iglesia pertenece al reino de Dios, pero no es sinónimo de este. La iglesia es el pueblo que testifica del futuro Reino, lo cual, en términos políticos, representa la acción de Dios en el mundo. Pero, señala:

> El Reino de Dios no puede ser identificado con una utopía social o política, no puede una utopía ser deducida del Reino de Dios. Las utopías son creaciones humanas, edificadas por el ejercicio de una razón creativa, que extrapola de y niega la realidad existente[130].

Pero, por otro lado y, dado que el Reino no es una teoría política en términos modernos, su presencia en el mundo necesita de mediaciones históricas en la lucha por la justicia y la paz. Por lo tanto, los cristianos tienen la oportunidad de colaborar en diferentes movimientos del mundo que batallan en esa búsqueda.

---

[127] José Míguez Bonino. *Toward a Christian Political Ethics*, p. 92.

[128] *Ibíd.*

[129] José Míguez Bonino. "Theology and Peace in Latin America". En Theodore Runyon (editor). *Theology, Politics, and Peace*. Maryknoll, New York: Orbis Books, 1989, pp. 43–54.

[130] *Ídem*, p. 48.

Finalmente, una breve y casi tangencial referencia al Reino por parte del mismo autor se detecta en su excelente trabajo titulado: *Rostros del protestantismo latinoamericano*, donde el teólogo metodista, al evaluar la teología de la misión que se articula a partir del señorío de Jesucristo y el reino de Dios, se pregunta:

> ¿No se prestan demasiado a un nuevo imperialismo cristiano, que a la postre termina siendo también eclesiástico? En América latina, este riesgo de una teología "imperial" del Reino de Dios es en parte contrarrestado por "la opción por los pobres" como criterio de interpretación del reinado de Jesucristo y de la misión del Reino[131].

Recuerda luego que también hubo aportes anteriores en Richard Shaull y Rubén Alves, entre otros. Y luego se refiere a los otros dos teólogos que analizamos en este capítulo: Jon Sobrino y Emilio Castro, afirmando:

> La interpretación eclesiológica de Jon Sobrino y la misionológica de Emilio Castro son excelentes ejemplos de esa hermenéutica: el Cristo que identifica su misión con el Reino de Dios es el Cristo que a su vez se identifica con los pobres, es la tesis de Sobrino. El Cristo que reina es el "Cristo siervo", hace claro Castro.

En otras palabras: lo que permite evitar una teología del Reino que derive en una teología "imperial", es la clara distinción de los destinatarios de ese Reino, que son los pobres y una cristología que claramente señala el carácter del Cristo de los evangelios: el Cristo que no vino para ser servido, sino para servir a los demás. Pero esta referencia que hemos denominado "tangencial" del Reino como "imperio" nos compele a identificar con mayor precisión los modelos de ese "Reino-imperio" que se nos presentan hoy en los escenarios eclesiales y teológicos de América Latina, cosa que intentaremos acometer en las conclusiones.

La incisiva reflexión de Míguez Bonino en cuanto al reino de Dios en los textos analizados, ofrece un importante aporte al tema que es posible sintetizar en los siguientes aspectos:

---

[131] José Míguez Bonino. *Rostros del protestantismo latinoamericano*. Buenos Aires: Nueva Creación, 1995, pp. 132–133.

En primer lugar, es el único teólogo que, en las primeras etapas de la Fraternidad Teológica Latinoamericana[132], se animó a reflexionar sobre la presencia del Reino en la historia. Su enfoque supera ampliamente las visiones bíblicas y sistemáticas del tema que, en muchos casos, no logran salir del estrecho margen eclesial, derivando, abierta o solapadamente, en una teología eclesiocéntrica.

En segundo lugar, aunque no llega a resolver el tema del monismo y dualismo en los enfoques cristianos de la historia, pone la cuestión para ser debatida mostrando los aspectos positivos y negativos de cada una de esas visiones.

En tercer lugar, establece que el reino de Dios no es una cuestión meramente intelectual, *noética* (*nous* = *mente*), sino que se trata de una decisión e inserción en la historia. En pocas palabras, "se discierne al Reino en la obediencia", lo cual implica que antes que preguntarnos dónde está el Reino, se trata de preguntarnos "¿cómo actúo yo aquí y ahora en la historia?", ya que el Reino es convocación, llamado y presión que impulsa.

En cuarto lugar, Míguez Bonino deja en claro que, aunque es posible relacionar la idea de utopía, en tanto búsqueda esperanzadora por un mundo mejor, con el reino de Dios, el concepto no puede ser asimilado sin reservas por el Reino, ya que este, al ser *de Dios* implica siempre una novedad cualitativa y escatológica no identificable con ningún proyecto humano[133]. La acción de Dios en la historia sigue siendo la clave para entender el reino de Dios y su acción a través de los tiempos, lo cual, a su vez, tendrá un desenlace escatológico en el *escatón* que producirá la Parusía de Jesucristo.

No obstante lo meduloso del trabajo de Míguez Bonino en su reflexión sobre el reino de Dios y su importancia teológica y misionológica, es posible señalar algunas observaciones críticas a su planteo.

---

[132] La Fraternidad Teológica Latinoamericana surgió en Bogotá en 1969, en ocasión del Primer Congreso Latinoamericano de Evangelización (CLADE I) y que realizó su primera consulta en Cochabamba, en noviembre de 1970. Para más datos, véase Alberto F. Roldán. *¿Para qué sirve la teología? Una respuesta crítica con horizonte abierto.* Buenos Aires: Fadeac, 1999, pp. 138–150. En las primeras etapas de la FTL, Míguez Bonino era un invitado con carácter de interlocutor. Ingresaría a ese espacio teológico más tardíamente.

[133] Una interpretación similar a la que exponemos es la de Paul Davies cuando dice que Míguez Bonino afirma que es consistente en afirmar que la acción de Dios produce la venida del Reino, y que ni la iglesia ni el mundo son definitivos en el establecimiento de este (Paul J. Davies. *Faith seeking Effectiveness: The Missionary Theology of Jose Miguez Bonino.* Uitgeverij Boekencentrum: Zoetermeer, 2006, p. 107).

Primero, su opción del socialismo como el correlato y mediación sociopolítica del Reino es realizada en los comienzos de la década de los años 1970. Ello hace surgir dos preguntas: la primera, ¿qué tipo de socialismo es aquel por el que opta el teólogo argentino? En su exposición, no aparece con nitidez si es el socialismo soviético, el marxismo clásico, el trotskismo o el socialismo democrático. La segunda pregunta es: el colapso experimentado por el socialismo real, la caída del muro de Berlín y la desaparición de la Unión de Repúblicas Socialistas Soviéticas (URSS) ¿no exigen un replanteo de estas opciones tan vigentes en la década en que fueron planteadas?

Segundo: aunque su referencia crítica al peligro del imperialismo en algunos enfoques de la teología del Reino, es atendible y oportuna, Míguez Bonino deja el tema planteado sin ilustrarlo en términos concretos. Nos parece que es oportuno "dar nombre y apellido" a esas tendencias. Una de las formas que ha adquirido la teología del Reino en vertiente "imperialista" es, concretamente, la identificación que en los Estados Unidos se ha hecho entre "reino de Dios" = Estados Unidos de América. El tema ha sido ampliamente estudiado, pero nos permitimos citar dos fuentes: una, el meduloso trabajo interpretativo de Richard T. Hughes, *Los mitos de los Estados Unidos de América*, donde el autor expone de qué modo se fue concibiendo la ideología de la superioridad americana (del norte, *of course*), en modo especial a través del "mito de la nación escogida", de la cual dice el autor: "el mito de la Nación Escogida puede justificar la opresión de quienes están fuera de los límites del pacto, hasta el punto de que tal concepto de pacto parezca ausente"[134]. La otra fuente es el análisis histórico y teológico de H. Richard Niebuhr en *The Kingdom of God in America*, cuyo contenido nos ocupamos en otro capítulo de este libro.

Por otra parte, habría que señalar también ciertas interpretaciones teocráticas y triunfalistas del reino de Dios en el imaginario *evangelical* latinoamericano, azuzado por medio de discursos teológicos que acentúan ese sesgo en expresiones como: "ya reinamos", "la iglesia está llamada a tomar el poder", "estamos llamados a ser cabeza y no cola", "somos hijos del Rey", "debemos ocupar los cargos de liderazgo político en nuestras naciones" y expresiones por el estilo. Es importante señalar los equívocos que tales discursos transmiten: uno es la falta de reconocimiento de lo que Dietrich Bonho-

---

[134] Richard T. Hughes. *Los mitos de los Estados Unidos de América*. Grand Rapids: Libros Desafío, 2005, p. 72.

effer plantea con tanta claridad en "los cuatro mandatos"[135], que implican que Dios no solo creó la iglesia, sino también el trabajo, el matrimonio y el Estado. Esas cuatro esferas deben mantener su autonomía entre sí, aunque todas ellas deberán rendir cuentas al Dios creador. Otro equívoco consiste en trasladar el futuro al presente en una nueva forma de "escatología realizada" como si ya reináramos sobre todas las esferas de la realidad. En este caso, no se toma en cuenta el carácter peregrino de la iglesia en el devenir histórico tan lleno de contradicciones y zonas oscuras. *Mutatis mutandi*, podría aplicarse la crítica de Pablo a los corintios, quien, en tono irónico, dice: "¡Ya tienen todo lo que desean! ¡Ya se han enriquecido! ¡Han llegado a ser reyes, y eso sin nosotros! ¡Ojalá fueran de veras reyes para que también nosotros reináramos con ustedes!" (1 Co 4.8), lo cual inmediatamente contrasta con la realidad vivida por los apóstoles: "Dios nos ha hecho desfilar en el último lugar, como a los sentenciados a muerte. Hemos llegado a ser un espectáculo para todo el universo, tanto para los ángeles como para todos los hombres" (v. 9). Las teologías teocráticas producen mutaciones graves en la comprensión del reino de Dios, que ya no es una realidad marcada por el servicio, sino un ámbito de poder, no solo religioso, sino también político.

# Emilio Castro:
# "Libertad en la misión del Reino"

El tercer aporte que hemos escogido para delinear una teología del Reino es el de Emilio Castro. Pastor metodista uruguayo, de la misma generación que José Míguez Bonino, fue una figura descollante del protestantismo latinoamericano y llegó a ser presidente del Consejo Mundial de Iglesias en Ginebra. Como punto de partida, tomamos su obra *Llamados a liberar*, que es la traducción al castellano de *Sent Free: Mission and Unity in the perspective of the Kingdom*[136]. La primera parte del libro está consagrada a un repaso histórico de distintos momentos en la historia de las reuniones del Consejo Mundial de Iglesias donde se debatió el tema de la misión, que van desde Bangkok 1973 hasta Melbourne 1980, pasando por el Congre-

---

[135] Aparecen en la *Ética* de Bonhoeffer, de la cual existen varias ediciones, la última en castellano, por Trotta, de Madrid, 2002.

[136] Datos de ambas obras: *Llamados a liberar*. Buenos Aires: La Aurora, 1985; *Sent Free: Mission and Unity in the perspective of the Kingdom*. Ginebra: Consejo Mundial de Iglesias, 1985. La tesis doctoral se titula *Fredom in Mission: The Perspective of the Kimgdom of God. An Ecumenical Inquiry*. Ginebra: WCC Publications, 1985. A modo de apéndice, esa versión contiene artículos publicados y no publicados por el autor.

so de Lausana 1974 perteneciente al ámbito *evangelical*. Lo que más nos interesa analizar aquí es el tema del reino de Dios en su vinculación con la misión de la iglesia. Uno de los primeros énfasis del autor radica en el carácter histórico del Reino: "El reinado de Dios, el reino de Dios en el Antiguo Testamento, habrá de concretarse en la historia humana"[137]. Pero entre el reino de Dios y los hechos históricos, no existe una coincidencia completa, aunque Dios participa activamente en la conformación de la historia. Cuando llegamos al Nuevo Testamento, se observa que Jesús se une a Juan el bautista y los profetas del Antiguo Testamento para anunciar la llegada del Reino e instar al arrepentimiento. El Reino se hace presente en la persona y actividad de Jesús. Castro se refiere a las manifestaciones del Reino afirmando: "Las curaciones y los exorcismos eran manifestaciones poderosas del reino de Dios. Los demonios huían, lo que significaba el advenimiento del reino de Dios (Mateo 12.28). Jesús perdonaba los pecados y prometía un nuevo comienzo, como en el año del jubileo"[138].

El énfasis de Castro en la historia como escenario del Reino es subrayado nuevamente al referirse al Nuevo Testamento, en el cual se dice, "continúa viviendo en una historia: en Jesús, en la historia del Israel ocupado, en la Iglesia primitiva, en la historia de la comunidad de creyentes esparcida en el enorme Imperio Romano"[139]. En otras palabras: el Reino actúa dentro de una historia general, en la cual son protagonistas Israel, la iglesia, el Imperio romano, y, en medio de sus contradicciones, el señorío de Dios manifiesta su poder transformador.

Emilio Castro se posiciona claramente a la hora de optar por una visión exclusivista del Reino y una visión universal. Señala que la iglesia no debería repetir el error del Israel histórico, el cual concibió su llamado como un "privilegio exclusivo", sin advertir que era un medio para un fin último: las naciones. Delinea el programa y el perfil de la iglesia en estos términos:

---

[137] *Llamados a liberar*, p. 80. En una nota, el autor aclara los matices de los términos dominio, reinado y Reino diciendo: "El término 'dominio' señala la manifestación activa y dinámica de la autoridad de Dios como Rey; 'reino' señala lo mismo, pero introduce una dimensión social y comunitaria, la realidad total y transformada de una nación y aun de la naturaleza" (*idem*, nota 2). El carácter histórico del Reino y su influencia en las sociedades es destacado por Castro en la Conferencia de Melbourne, donde, al referirse a la oración "Venga tu Reino", dice que no debemos escapar a nuestras responsabilidades históricas. "Deseamos animar al pueblo a participar plenamente en la formación de sus respectivas sociedades" ("Your Kingdom come: A missionary perspective". *International Review of Mission*. Volumen LXIX, número 275, p. 258).

[138] *Llamados a liberar*, p. 88

[139] *Ídem*, p. 107.

La iglesia es enviada como sierva de todos, con una vocación sacerdotal, misionera y evangelística. El evangelio de Jesucristo pertenece a todos. El reino es el sentido oculto de su historia. La iglesia da testimonio del reino de Dios hasta el fin del mundo y de los tiempos[140].

La importancia decisiva que el tema del reino de Dios ha tenido para la misión es subrayada por Castro al comentar que fue Wolfhart Pannenberg quien en 1968 advirtió que ese tema no figuraba en la teología contemporánea[141]. Pero admite que hoy la situación es diametralmente opuesta, ya que "es difícil que se busque una claridad misionera desde una perspectiva que no sea la de la teología del reino"[142].

Emilio Castro relaciona la libertad con la misión del Reino. En su reflexión parte del modelo de Jesús, cuya historia está "invadida por el amor". Desde esa realidad, vincula libertad en el ministerio de amor desarrollado por Jesús, quien enseña, predica, perdona los pecados y sana. El autor dice que no se debe hacer distinciones jerárquicas entre esas acciones. En cuanto a la expulsión de demonios, "esto quiere decir que lucha contra las fuerzas espirituales que oprimen a las personas y corrompen las actitudes individuales y las estructuras de la sociedad"[143]. La libertad de la iglesia en la misión significa que ella puede escoger los medios y métodos que considera mejores para el desarrollo de esa misión. El principio es ilustrado por Castro con el caso de la comunidad de Jerusalén, que tuvo una experiencia profunda, comunitaria y personal por la cual estaba junta y compartía todas las cosas en común. "La iglesia primitiva, siguiendo el ejemplo de Jesucristo, se sentía libre para responder espontáneamente o de manera organizada"[144]. Pero, entre las muchas cosas que incluyen la misión, hay tres prioridades: preocupación por los pobres, proclamar el evangelio a todas las naciones y la promesa de un nuevo día de paz y justicia. Dice Castro: "Mi tesis sostiene que estos son aspectos íntimamente relacionados de un mismo llamado a la obediencia cristiana en el servicio al reino, que es básicamente un llamado a la libertad"[145].

---

[140] *Ídem*, p. 108.

[141] Para la perspectiva de Pannenberg sobre el reino de Dios, véase el capítulo "El reino de Dios en la teología contemporánea. Su importancia para la *missio Dei*", en esta misma obra.

[142] *Llamados a liberar*, p. 109

[143] *Ídem*, p. 133.

[144] *Ídem*, p. 140.

[145] *Ídem*, p. 143.

Pero la libertad tiene sus riesgos. Para el autor, esos riesgos que se han materializado en la historia de la iglesia son, por un lado, reproducir la alianza entre la iglesia y el Estado, que comenzó en la era de Constantino; por otro, es parcializar la misión. Este peligro lo ilustra con los movimientos de liberación a la sazón en Nicaragua o Sudáfrica. Por supuesto que la liberación es parte de la agenda misionera de Dios para el mundo. Sin embargo, advierte Castro:

> Pero si este mismo énfasis en la participación cristiana en las luchas de liberación no incluye las dimensiones de celebración y adoración ni discierne las señales escatológicas del reino que viene y del Cristo que es Rey, también se convierte en una traición al evangelio[146].

De la exposición de Emilio Castro es importante subrayar las distinciones que establece entre iglesia y Reino, misión a través de la iglesia y misión de Dios. En un párrafo sumamente claro, dice:

> Podemos, y debemos, distinguir entre la misión de Dios a través de la iglesia, las personas que han respondido al llamado de Dios en Jesucristo, y la misión de Dios a través de otros agentes que promueven aspectos de la misma. No obstante, desde la perspectiva del reino existe una corriente ininterrumpida de amor entre la preservación de la vida y el nuevo nacimiento de una vida de fe[147].

El escenario de la *missio Dei*, es la totalidad de la historia y de la creación. Esta es otra manera de decir que "la iglesia no es el reino ni tiene un monopolio sobre el mismo. No es su único agente"[148]. Es posible que

---

[146] *Ídem*, p. 147. Carlos van Engen también ha advertido sobre la importancia de mantener la integralidad de la misión de la iglesia a la luz del Reino. Dice: "Las implicaciones del Reino de Dios para el mundo no pueden ser restringidas entre categorías espirituales individualistas y categorías estrictamente de liberación socioeconómica. El evangelio del Reino tiene que ver con todos los aspectos de la vida en forma integral y tratar de poner toda la vida bajo el señorío de Jesucristo" (*El pueblo misionero de Dios*. Grand Rapids: Libros Desafío, 2004, p. 128).

[147] *Llamados a liberar*, p. 116. Este concepto de que Dios tiene otros agentes aparte de la iglesia para desarrollar su misión, es la clave hermenéutica de *Llamados a liberar*. El propio Castro, según consignan Quintero Pérez y Sintado, expresó: "En el libro trato de demostrar —y ese es el meollo de la tesis— que a la dinámica del Reino de Dios se entra por distintas puertas y ventanas […]. Entonces no importa dónde comienzo, si tengo la perspectiva del Reino" (Manuel Quintero Pérez y Carlos Sintado. *Pasión y compromiso con el reino de Dios. El testimonio ecuménico de Emilio Castro*. Buenos Aires: Kairós, 2007, p. 295).

[148] *Llamados a liberar*, p. 137.

tal planteamiento afecte las pretensiones de una iglesia que se ha creído siempre el fin último de la historia. Pero se trata de la perspectiva que hace justicia al testimonio bíblico: Dios es el Señor de toda la creación[149], y el Dios no solo de Israel y de la iglesia, sino de todas las naciones. Por lo tanto, Él es el misionero por excelencia que desarrolla su propósito en la historia hasta que todas las cosas sean reconciliadas en Jesucristo y "Dios sea todo en todos".

A modo de resumen y evaluación de la teología del Reino expuesta por Emilio Castro, podemos decir lo siguiente:

En primer lugar, se destaca el énfasis en la historia como escenario de la presencia del Reino y la *missio Dei*. En esto coincide con Míguez Bonino, aunque no profundiza en la discusión que este último suscitó en cuanto al dualismo o monismo en la historia. De todos modos, para Castro no hay duda de que el Reino se hace presente y actúa en la historia humana: Israel, las naciones, Jesucristo, el Imperio romano y aun en medio de las contradicciones que la historia posee y que serán dilucidadas en la consumación del Reino.

En segundo lugar, mientras Castro da a la iglesia un lugar importante como expresión visible del Reino, en forma explícita afirma que ella no es el Reino ni tiene el patrimonio de representación en el mundo y en la historia, ya que Dios usa a otros agentes que también promueven el reino de Dios y sus valores.

En tercer lugar y, comparada con las exposiciones de Míguez Bonino y Jon Sobrino, la teología del Reino esbozada por Emilio Castro es la que más énfasis pone en las vinculaciones entre el Reino y la misión, al punto de que, afirma, no es posible entender la misión sin la referencia al Reino.

En cuarto lugar, y en lo referido a las señales del Reino en la práctica de Jesús, podemos observar una coincidencia y una divergencia entre su exposición y la de Jon Sobrino: ambos coinciden en afirmar que las curaciones y los exorcismos son señales del poder del Reino, pero difieren en que Sobrino pone en un segundo lugar el perdón de pecados y enfatiza, en cambio, la recepción o acogida de los pecadores.

---

[149] El tema de la creación en su relación con la misión es tratado por Emilio Castro en su ensayo "Justice, Peace and Integrity of Creation", donde discute "el ser de la Iglesia" y advierte que no toda articulación doctrinal puede ser un verdadero servicio a la vida de las iglesias, a menos que esté íntimamente relacionada con su involucramiento misionero en su ser en la historia, llegar a ser signos y avanzadas del reino venidero. (Emilio Castro. *A Passion for Unity. Essays on Ecumenical Hopes and Challenges*, Ginebra: WCC Publications, 1992, p. 93).

En quinto lugar, para Emilio Castro la misión inspirada en el Reino significa tres acciones fundamentales: preocupación por los pobres, proclamar el evangelio a todas las naciones y la promesa de un nuevo día de paz y justicia. En sus propias palabras: "Mi tesis sostiene que estos son aspectos íntimamente relacionados de un mismo llamado a la obediencia cristiana en el servicio al reino, que es básicamente un llamado a la libertad". Precisamente, es este último rasgo, la libertad, lo que distingue la exposición de Castro de las anteriormente expuestas.

En sexto lugar, tanto con referencia a la iglesia como al Reino, Castro pone en evidencia un posicionamiento claro en contra del exclusivismo y a favor de la universalidad del propósito de Dios. En expresión osada, afirma que hay diversas puertas para entrar al Reino, pero lo importante es entrar en su dinámica.

En séptimo lugar, el autor señala los riesgos que se han materializado en la historia de la iglesia en cuanto a la misión: por un lado, reproducir la alianza entre la iglesia y el Estado, la cual comenzó en la era de Constantino, y, por otro lado, parcializar la misión. Ilustra este último peligro en los movimientos de liberación en Nicaragua y en Sudáfrica. No se observa, sin embargo, alguna ilustración concreta del primer peligro al cual nos hemos referido en el acápite anterior con los nombres de "teocracias" e "imperialismos".

Finalmente, Castro incluye la ecología como una preocupación dentro de la misión de la iglesia a la luz del Reino, aspecto en el que también se distingue de las otras exposiciones al poner de manifiesto la importancia de la justicia y la paz del Reino en relación con el cuidado de la creación.

# Conclusión

La teología latinoamericana, tanto en su vertiente liberacionista como de la Fraternidad Teológica Latinoamericana y la ecuménica, ha realizado aportes significativos al tema del reino de Dios. Los énfasis mayores recaen en el carácter eminentemente histórico del Reino inaugurado en Jesús de Nazaret; en los pobres como sus receptores privilegiados; en el poder liberador del Reino, no solo de las cautividades "espirituales" sino también de las sociales y políticas; y en el compromiso al que nos compele el reino de Dios y los alcances cósmicos de este en términos de justicia, paz y armonía de la creación. La teología del Reino supera el eclesiocentrismo que ha caracterizado a la iglesia cristiana a través de los siglos, tanto en la confesión católico-romana como en las protestantes, evangélicas y pentecostales. Esta teología, en cierto modo, desplaza a la iglesia de un lugar central, ya que no es ella el fin último, sino un medio para un fin mayor, pero, al mismo tiempo, da a la iglesia no solo una razón de ser en la historia, sino un protagonismo en la misión, ya que, en vida y misión, ella debe ser el anticipo del futuro reino de Dios que está viniendo. En otras palabras: la teología del Reino ubica a la iglesia en el mismo camino de Jesús. De Jesús Rey-Siervo, se deriva una iglesia-sierva de Dios y del mundo.

El tema del reino de Dios en la teología latinoamericana, no está agotado. A las nomenclaturas ya expuestas, podríamos agregar: el reino de la reivindicación, el reino de la solidaridad, el reino de la restauración, el reino de la reconciliación y el reino del revés[150], nomenclaturas que nos conducen a nuevas indagaciones sobre el Reino en nuevas situaciones sociales, culturales y políticas. Se trata de repensar el Reino en los escenarios de la globalización (real o imaginada) y del neoliberalismo caracterizado por el individualismo y el "sálvese quien pueda". Esas tendencias, detectables en muchos espacios eclesiales evangélicos de América Latina, nos impulsan a una voz profética que sea una denuncia de que aquellas representan el "antirreino", pero también un anuncio de que el reino de Dios es lo que da sentido a la historia y orienta nuestra acción misionera en el mundo.

Hasta aquí, nuestra exposición se ha centrado en el reino de Dios como símbolo del propósito redentor de Dios en Jesucristo. A manera de ejemplo histórico de la inserción de ese Reino en la historia, en el próximo capítulo nos ocuparemos de indagar de qué modo el reformador Juan Calvino entendió el Reino y la misión de la iglesia como un modelo concreto de lo que hemos dado en llamar "ética social y política".

---

[150] Esta nomenclatura ya fue usada por Jacob Taubes cuando dice: "Con el Reino de Dios viene la inversión [*Umkehr*] y la reversión [*Umkehrung*]. En Roma cada año en la fiesta de las Saturnales se aparentaba un 'mundo al revés' ante los pobres diablos. No obstante, el mundo al revés es también esperanza de los que predican: 'muchos de los primeros serán los últimos, y muchos de los últimos serán los primeros'. El mundo al revés es, en la visión apolíptica, el mundo 'esclarecido' y 'rectificado'" (*Escatología occidental*, p. 76).

# CAPÍTULO 3

# La ética social y política de Juan Calvino

*Para Calvino, la ley en su relación dialéctica a la gracia divina, la promesa y la libertad, es la estructura constitutiva de la espiritualidad y moralidad cristianas, de modo que las esferas civil y eclesiástica estén unidas en una sola entidad de revelación y salvación.*

Oliver O'Donovan y Joan Lockwood O'Donovan

## Introducción

Hasta ahora, hemos expuesto el tema del reino de Dios como eje neurálgico para la comprensión de la *missio Dei* en las teologías contemporáneas y latinoamericanas. En este capítulo, indagamos sobre la ética de Calvino en relación con las realidades sociales y políticas, como un modelo histórico del reino de Dios actuando en las esferas políticas y sociales. Entendemos que el pensamiento del reformador francés concerniente a esas esferas representa una forma de ética cristiana acerca de la sociedad y el Estado, y no una teoría política en el sentido estricto. Un posible nombre que representa su pensamiento sería una "teología mundana", porque es una invitación para la acción de la iglesia en el mundo. En el desarrollo de su pensamiento acerca de las esferas sociales y políticas, Calvino enfatiza la ley de Dios, en un sentido dialéctico, y el amor a Dios y al prójimo. Sobre la relación entre la iglesia y el Estado, transferir directamente esa ética social y política no es posible porque nosotros vivimos en un mundo posmoderno caracterizado por la secularización, el pluralismo y la globalización, a pesar de lo cual esa ética representa nuevos desafíos para las iglesias y las sociedades latinoamericanas. El capítulo finaliza con una exposición sobre los desafíos que esa ética comporta para la América Latina hoy.

# El pensamiento de Calvino: ¿teoría política o ética política?

En contraste con el movimiento anabaptista[151], Calvino acepta la importancia del Estado en el propósito de Dios. Dedica el último capítulo de la *Institución de la religión cristiana* (Libro IV, capítulo XX) a esa cuestión. En primer lugar, Calvino indica la separación entre las dos esferas. Dice: "quien sabe distinguir entre el cuerpo y el alma, entre esta vida transitoria y la venidera, que es eterna, comprenderá a la vez con ello muy claramente que el reino espiritual de Cristo y el poder civil son cosas muy diferentes entre sí"[152]. El lenguaje de Calvino refleja la influencia de San Agustín y su énfasis en las dos ciudades o dos reinos que expone en *La ciudad de Dios*. Uno de esos ámbitos es eterno, el otro, histórico. El interés de Calvino por la política está en relación con sus estudios sobre la ley y muchas lecturas en los tratados de Platón, Aristóteles, Séneca y Cicerón. John McNeill[153] indica que el interés de Calvino en el gobierno civil debe haber comenzado cuando estudió en la Universidad de París.

Sin embargo, es necesario formular una pregunta: ¿El pensamiento de Calvino es una teoría política, una teoría filosófica o más bien representa una forma de ética? Alton Templin dice que cuando Calvino discute el orden civil o la autoridad civil como parte del plan de Dios, ofrece un modelo de teoría política[154]. Marta García Alonso no duda

---

[151] La toma de distancia que Calvino hace del movimiento anabaptista en cuanto a la responsabilidad cristiana hacia el Estado, se puede percibir en su exposición en el volumen II de su *Institución de la religión cristiana* (tradución de Cipriano de Valera. Rijswijk: Fundación Editorial de Literatura Reformada, 1968, IV. XX. 1, pp. 1168–1169), donde refuta la posición de quienes representan "espíritus utópicos" que consideran que los cristianos, al haber muerto con Cristo a los rudimentos de este mundo, no tienen responsabilidad alguna hacia las cuestiones políticas. Marta García Alonso también afirma que Calvino pretendía distinguirse del protestantismo subversivo y, particularmente, los anabaptistas, porque para ellos el Estado era algo superfluo (*La teología política de Calvino*. Barcelona: Anthropos, 2008, p. 18).

[152] Juan Calvino, *óp. cit.*, p. 1168.

[153] John McNneill, "John Calvin on Civil Government". En George L. Hunt (editor). *Calvinism and the Political Order*. Filadelfia: The Westminster Press, 1965, p. 29.

[154] J. Alton Templin. "The Individual and Society in the Thought of Calvin". *Calvin Theological Journal*, volumen 23, número 2, noviembre de 1988, p. 171

en afirmar que la obra de Calvino concerniente a los asuntos políticos representa una teología política[155]. Thomas Cook define el proyecto de Calvino como una teocracia a través de una aristocracia ética y una democracia incipiente[156]. Cook piensa que el interés de Calvino es mostrar el orden que viene directamente de Dios. "El gobierno es necesario entre los hombres desde que ellos son malos, han de alterar ese orden causando entonces el disgusto de Dios. Positivamente, el gobierno significa justicia, la justicia de la ley ordenada por Dios"[157]. En términos prácticos, Calvino creyó en el rol de jueces seleccionados por el pueblo sobre la base de su reputación. La incipiente democracia instalada en Ginebra representa el intento por el igualitarismo sin distinciones en términos de castas o clases.

---

[155] García Alonso sostiene que, a partir del hecho de que Ginebra se convirtió en república independiente que se libera de la tutela episcopal católica, "cabe comprender que la de Calvino fuese una teología *política*, más allá incluso de su gestación" (*óp. cit.*, p. 13). La expresión "teología política" fue creada por el jurista alemán Carl Schmitt en su obra *Teología política I. Cuatro capítulos sobre la teoría de la soberanía*. (La versión más reciente en español está incluida en Héctor Orestes Aguilar. *Carl Schmitt, teólogo de la política*. México: FCE, 2001). La hipótesis central de Schmitt es que los modernos conceptos de la política tienen su origen en ideas teológicas; por ejemplo, la idea de soberanía se ha transferido del Dios soberano al Estado soberano. Para una evaluación del tema y su posible superación por parte de los teólogos Moltmann y Metz, véase Alberto F. Roldán. "Las teologías políticas de Jürgen Moltmann y Johannes Baptist Metz. Alternativas al planteo de Carl Schmitt". *Cuadernos de teología*. Instituto Universitario Isedet. Buenos Aires, volumen XXVII, 2008, pp. 179–202.

[156] Mario Turchetti indica que Calvino solamente usa la palabra *democracia* una vez, cuando se refiere al debate sobre la forma de gobierno. Calvino dice: "Hay tres clases de gobierno civil, es decir: monarquía, que es la dominación de uno solo, llamado rey o duque o de otro modo; aristocracia, que es el gobierno compuesto por los principales y la gente de nota; y democracia (*democratie*), que es un gobierno popular, en el cual el pueblo tiene el poder" (*Institution IV. 20. 8*, citado por Turchetti en "The Contribution of Calvin and Calvinism in the birth of Modern Democracy". En Martin Ernst Hirzel y Martin Sallmann. *John Calvin's Impact on Church and Society 1509–2009*. Grand Rapids: Eerdmans, 2009. p. 197. Turchetti comenta que para Calvino la aristocracia podría ser la forma más tolerable de gobierno con la condición de que sus miembros ayudaran el uno al otro en el control y la censura del otro, *ídem*, p. 198).

[157] Thomas Cok. *History of Political Philosophy from Plato to Buke*. New York: Prentice Hall, 1936, p. 331. Douglas Kelly muestra la importancia de la ley para la iglesia y la sociedad en la mente de Calvino: "El último propósito de la ley es el mismo que el último propósito de todas las instituciones de las esferas 'espiritual' y 'civil': glorificar a Dios, quien es la fuente de toda ley, autoridad y gracia, por el hombre redimido en Cristo Douglas F. Kelly. *The Emergence of Liberty in the Modern World. The Influence of Calvin in Five Governments from the 16ᵗʰ throught 18ᵗʰ Centuries*. New Jersey: P. and R. Publishing, 1992, p. 23). Aliester E. McGrath dice que para Calvino, tanto los magistrados como los ministros fueron llamados para la misma tarea. Su responsabilidad era complementaria antes que competitiva. (*Reformation Thought. And Introduction*. Tercera edición. Oxford, Massachussets, Malden: Blackwell Publishers, 1999, p. 233).

El propósito real de las prácticas de Calvino en Ginebra es religioso. Elsie McKee enfatiza este aspecto cuando se refiere a los axiomas y presuposiciones en la teología de Calvino relacionados con la realidad social y política. "Uno de los axiomas de Calvino es la convicción de que Dios es bueno y justo y que lo que Dios desea es bueno y recto por definición"[158]. Las principales doctrinas que tienen relación con los campos social y político son la ley de Dios y la vida cristiana. Para el reformador francés, el Decálogo es resumido por Cristo en los dos mandamientos del amor a Dios y al prójimo. A despecho de creer en la entera depravación, Calvino reconoce talentos especiales en el ser humano para la vida social, política y económica como parte de la creación de Dios y manifestación de su gracia común. Calvino enfatiza el tercer uso de la ley como una guía para que los cristianos sirvan a la sociedad. Para Calvino, las dos tablas del Decálogo están unidas en una sola realidad. Es posible descubrir esta perspectiva en su comentario al libro de Isaías. Dice:

> Así, cuando los profetas inculcan deberes morales, no exponen nada nuevo, sino solo explican aquellas partes de la ley que han sido malinterpretadas. Por ejemplo, el pueblo pensó que ellos habían cumplido su deber en forma admirable, cuando ofrecían sacrificios y realizaban los servicios indicados por su religión […] rendían a Dios una adoración carnal y engañosa. Los profetas ásperamente reprobaron esta actitud y mostraron que todas las ceremonias son vanas cuando no hay sinceridad de corazón […]. Como a la segunda tabla del Decálogo, los profetas derivaron sus exhortaciones de ella, con el propósito de mostrar que los hombres deben refrenarse de toda injusticia, violencia y engaño. Todo lo que ellos hacen, por lo tanto, no era nada más que mantener al pueblo en la obediencia a la ley[159].

---

[158] Elsie Anne KcKee. "The Character and Significance of John Calvin's Teaching on Social and Economic Issues". En Edward Dommen y James D. Bratt (editores). *John Calvin Rediscovered. The Impact of His Social and Economic Thought.* Louisville: Westminster John Knox Press, 2007, p. 43. Philip Gorski dice que Calvino vio la iglesia como un brazo de la comunidad cristiana, como parte de la *res publica christiana* (Philip Gorski. *The Disciplinary Revolution. Calvinism and the Rise of the State in Early Modern Europe.* Chicago: The University of Chicago Press, 2003, p. 21).

[159] Juan Calvino. *Commentary to Isaiah.* Prefacio. Versión digitalizada.

Con relación a la vida cristiana en el mundo, Calvino muestra su realismo cuando hace referencia a cómo usar los bienes en la vida presente. Para Calvino, es necesario abolir los extremos tanto de una excesiva austeridad como de la intemperancia. Por ejemplo, cuando dice que Dios crea diferentes dones no solo para nuestra necesidad, sino también para nuestro placer.

> Ahora bien, si consideramos el fin para el cual Dios creó los alimentos, veremos que no solamente quiso proveer a nuestro mantenimiento, sino que también tuvo en cuenta nuestro placer y satisfacción. Así, en los vestidos, además de la necesidad, pensó en el decoro y la honestidad. En las hierbas, los árboles y las frutas, además de la utilidad que nos proporciona, quiso alegrar nuestros ojos con su hermosura, añadiendo también la suavidad de su olor. De no ser esto así, el Profeta no cantaría entre los beneficios de Dios, que "el vino alegra el corazón del hombre", y "el aceite hace brillar el rostro" (Sal 104.14)[160].

Para Calvino, es necesario prestar atención al uso de los dones de Dios. Ellos deben ser usados para toda la sociedad, especialmente en la distribución para el pobre. En su comentario sobre el Padrenuestro y la frase "nuestro Padre que está en los cielos", Calvino dice que en esta designación de Dios está la idea de comunidad.

> El mandamiento de Dios de socorrer a los pobres en sus necesidades es general; sin embargo, a este mandamiento obedecen los que con este fin ejercitan la caridad para con aquellos que ven y saben que se encuentran necesitados; y ello, porque o no pueden conocer a todos los que lo están, o porque sus recursos no son suficiente para socorrerlos a todos[161].

El tema central de Calvino es la vida de la iglesia como un modelo de liberalidad hacia la sociedad. Esta perspectiva se muestra en la importancia de los ministerios que tienen la responsabilidad del cuidado especial para los pobres, los huérfanos y las viudas, en una clara reproducción del modelo bíblico. En la opinión de Elsie McKee, los oficios de presbíteros

---

[160] *Institución*, volumen I, libro III. X. 1, p. 553.
[161] *Institución*, volumen II, libro III. XX. 39, pp. 707–708.

y diáconos "demuestran la convicción de Calvino de que la Iglesia es una institución terrena que tiene responsabilidad corporativa para los asuntos sociales y económicos"[162].

La importancia de la ley y del amor en la enseñanza y la práctica de Calvino es reconocida por Ralph Hancock. Él expone no solo las ideas de Calvino concernientes al Decálogo, sino también la ley en su sentido social y político. Hancock recuerda la consideración que Calvino tiene hacia Cicerón en el sentido de que las leyes representan el alma de la sociedad. El magistrado es mediador entre las leyes y el pueblo por causa de que la mente divina es la razón inherente en la naturaleza.

> El fin de la verdadera ley (natural) es la perfección de la naturaleza humana. La naturaleza en sí misma es silenciosa, pero desde que es racional, ella puede [...] que hable a través de una naturaleza racional [...]. "Las leyes gobiernan al magistrado": La verdadera ley es el estándar o el que gobierna las leyes que están en la vida o alma de la república (II. VI; 379), las leyes que "llevan el título de leyes más bien a causa del favor que a causa de que sean realmente tales" (V; 383), tanto que como la razón es la mejor parte que gobierna el alma humana, en virtud de la cual es correctamente llamada humana (I. VII–IX; 323–27)[163].

Para Calvino, a cada nación se le ha dado la libertad de hacer sus propias leyes. La única limitación a esa libertad es el perpetuo rol del amor. Toda la ley moral de Dios está contenida en las dos tablas: amar a Dios y amar a la humanidad. "Este rol del amor es el estándar por el cual todas las leyes deben ser juzgadas. Su doble demanda es un eco de la consideración que Calvino daba a la ley de Dios en su función para el gobierno civil"[164].

El acercamiento de Calvino a la ley refleja una perspectiva dialéctica. "Para Calvino, la ley en su relación dialéctica a la gracia divina, la promesa y la libertad, es la estructura constitutiva de la espiritualidad y moralidad cristianas, de modo que las esferas civil y eclesiástica estén unidas en una

---

[162] *Óp. cit.*, p. 18.

[163] Ralph C. Hancock. *Calvin and the Foundations of Modern Politics*. Ithaca: Cornell University Press, 1989, p. 83. Aquí mantenemos las citas de la versión en inglés de la *Institution* que Hancock reproduce en su texto.

[164] *Ídem*, p. 86.

sola entidad de revelación y salvación"[165]. Hay dos razones que impulsan a Calvino a describir el gobierno civil[166]. Una de ellas consiste en su consideración general de la providencia de Dios para la humanidad y, la segunda, la crítica a diferentes grupos que rechazan subordinarse a este orden. ¿Cómo hace Calvino para unir lo teológico con lo político?

> La enseñanza espiritual de Calvino se junta a la enseñanza política porque el orden político es parte del orden providencial divino, por lo cual es importante, y aun urgente, tanto para la piedad como para la política, que ésta sea reconocida por los hombres. Es así como, al menos en el mundo de la política, el beneficioso orden de Dios depende de la prudencia de hombres que toman cuidado o defienden el orden de Dios[167].

Desde la filosofía política, hay muchas interpretaciones sobre el pensamiento de Calvino acerca de la política. Quentin Skinner reconoce que la modera teoría de la resistencia fue articulada por los hugonotes durante las guerras religiosas en Francia y concede que el derecho del pueblo a resistir la tiranía contribuyó al elemento secular del desarrollo de las ideas radicales en política[168]. Sin embargo, Skinner interpreta la política moderna como política "pura". Una vez que los fundamentos religiosos son removidos, el Estado moderno existe solamente para los propósitos políticos y la moderna política es política pura. Michael Walzer, por su parte, ofrece otro importante estudio sobre Calvino y el calvinismo en su tesis doctoral: *The Revolution of the Saints*. Argumenta que el calvinismo creó un nuevo hombre político, un activista radical y disciplinado. Para Walzer, el puritanismo fue importante como preparación histórica para la revolución. Walzer dedica un capítulo a estudiar el pensamiento de Calvino y afirma que el reformador francés fue realista en su acercamiento a la política. Calvino nunca evaluó o consideró la política en un sentido idealista. En su evaluación de esta perspectiva, Hancock dice: "Walzer cree que el calvinismo no sólo fue un precedente práctico sino la cons-

---

[165] Oliver O'Donovan y Joan Lockwood O'Donovan (editores). *From Irenaeus to Grotius. A Sourcebook in Christian Political Thought*. Grand Rapids: Eerdmans, 1999, p. 664.

[166] Aquí sigo la interpretación de Hancock, *óp. cit.*, p. 27.

[167] *Ibíd.*

[168] Con relación a la posibilidad de resistir la tiranía en el pensamiento de Calvino, véase Ralph Keen. "The Limits of Power and Obedience in the later Calvin". *Calvin Theological Journal*. Volumen 27, número 2, noviembre de 1992, pp. 252–276.

trucción de 'una justificación teórica para la acción política independiente'. Afirma que esta clase de acción es distintivamente moderna"[169]. Es interesante observar que en su estudio Walzer hace referencia a la influencia de los teólogos puritanos en la revolución de Inglaterra. Por ejemplo, John Owen ofrece una interpretación de los libros bíblicos de Daniel y el Apocalipsis en una perspectiva revolucionaria. Owen afirma que la bestia apocalíptica representa el poder tirano que deberá ser destruido. En 1652, Owen sentencia que todas las naciones "que en el Estado y gobierno presentes hayan entregado el poder al dragón [...] serán sacudidas y destruidas [...]. Todas esas guerras [...] en las cuales los santos tendrán un papel prominente, serán por este motivo"[170].

Otro aspecto en la investigación de Walzer es el tema de la gracia en la esfera de la justicia distributiva, especialmente el capítulo dedicado precisamente a la "gracia divina" en su libro *Spheres of Justice*. A partir del modelo de los puritanos en la historia de Inglaterra en el siglo XVII, Walzer indica la proclividad hacia el absolutismo cuando un grupo religioso toma el poder político en un país determinado y, entonces, en su situación de privilegio fácilmente se convierte en intolerante para otros grupos.

En resumen: el pensamiento de Calvino en relación con la sociedad y la política es más una ética que una teoría política en el sentido estricto. André Biéler dice que el orden político "está sostenido por una ética. Surge de una libertad espiritual y ética en Cristo [...]. El elemento más especial en la doctrina política de Calvino es la restauración a su propio lugar de la enseñanza bíblica, de acuerdo a la cual el Estado es una institución creada y deseada por Dios"[171].

---

[169] *Óp. cit.*, p. 12.

[170] Citado por Michael Walzer. *The Revolution of the Saints. A Study of Origins of Radical Politics.* New York: Atheneum, 1976, p. 297.

[171] André Biéler. *Calvin's Economic and Social Thought.* Taducción de James Greig. Ginebra: WWC Publications, 2005, p. 247. En opinión de Philip Gorski, el calvinismo contiene no solo una tarea ética, sino una ética de la propia disciplina. El calvinismo propagó una nueva ética y práctica de la propia disciplina a través de la lectura regular de la Biblia, el diario, libros morales y un rígido control (Philip Gorski. *The Disciplinary Revolution*, p. 20). Una opinión similar tiene Eric Fuchs cuando dice que la actividad diaconal de Calvino en Ginebra "es una expresión del pensamiento de Calvino en la ética política. Él creyó que la política era una de las más distinguidas expresiones de la providencia de Dios [...]" (Eric Fuchs, "Calvin's Ethics". En Martin Erneest Hirzel y Martin Sallmann (editores). *John Calvin's Impact on Church and Society 1509–2009*, p. 153. Para un análisis del rigor de Calvino en las prácticas eclesiales de Ginebra, véase Marta García Alonso, *óp. cit.*, capítulo III: "Iglesia y disciplina", pp. 109 y ss.

# Calvino, la sociedad y la iglesia

El acercamiento de Calvino a la sociedad es positivo y está basado en la creación de Dios y el carácter social de los seres humanos. Calvino cree que Adán y Eva fueron creados como seres sociales. En su Sermones sobre *Génesis*, dice:

> La inestimable bondad de Dios y su más que paternal cuidado está demostrado en este lugar, cuando Él no desea que el hombre esté solo sino que desea para él que tenga compañía. Ese orden fue establecido como una forma de prevenirnos por la creación de Eva que, siendo formada de nuestro padre Abrahán y procreado de su simiente, debe ser verdaderamente uno solo. Cada uno debe reconocer a la mujer como su prójimo en su carne y huesos, y su verdadera sustancia[172].

En este contexto, Calvino no solo piensa en el matrimonio, sino que su visión va más allá, hasta la comunidad humana. Para Calvino, cada persona es parte de la familia humana y la comunidad. Afirma que tanto la mujer como el hombre han sido hechos y creados a la imagen de Dios; sin embargo, como hombre de su tiempo, Calvino piensa que Dios estableció jerarquías para la vida en la tierra. "Así, la mujer está subordinada al hombre, los hijos a los padres, los siervos a sus amos, los ciudadanos o sujetos a los magistrados o reyes"[173]. Elsie McKee enfatiza el carácter "mundano" de la teología de Calvino. Este carácter es visible en las consideraciones de Calvino sobre asuntos aparentemente mundanos tales como la comida, la justicia económica, los pobres, las relaciones familiares; realidades que están inextricablemente interrelacionadas con los principios de su teología. La iglesia existe en el mundo con una responsabilidad corporativa hacia la vida social, económica y política.

El interés de la iglesia en la realidad social y política, está en los orígenes del pensamiento de Calvino. En la conclusión de su estudio *The Revolution of the Saints*, Michael Walter dice:

---

[172] Juan Calvino. *Sermons sur la Genese chapitres*, 1, 1–11, 4. Max Engammare. Neukirchen: Neukirchener Verlag , 2000, p. 126. Citado y traducido del francés por Elsie Anne McKee.

[173] *Ídem*, p. 13.

Virtualmente, todo el mundo moderno ha sido leído a partir de la clave del calvinismo: la política liberal y la asociación voluntaria: el capitalismo y la disciplina social en la cual descansa: la burocracia con sus sistemáticos procedimientos y sus funcionarios que son supuestamente diligentes y dedicados; finalmente, todas la formas rutinarias de represión, pesimismo, esfuerzo incansable por llegar a la meta[174].

Esta visión de Calvino ha sido definida como "conversionista" o "transformacionista" de acuerdo con la clásica interpretación de Helmut Richard Niebuhr en *Christ and Culture*. Esta perspectiva existe en Calvino mismo cuando dice: "Nosotros sabemos que aparte de Cristo no hay otra cosa que confusión en el mundo. Aunque Cristo ya ha comenzado a instalar el reino de Dios, su muerte fue el verdadero comienzo del orden correcto y la plena restauración del mundo"[175]. Calvino y el calvinismo ofrecen una contribución teológica a la actividad de la iglesia en el mundo. Walzer observa esta perspectiva en los sermones de los puritanos en Inglaterra en el siglo XVII. Thomas Case, hablando en la Cámara de los Comunes, dice:

> La reforma debe ser universal [exhortó el ministro puritano Thomas Case], reformar todos los lugares, todas las personas y profesiones; reformar los jueces de las cortes, a los magistrados inferiores [...]. Reformar las universidades, reformar la ciudades, reformar los países, reformar las escuelas de aprendizaje, reformar el día de descanso, reformar las ordenanzas, la adoración a Dios [...]. Ustedes deben obrar más de lo que yo puedo expresar [...]. Cada planta que mi Padre celestial no haya plantado será desarraigada[176].

---

[174] Michael Walzer, *óp. cit.*, p. 300. Para una interpretación del pensamiento de Walzer, especialmente con referencia a sus obras *The Revolution of the Saints, Spheres of Justice y Exodus and Revolution*, véase Alberto F. Roldán. *Las relaciones entre la Iglesia y el Estado en la teoría de la justicia de Michael Walzer*. Tesis de maestría en Ciencias Sociales y Humanidades. Buenos Aires: Universidad Nacional de Quilmes, 2009.

[175] Juan Calvino. *Commentaries*. Edición y traducción de Joseph Haroutunian y L. P. Smith, p. 48. Citado por Walzer en *The Revolution*, p. 191.

[176] Citado por Walzer en *The Revolution*, pp. 10–11. Este parágrafo también está citado por Cornelius Plantinga Junior en "The Concern of the Church in the Socio-political World: A Calvinist and Reformed perspective". *Calvin Theological Journal*. Volumen 18, número 8, noviembre de 1983, p. 190.

En resumen: la relación de la iglesia con la sociedad en la teología reformada, consiste en el rol de la iglesia como modelo para la transformación y la sociedad como una manifestación del reino de Dios. Tomando conceptos de André Biéler, Plantinga dice: "El reino de Dios o de Cristo es cósmico en su visión y, en ultima instancia, invencible. Todas las cosas serán hechas nuevas. Con un celo semejante a la paradoja marxista de lo inevitable, la iglesia sirve como testigo del nuevo orden, como agente de él y como su primer modelo o ejemplo"[177].

# Calvino y el Estado

Este es un punto importante en la ética política de Calvino. Como ya hemos visto, en el capítulo XX del libro IV de la *Institución de la religión cristiana*[178], Calvino distingue entre el reino espiritual de Cristo y el gobierno civil implicando su separación. ¿En qué sentido ambas esferas deben estar separadas? La separación es en relación con la naturaleza de esas esferas y las bendiciones que proveen. En la iglesia, las bendiciones son de naturaleza espiritual, mientras que en el orden civil, las bendiciones son temporales. Las bendiciones que proceden de Cristo no son para toda la sociedad, pero necesariamente establecen un orden para toda la comunidad. En un lenguaje que representa la teología de Santo Tomás de Aquino, William Muller[179] afirma que podemos hablar de tres causas para la existencia del Estado según Calvino: primero, la causa que lo provoca: el hecho del pecado; segunda, la causa eficiente: la gracia divina, y tercera, la causa final: la preservación de la gracia divina.

La iglesia tiene dos responsabilidades hacia el Estado: orar por las autoridades y mantener diligencia con relación a los abusos del poder. En términos de Biéler:

> …la tarea especial de la Iglesia con relación a las autoridades consiste en recordarles diligentemente el significado divino del oficio que ejercen, y advertirles explícitamente contra los abusos de su poder y cualquier debilidad o injusticia que ellos cometan o toleren. Este es uno de los elementos fundamentales de la misión profética de la Iglesia[180].

---

[177] Plantinga, *óp. cit.*, p. 203. Cursivas originales.

[178] *Institución*, volumen II, libro IV.xx.1, p. 1168.

[179] William A. Muller. *Church and State in Luther and Calvin. A Comparative Study*, Nashville, Tennessee: Broadman Press, 1954, p. 128.

[180] André Biéler. *Calvin's Economic and Social Thought*. Geneva: World Alliance of Reformed Churches and World Council of Churches, 2005, p. 260.

El mismo autor define en qué consiste la separación entre iglesia y Estado en el pensamiento de Calvino. "La cuestión de que los magistrados sean personalmente cristianos no es fundamentalmente muy importante. Calvino desea que ellos lo sean. Pero en sus palabras de ánimo a las iglesias perseguidas él demostró que la obediencia de los cristianos a los magistrados no está de ninguna manera condicionada por la fe o por la ausencia de fe de esas autoridades"[181].

En el pensamiento de Calvino, la iglesia y el Estado han sido diferenciados, pero también se los ha asociado. Si bien Calvino separó teóricamente a las dos entidades, en la práctica presupuso su mutua interacción[182]. Henry Meeter amplía:

> La relación entre esas dos esferas podría ser de armonía y cooperación. Ambas son instituciones de Dios; ambas como instituciones tienen la intención de refrenar el pecado, una en la esfera de la gracia común, la otra en la esfera de la gracia especial; ambas son designadas positivamente para promover el ideal ético de la sociedad y, de ese modo, avanzar el reino de Dios, la una, removiendo indirectamente los estorbos que se encuentran en la senda de la Iglesia en establecer este reino; la otra, directamente[183].

En el capítulo sobre la soberanía de las esferas sociales, Meeter agrega: "debido a [que] cada una de las esferas ha sido autorizada y comisionada por Dios para realizar su tarea específica, por lo tanto tiene una correcta soberanía dentro de su propio dominio"[184]. Según Hancock[185], para Calvino los dos órdenes no deben ser considerados antitéticos, la distinción entre lo espiritual y lo político no nos debe conducir a considerar la naturaleza del gobierno como algo corrupto en sí mismo. Este autor destaca la ponderación que Sheldon Wolin hace del aporte de Calvino.

---

[181] André Biéler. *L'Humanisme social de Calvin*. Geneva: Editions Labor et Fides, 1961. Citado por McNeill, *óp. cit.*, p. 35.

[182] Fred Graham dice que la separación entre la iglesia y el Estado en Calvino es más una teoría que una práctica. A través de sus palabras, Calvino expresa un ideal de separación, pero en su práctica es muy claro que esa separación para Calvino significa lo que representa para la mayoría de estadounidenses hoy (*The Constructive Revolutionary Jon Calvin and His Socio-Economic Impact*. Richmond, Virginia: Jonn Knox Press, 1971, p. 158).

[183] H. Henry Meeter. The Basic Ideas of Calvinism. Sexta edición revisada por Paul A. Marshall. Grand Rapids: Baker House, 1990, p. 134.

[184] *Ídem*, p. 127.

[185] *Óp. cit.*, pp. 27–28

Wolin elabora una breve discusión en el sentido de que "el reformador ginebrino fue el Aquino protestante (190) y un heredero del idealismo político de Platón y Aristóteles (192) [lo cual] servirá para clarificar el problema del [e]status del pensamiento político en Calvino"[186].

## Algunos desafíos para América Latina

Es imposible extrapolar a nuestra situación actual el modelo que Calvino desarrolló en Ginebra, porque el calvinismo, como bien afirma Biéler, está superado en la historia y, además, debido a que la relación entre iglesia y Estado en su tiempo representó una compleja situación muy diferente a nuestra realidad latinoamericana[187]. Por tal razón, resulta adecuado seguir la sugerencia de Eric Fuchs:

> Hoy, es importante respetar el espíritu más bien que la letra del programa que Calvino implementó con vigor. En una sociedad actual, extensivamente secular, la Iglesia no tiene más un poder restrictivo, lo cual es, verdaderamente ¡un don de la providencia! Más que nunca, tiene la responsabilidad infatigable de decir a los creyentes y luego a la sociedad, que el Evangelio no es algo aparte de la ley, o en términos modernos, que no hay derechos sin el reconocimiento de deberes, o que la libertad no puede existir sin la solidaridad[188].

---

[186] *Ídem*, p. 33. Entre paréntesis, Hancock cita el trabajo de Wolin: "The Political Education of Protestantism". En *Politics and Vision: Continuity and Innovation in Western Political Thought*. Capítulo 6: "The Political Education of Protestantism". Londres: George Allen and Unwin, 1967.

[187] Esta realidad está indicada por Karin Maag cuando dice que la inaplicabilidad del modelo de Calvino radica en que en su tiempo había un sistema de interrelaciones entre iglesia y Estado en Ginebra. Los habitantes del hemisferio occidental del siglo XXI estamos acostumbrados a la separación de iglesia y Estado, y encontramos difícil aceptar que la iglesia en Ginebra haya tenido tanta influencia en el gobierno de la ciudad (Karin Maag. "Hero ou Villain? Interpretations of John Calvin and His Legacy". *Calvin Theological Journal*. Volumen 41, número 2, noviembre de 2006, pp. 231–232). Uno de los cambios radicales ocurridos en la historia de la política en la cultura occidental es el carácter omnipresente y absolutista del Estado moderno. Philip Gorski reproduce el cuadro que aparece en la edición de Penguin de la obra de Thomas Hobbes. *Leviathan*, e interpreta: "Las ciudades han desaparecido del cuadro, excepto tal vez como fuentes del capital. Las Iglesias están en los márgenes, si es que están, mientras los ejércitos y burócratas ocupan el espacio central. El poder del Estado es igualado al poder de la espada. El resultado es un cuadro unilateral y simplificado del moderno Estado terrenal" (*The Disciplinary Revolution*, p. 157).

[188] Erich Fuchs. "Calvin's Ethics". En Martin E. Hirzel y Martin Sallmann. *Jon Calvin's Impact on Church and Society*. Grand Rapids: Eerdmans, 2009, p. 158.

Pese a no poder extrapolar en forma directa la ética política de Calvino a nuestra situación, es posible derivar de ella algunos desafíos para la sociedad y la política.

En primer lugar, Calvino tenía un acercamiento positivo hacia la sociedad, el Estado y la política, pero, al mismo tiempo, era sumamente realista. McNeill escribe: "Calvino es un realista en sus expectativas políticas. Él coloca standards altos pero no espera una perfección e impecabilidad en el hombre político"[189]. Una opinión similar se encuentra en Walzer cuando dice: "El realismo de Calvino es la base de su radicalismo. Sus seguidores nunca olvidaron las lecciones que enseñó el realismo"[190]. Para las iglesias de América latina que experimentan gran crecimiento a partir de los años 1980 en adelante, esto implica una gran lección para su liderazgo. Es necesario que quienes deseen entrar en la arena política lo hagan considerando lo político con estricto realismo y no como, habitualmente lo han hecho, movidos por cierto idealismo impracticable.

En segundo lugar, la ética eclesiástica, social y política de Calvino indica la necesidad de descentralizar el poder. En este sentido, David Hall dice:

> Uno de los procedimientos que salvaguarda la reforma cívica de 1543 —una marca del éthos calvinista de gobierno— fueron las varias ramas del gobierno local (concilios) que no podían actuar unilateralmente; de ahí que, al menos se requerían dos concilios para aprobar medidas antes de su ratificación. Este mecanismo temprano de republicanismo, que evitó la consolidación de todo el poder gubernamental en un solo concilio, precedió dos siglos a la doctrina de Montesquieu de la separación de los poderes, una contribución calvinista que no siempre ha sido reconocida[191].

La descentralización del poder político y la división de poderes debe ser profundizada en el orden político y en la vida de las iglesias. En

---

[189] *Óp. cit.*, p. 44.

[190] *The Revolution*, p. 30. Tal vez, el realismo en el pensamiento de Calvino sobre la sociedad y el Estado resida en la aplicación de la ley a diferentes circunstancias. En este sentido, Eric Fuchs dice: "Así, en la arena política él tuvo cuidado en distinguir los fundamentos de la ley, esto es, justicia, y su contingente formulación, la cual depende de las circunstancias [...]" (*óp. cit.*, p. 155).

[191] David W. Hall. *The Legacy of John Calvin, his Influence in the Modern World.* New Jersey: P. & R. Publishing, 2008, pp. 24–25.

el campo político, en algunos países latinoamericanos se puede observar la centralización del poder a través de un presidencialismo que implica, en la práctica, que el Ejecutivo invade los otros poderes: Legislativo y Judicial. Con relación a la vida de las iglesias, hay una necesidad de implementar formas democráticas que materialicen el principio protestante del sacerdocio universal de todos los creyentes.

En tercer lugar, somos desafiados a una reinterpretación de la secularización. Esta es una realidad cultural que no estaba presente en los días de Calvino cuando, todavía, y a remolque de la Edad Media, la religión era central en la cultura social y política. Producido lo que Max Weber denomina "el desencantamiento del mundo" y consolidado el Estado moderno laico, surge la pregunta inevitable: ¿tiene algo positivo la secularización del mundo? Varios teólogos y filósofos cristianos han reflexionado sobre el tema[192]. La visión positiva y constructiva de la secularización ya fue advertida por Dietrich Bonhoeffer cuando hablaba de la necesidad de un "cristianismo a-religioso" y la búsqueda de un lenguaje adecuado para la comunicación del mensaje al "mundo adulto". Vattimo entiende que "la secularización del mundo moderno es la paradójica afirmación de la trascendencia de Dios respecto a toda realización mundana. El mundo secularizado es correlativo al Dios totalmente otro"[193]. Agrega: "como acontecimiento salvífico y hermenéutico, la encarnación de Jesús (la *kénōsis*, el rebajarse de Dios) es, en sí misma, ante todo, un hecho arquetípico de secularización"[194]. En otras palabras: desde que el Logos fue hecho carne y habitó entre nosotros, Dios se ha secularizado, ha entrado a la dimensión tiempo y espacio con todas sus contingencias. Esta perspectiva positiva hacia la secularización pertenece, de algún modo, a la visión calvinista de la realidad. Fred Graham, después de analizar el pensamiento de Karl Barth, Paul Tillich y Harvey Cox, dice: "A la Iglesia le ha sido dada la tarea para ayudar a la sociedad a proveer una de las muchas comunidades en las cuales los hombres encuentren calor en un mundo frío"[195]. Y agrega: "Para el calvinista, no hay separación entre lo sagrado y lo secular como lo fue para el anabaptista, o como lo es para el cristiano moderno que encuentra a la Iglesia como refugio del mundo"[196].

---

[192] Cabe citar, entre otros, a Gianni Vattimo, Harvey Cox, Giacomo Marramao y Johann Baptist Metz.

[193] Gianni Vattimo. *Después de la cristiandad.* Buenos Aires: Paidós, 2003, p. 50.

[194] *Ídem*, p. 85.

[195] Fred Graham. *The Constructive Revolutionary Jon Calvin & his Socio-Economic Impact.* Richmond: Jonn Knox Press, 1971, p. 211.

[196] *Ibíd.*

En cuarto lugar, la historia del calvinismo en Inglaterra nos enseña la necesidad de vencer las tentaciones del poder. En opinión de muchos investigadores del campo de la historia y la filosofía política, hay un aspecto conservador del calvinismo que se hace evidente cuando logra una posición privilegiada en un Estado determinado. En ese caso, fácilmente el movimiento se convierte en intolerante para otros grupos religiosos. Esta realidad ha sido estudiada por autores como el ya citado Michael Walzer y el historiador Hugh Trevor-Roper[197]. Esta es una lección importante para ser aprendida por las iglesias en América Latina que, dado su exponencial crecimiento numérico, han entrado a la arena política en búsqueda del poder. En una reciente obra titulada *Entre Dios y el César: Líderes evangélicos y política en México (1992–2002)*, Mariano Ávila señala el problema ofreciendo ejemplos concretos en México y países de América Central[198].

En quinto lugar, necesitamos aceptar el desafío de la transformación de la sociedad. Uno de los teólogos de América Latina que reflexionó sobre ese desafío de la ética calvinista de los puritanos ingleses, fue Richard Shaull. Este teólogo presbiteriano radicado en Brasil fue mentor de lo que se conoció con el nombre de ISAL (Iglesia y Sociedad en América Latina). Shaull[199] dice que el calvinismo reafirmó —en una época de desorganización y ansiedad personal— la soberanía de un Dios benevolente y ofreció una nueva perspectiva en relación al mundo y al orden social. Dios fue percibido por los puritanos como un Ser que llamaba a los hombres a la transformación del mundo.

# Conclusión

El pensamiento de Calvino hacia lo social y lo político puede ser definido como una ética interesada en la transformación de esas realidades para la gloria de Dios. Lo positivo de su acercamiento radica en que tanto la iglesia como la sociedad y la política pertenecen a la buena creación

---

[197] Véase su obra de reciente publicación en español: *La crisis del siglo XVII. Religión, Reforma y cambio social.* Buenos Aires: Katz editores, 2009.

[198] Mariano Ávila. *Entre Dios y el César: Líderes evangélicos y política en México (1992–2002).* Grand Rapids-Michigan: Libros Desafío, 2008. Para el problema de la intolerancia de los calvinistas en Inglaterra, el autor cita la obra de Leo Kofler. *Contribución a la historia de la sociedad burguesa* (Buenos Aires: Amorrurtu, 1971).

[199] Richard Shaull. "La Iglesia en la vorágine de la revolución". En Rubem Alves y otros. *De la Iglesia y la Sociedad.* Montevideo: Tierra Nueva, 1971, p. 26.

de Dios. La iglesia como esfera espiritual pertenece a la gracia especial y salvadora de Dios en Cristo, mientras que el gobierno civil, el Estado, es una manifestación de la gracia general del mismo Creador. Es cierto que el pensamiento de Calvino es algo germinal como para ser considerado propiamente una teoría política o una filosofía política. Por eso, hemos denominado a su pensamiento una "ética política", ya que en sus fundamentos privilegia la ley de Dios y el compromiso con Él y con el prójimo. Un punto que acaso debería ser revertido es que, dadas las condiciones actuales de nuestro mundo, mientras para Calvino el gobierno civil debía estar al servicio de la iglesia para que ella pudiera desarrollar su misión, ahora es la iglesia la que debe colaborar con el Estado en todo aquello que promueva la práctica de la justicia y consolidar la paz.

Aunque el calvinismo ha sido superado en la historia, y el mundo ha experimentado cambios tan radicales en el modo en que se lo piensa, todavía sigue siendo un acicate para la acción cristiana en el mundo, cuya meta histórica es lo que la Biblia denomina "reino de Dios". El objetivo es que "las estructuras sociales puedan reflejar más o menos la nueva sociedad; que la sociedad misma en la cual la justicia y el Shalom son realizados es todavía el objetivo escatológico hacia el cual la Iglesia presiona"[200]. En palabras de Míguez Bonino, "tenemos que luchar a través de muchos medios para responder positivamente a un imperativo: el interés y la responsabilidad por dar forma a una sociedad sana y humana"[201]. Porque la *missio Dei*, bien entendida, no se reduce a la mera salvación de "almas", sino que tiene como meta el desarrollo de una sociedad más humana y más solidaria. Su concreción siempre ha sido amenazada por tendencias totalitarias y deshumanizantes que, lejos de representar el reino de Dios, son expresiones del antirreino al que nos hemos referido en el capítulo 2. Ahora, desde la visión de Calvino sobre el Reino y sus realidades sociales y políticas, pasamos a una figura descollante en la teología del siglo XX: Karl Barth. Creemos oportuno, en los dos siguientes capítulos, analizar su fértil teológico. En lo inmediato —capítulo 4— a modo de introducción, nos referimos a la importancia y el contexto en que surgió su comentario a la Carta a los Romanos, verdadero punto de partida de una nueva teología que representa una opción viable ante la falsa alternativa entre liberalismo y fundamentalismo.

---

[200] Plantinga, *óp. cit.*, p. 205.

[201] Míguez Bonino. *Toward a Christian Political Ethics*. Filadelfia: Fortress Press, 1983, p. 36.

# CAPÍTULO 4

# La importancia del comentario de Karl Barth a la Carta a los Romanos

*Tengo la impresión de ser un chiquillo que, subiendo al campanario de la iglesia parroquial, tira de una cuerda al azar y pone en movimiento la campana mayor; con temor y temblor descubre que ha despertado no solamente a su propia familia, sino al pueblo entero.*

Karl Barth

*La **Carta a los Romanos** de Karl Barth (que apareció en 1918) le parecía a Heidegger uno de los pocos signos de una auténtica vida espiritual...*

Karl Löwith

*Yo me he preguntado qué es lo que nos hacía sentir a gusto con Barth. Y creo que es el hecho de que Barth nos devolvía la Biblia como mensaje, no a pesar de un camino que pasaba por la crítica sino desde allí.*

José Míguez Bonino

## Introducción

De la ética social y política de Calvino, pasamos ahora a la teología de Karl Barth, teólogo suizo inscrito dentro de la tradición reformada, pero con una gran capacidad para replantear esa teología en nuevos escenarios.

Estos se hallaron representados por "la crisis", expresión referida a lo que vivía Europa después de la Primera Guerra Mundial y, también, la crisis en el pensamiento filosófico y teológico de la época. A esa crisis, Barth respondió con inteligencia y osadía a través de su comentario a la Carta a los Romanos, el siempre decisivo texto paulino. La primera edición de ese comentario tiene un prólogo de Barth que está registrado en 1918, más allá de que el libro saliera a la luz en 1919[202]. Es oportuno hacer una breve revisión de la obra para destacar su importancia y el porqué de ella. Se trata de una obra teológica que, al decir de Karl Adam: "fue una bomba de tiempo que cayó en el campo de juego de los teólogos".

## Karl Barth:
## el hombre y su tiempo

Karl Barth nació en Basilea, Suiza, el 10 de noviembre de 1886. No es una mera coincidencia que en ese mismo año nacieran también Rudolf Bultmann y Paul Tillich. Pero, mientras que estos últimos eran luteranos, Barth perteneció al ámbito de la teología reformada, ya que su padre era pastor de la Iglesia Reformada de Suiza y profesor de una escuela para predicadores. Desde pequeño, entonces, estuvo vinculado a esa perspectiva calvinista, porque, además de que su padre Franz era profesor y pastor reformado, también Peter, uno de los hermanos de Karl, fue coeditor de una publicación crítica de las obras de Calvino, y otro hermano, Heinrich, llegó a ser un reconocido filósofo. Su interés por la teología comenzó en una edad temprana, a los 16 años, cuando estaba siendo instruido para la confirmación. A los 18 años, inició sus estudios en la Universidad de Berna y estudió teología sistemática con Herman Lüdermann. David Muller dice: "El evento más significativo del peregrinaje intelectual de Barth ocurrió en Berna durante el cuarto semestre, cuando se encontró con la filosofía de Kant y la teología de Schleiermacher"[203]. En 1906 fue a la Universidad de Berlín, donde se expone a la teología del liberalismo y

---

[202] La diferencia de fechas radica, acaso, en que en 1918 Barth ya había redactado el comentario, como lo atestigua su prólogo fijado en esa fecha. Pero se demoró hasta el año siguiente, 1919, para que fuese publicado, ya que no se encontraba algún editor interesado en la obra, hasta que, como dice David Muller: "finalmente, en 1919, un pequeño editor en Berna publicó 1000 copias de la primera edición del *Römerbrief*" (Karl Barth. *Makers of the Modern Theological Mind*. Peabody: Hendrickson Publishers, 1972, p. 22).

[203] *Ídem*, p. 15

recibe la influencia de maestros como Adolf von Harnack, A. Schlatter y W. Herrmann. Su educación formal la concluye en Marburgo a la edad de 23 años. Luego completa satisfactoriamente sus exámenes de ordenación en la Iglesia de Berna en 1909 y es pastor en una iglesia reformada de habla alemana en Ginebra. Desde 1911, se hace cargo del pastorado en Safenwil, pequeña ciudad ubicada al norte de Suiza. Es durante esta etapa de su vida y en ese lugar, donde se va a gestar su comentario a la Carta a los Romanos.

No se sabe con exactitud cuándo se produce el cambio en la mente de Barth, desde una perspectiva liberal hacia lo que después sería su teología dialéctica. Pero hay un escrito que data del otoño de 1916 titulado "El extraño nuevo mundo dentro de la Biblia", que refleja ciertos cambios en su modo de leer la Biblia. Las preguntas con que inicia el escrito son: "¿Qué hay dentro de la Biblia? ¿Qué tipo de casa es aquella para la cual la Biblia es la puerta? ¿Qué suerte de país es expuesto delante de nuestros ojos cuando abrimos la Biblia?"[204]. Y responde: "dentro de la Biblia hay un extraño nuevo mundo, el mundo de Dios. Esta respuesta es la misma que nos viene del primer mártir Esteban: "¡Veo el cielo abierto! —exclamó— y al Hijo del Hombre de pie a la derecha de Dios"[205]. Y luego agrega una metáfora que, me parece, es lo que luego va a poner en evidencia en su comentario a Romanos:

> Hay un río en la Biblia que —una vez que hemos confiado nuestro destino a ella— nos lleva fuera de nosotros mismos al mar. Las Santas Escrituras se interpretarán a sí mismas a pesar de todas nuestras limitaciones humanas. Necesitamos solamente atrevernos a seguir esta conducción, este espíritu, este río, crecer más allá de nosotros mismos hacia la respuesta más elevada[206].

Es este nuevo acercamiento a la Biblia el que se pondrá claramente de manifiesto en la redacción de su comentario a Romanos desarrollando, a su vez y quizás de manera no intencionada, una nueva hermenéutica del texto.

---

[204] Karl Barth. "The Strange New World within the Bible". En *The Word of God and the Word of Man*. New York: Harper & Row, 1957, p. 28.

[205] *Ídem*, p. 33.

[206] *Ídem*, p. 34.

# La importancia del comentario de Barth radica en que responde a la crisis del mundo del siglo XX

El siglo XIX había finalizado con un gran optimismo. Parecía que el ser humano sorteaba todas las dificultades de siglos anteriores para llegar a la perfección. Pero no fue así. Ocurre la Primera Guerra Mundial en 1914, la cual se extiende hasta 1918, y ese hecho trastorna todas las perspectivas optimistas. Al calor de ellas, el liberalismo proclamaba, en palabras inmortales de un teólogo crítico como fue Helmut Richard Niebuhr, que un "Dios sin ira introduciría a hombres sin pecado en un cielo sin juicio mediante las ministraciones de un Cristo sin cruz"[207]. Manuel Gesteira Garza pondera la figura de Barth: "De los escombros de la primera guerra mundial surge el clamor de un profeta: Karl Barth, que acusa al siglo XIX de haber forjado una teología del hombre en vez de una teología de Dios"[208]. Pero es el propio Barth quien define la situación humana y del mundo como "crisis". En su exposición de Romanos 2.16, comenta:

> "*Por medio de Cristo Jesús*" juzga Dios al hombre. Eso significa crisis: negación y afirmación, muerte y vida del hombre. En Cristo se ha hecho presente un final, pero también un principio, un desvanecerse, pero también un renovarse. Y esta crisis afecta siempre a *la totalidad* del mundo y a *todos* los hombres[209].

Decir "crisis" es, para Barth, sinónimo de "dialéctica", toda vez que no hay afirmación sin negación ni muerte sin vida, a partir de una realidad que se ha hecho final pero también principio. La dialéctica tiene que ver con el método de Barth para hacer teología. Y ese hecho es tan importante que, en su interpretación filosófica de Barth, Jacob Taubes no duda en

---

[207] H. Richard Niebuhr. *The Kingdom of God in America*. Hamden: The Shoe String Press, 1956, p. 193.

[208] Manuel Gesteira Garza, Introducción a Karl Barth. *Carta a los Romanos*. Madrid: BAC, 1998, p. 12. En el presente trabajo, las citas de la obra de Barth son tomadas de esta versión española, salvo que se indique lo contrario.

[209] *Ídem*, p. 117. Cursivas originales. Georges Casalis interpreta el sentido de la crisis en la teología de Barth como juicio de Dios. Dice: "el Evangelio no es el coronamiento, sino la condena de los esfuerzos por medio de los cuales el hombre intenta elevarse hasta Dios o simplemente por encima de sí mismo" (*Retrato de Karl Barth*. Buenos Aires: Methopress, 1966, p. 75).

afirmar: "El método y el programa de la dialéctica de Barth son quizás el aporte más significativo a la conciencia general de nuestro tiempo; resulta necesario, por lo tanto, analizar su obra desde la filosofía"[210]. Luego de indicar —en coincidencia con el propio Barth— que la teología es discurso humano en el cual la "palabra de Dios" debe someterse al carácter verbal y a la investigación humana, Taubes analiza con profundidad en qué consiste la dialéctica barthiana. Si bien el término "dialéctica" aparece en distintos momentos de la historia de la filosofía, la teología y la sociología, Taubes dice que según "Karl Barth, la teología sólo es posible 'en forma de diálogo, en un discurso de pregunta y respuesta'. Sólo en este encuentro entre pregunta y respuesta se realiza el carácter tético-antitético de la teología. La teología es 'pensamiento dialéctico"[211]. La única teología no dialéctica sería, para Barth, la teología de Dios, porque el hombre, como mortal y finito, no puede pronunciar la última palabra.

## La importancia del comentario de Barth radica en su hermenéutica existencial

Si bien la obra de Barth no está concebida como un trabajo técnico de hermenéutica, es claro que al redactarla lo hizo con una decisión previa: dejar que el texto bíblico le hablara a él mismo para que, a posteriori, le hablara a los lectores. Nada mejor que leer parte de su prólogo a la primera edición.

El método histórico-crítico para estudiar la Biblia tiene su razón de ser: apunta a preparar el conocimiento, que nunca es superfluo. Pero si yo tuviera que elegir entre ese método y la antigua doctrina de la inspiración, optaría de plano por esta última: ella posee el derecho mayor, más profundo, *más importante*, porque apunta al trabajo del comprender mismo, sin el que todo preparativo carece de valor. Me alegra no tener que elegir entre ambos. Toda mi atención ha tendido a penetrar, *a través* de lo histórico, en el espíritu de la Biblia, que es el espíritu eterno. Lo que una vez fue importante lo es también hoy; y lo que hoy es grave y no pura casualidad y

---

[210] Jacob Taubes. *Del culto a la cultura. Elementos para una crítica de la razón histórica.* Buenos Aires: Katz editores, 2007, p. 223.

[211] *Ídem*, p. 225.

capricho conecta de forma inmediata con lo que otrora fue importante. Si nos comprendemos correctamente a nosotros mismos, nuestros interrogantes son las preguntas de Pablo; y las preguntas de Pablo, si su luz nos ilumina, deben ser nuestras respuestas[212].

La Carta a los Romanos, de Barth, constituye un punto de partida para una nueva forma de leer la Biblia, desde una nueva hermenéutica contextual y existencial. Como dice Claude Geffré, a partir de Karl Barth, la teología es una hermenéutica que se esfuerza por hacer que la palabra de Dios hable a nuestro tiempo"[213]. En cuanto a la influencia del existencialismo y, particularmente de Sören Kierkegaard, la obra habla por sí misma de modo harto elocuente. La primera cita de un autor al comentar el proemio de la epístola, es del pensador danés. Dice: "La vocación al apostolado es un hecho paradójico que en el primer instante de su vida y en el último cae fuera de su identidad personal consigo mismo"[214]. Pero la presencia de Kierkegaard se percibe a lo largo de todo el comentario, aun cuando no lo mencione. Por ejemplo, cuando Barth se refiere a "la soberbia, la arrogancia que desconoce la distancia existente entre Dios y el hombre, y que entronizará infaliblemente al no dios"[215]. Pero, en forma más específica, también se puede apreciar en citas como las siguientes:

> Quita la posibilidad del escándalo —eventualidad llevada a cabo en la cristiandad—, y entonces todo el cristianismo es comunicación directa, y todo el cristianismo queda eliminado. Pasa a ser algo ligero, superficial, que ni produce heridas demasiado profundas ni cura; es la mendaz invención

---

[212] *Carta a los Romanos*, prólogo a la primera edición, p. 45. Cursivas originales. José Míguez Bonino ofrece su propio testimonio del método que Barth usa para hacer teología. Dice: "Tengo una tesis, que nunca he desarrollado y que probablemente nunca desarrollaré: la forma de entender el itinerario teológico de Barth no es principalmente tratar de descubrir qué influencias o qué líneas filosóficas fue tomando. Barth, me parece, desarrolla su teología de la mano de la Escritura y la va modificando a medida que esa Escritura, leída —como él lo dice— 'con el periódico en la otra mano', le va descubriendo nuevas perspectivas y lo obliga a corregir énfasis anteriores. Si se quiere entender a Barth, hay que leer la letra pequeña de su *Dogmática*, donde hace exégesis de los pasajes bíblicos con los cuales intenta darle fundamento a su teología" ("Simplemente una experiencia". *Boletín Teológico*. FTL. Buenos Aires, números 42/43, setiembre de 1991, p. 202).

[213] Claude Geffré. *El cristianismo ante el riesgo de la interpretación. Ensayos de hermenéutica teológica.* Madrid: Cristiandad, 1984, p. 29.

[214] *Carta a los Romanos*, p. 75.

[215] *Ídem*, p. 105.

de la compasión puramente humana que olvida la infinita diferencia cualitativa entre Dios y el hombre[216].

Y, finalmente, la fe como salto al vacío: "Creer significa para todos la misma zozobra y la misma promesa. Creer es para todos el mismo salto al vacío. Creer es posible para todos porque es igual de imposible para todos"[217].

En síntesis, el comentario de Barth capta al lector del siglo XX en medio del drama del mundo en guerra, un mundo que convive con la muerte masiva de seres humanos, un mundo en crisis, un mundo en contradicción. Y es por la vertiente existencial por donde puede dar una respuesta no tradicional a ese drama: la fe que no es resultado de una indagación científica ni racionalista, sino más bien la de una opción, acaso desesperada, como el salto al vacío que ejecuta el trapecista.

# La importancia del comentario de Barth radica en su intento por relacionar a Dios con el mundo, aunque solo rozándolo como una tangente

Hay una metáfora genial que usa Barth cuando comenta Romanos 1.4, donde Pablo dice que Jesucristo "según el Espíritu de santidad fue designado con poder Hijo de Dios por la resurrección". Comenta Barth: "En la resurrección, el nuevo mundo del Espíritu Santo toca al viejo mundo de la carne. Pero lo toca como la tangente a un círculo, sin tocarlo; y al *no* tocarlo lo toca como su delimitación, como *nuevo* mundo"[218]. Si bien

---

[216] *Ídem*, p. 147. La cita es de *Ejercitación del cristianismo*. Madrid: Ediciones Guadarrama, 1961, pp. 202–203 (del pseudónimo de Kierkegaard: Anticlimacus). Pero la traducción en esta editorial, que es de Demetrio Gutiérrez Rivero, dice así: "Mas si quitas la posibilidad del escándalo, como se ha hecho en la cristiandad, entonces todo el cristianismo es comunicación directa, con lo cual queda eliminado el cristianismo...". La cita de Barth se corta antes de terminar el párrafo. (Información proporcionada por gentileza de Andrés Albertsen).

[217] *Carta a los Romanos*, p. 148.

[218] *Ídem*, p. 78. Cursivas originales. Paul Cassell interpreta que la imagen de la tangente significa tres cosas: "El primer detalle digno de notarse en este cuadro es que Dios es totalmente otro, no hay algún medio o alguna parte conocible fuera de su elección de hacerse a sí mismo conocido. Segundo, todos los esfuerzos de la humanidad acerca de Dios están condenados al fracaso, desde que ellos están situados dentro de un horizonte que en ningún sentido incluye a Dios. Y, tercero, Dios se hizo y se hace conocido en un punto y solo en un punto: en el Dios/hombre, Jesús" (*Karl Barth on Revelation and God Relationship to the World*, pp. 3 y 4. Versión digital. Disponible en <http://people.bu.edu/wwildman/WeirdWildWeb/courses/mwt/dictionary/mwt_themes_750_barth.htm> . Consulta: 10 de octubre de 2008).

la imagen es rotunda, creativa y sugestiva, representa parcialmente lo que significa la irrupción de lo divino en lo humano. En efecto, la revelación de Dios y su manifestación en el mundo de la carne no es solo una tangente que roza esa realidad. La gran afirmación del evangelio, sobre todo de san Juan, es que "el Verbo se hizo carne y habitó entre nosotros" (Jn 1.14), y eso, más que una tangente que roza es una secante que penetra lo humano, la carne humana en toda su debilidad, fragilidad y finitud. Enrique Dussel, en una de sus obras pioneras, *El dualismo en la antropología de la cristiandad*, dice: "Esta frase de Juan en su Evangelio, 'el Verbo se hizo carne' (Juan 1,14), es el punto de partida y llegada de toda antropología cristiana. En su aparente simplicidad, se encuentra ya comprometido todo el resto"[219]. Y agrega:

> Esta teología de la encarnación significa para los griegos un profundo escándalo, ya que no es digno de los dioses tomar un cuerpo mortal; pero al mismo tiempo no se trata de *la alienación* (*Entfremdung*) hegeliana por la que lo divino, desdoblándose a sí mismo (*Entzweiung*), deviene la historia humana para recuperarse al fin de esa misma historia, interpretada como teodicea, en el Saber absoluto. Se trata en cambio de algo distinto. El Dios vivo, en absoluto trascendente, asume la condición humana radicalmente, e instaura un nuevo orden[220].

En su primer comentario a Romanos, Barth se mueve todavía en una especie de distanciamiento entre lo eterno y lo temporal, Dios y la criatura, al punto que la revelación o la resurrección es solo una tangente que roza lo humano. Siguiendo con su metáfora geométrica, debiéramos decir que lo que necesitamos es una secante que corte el círculo del mundo y de la historia. Por ello, en vano buscaremos en la obra de este —¿primer Barth?— referencias concretas al problema de la justicia social en el mundo, ni siquiera cuando comenta Romanos 14.17 que define al reino de Dios como justicia, paz y gozo. Esto no significa desconocer al siguiente Barth, al que, después, en plena crisis del nazismo, se opondrá enérgicamente a los crímenes que producía el sistema; al Barth de las tesis de Barmen, al Barth de "la humanidad de Dios"; al Barth del Dios que no es neutral, sino que, decididamente, se coloca siempre al lado de los pobres.

---

[219] Enrique Dussel. *El dualismo en la antropología de la cristiandad*. Buenos Aires: Guadalupe, 1974, p. 44.

[220] *Ídem*, pp. 45–46. Cursivas originales.

# Conclusión

¿Cómo escribiría Barth hoy su comentario a Romanos? A partir del hecho de que su obra sufrió varias revisiones en las cuales fue agregando y cambiando perspectivas, con absoluta seguridad de que hoy, en pleno siglo XXI, Barth escribiría otro comentario radicalmente distinto al que escribió en 1918. Tal vez, especulando, podríamos decir que se referiría a los estragos que produjo la Segunda Guerra Mundial, los genocidios operados por las grandes potencias del mundo a lo largo del siglo XX y lo que va del XXI. Se referiría, tal vez, a la física cuántica y a la teoría del Big Bang. Pero, también, se haría eco de los avances y retrocesos del diálogo ecuménico y las promesas del diálogo interreligioso. Al llegar al capítulo 8, comentaría el problema ecológico, resultado de la explotación que los seres humanos, especialmente occidentales, han hecho de los recursos naturales. Reivindicaría a la mujer en la iglesia y en el mundo de hoy reconociendo los aportes de la teología feminista. Dialogaría con la teología de la liberación que surgió en Medellín en 1968, justamente el año en que Barth moría. Criticaría fuertemente la economía de mercado y el capitalismo salvaje, mostrando sus crisis y contradicciones. Se referiría también a la globalización imaginada y real. Pero todo esto es conjetura nuestra. Lo que hizo Barth fue útil porque respondió a su tiempo, y su mensaje fue un llamado de atención al mundo de comienzos del siglo XX. A nosotros nos toca releer la Carta a los Romanos 90 años después, en otra situación y otro contexto. Y esto es tanto una oportunidad como un desafío.

Hasta aquí nuestra exposición histórica e introductoria al comentario de Barth a Romanos. Seguidamente, nos abocaremos a una indagación más profunda de ese texto, en lo que hemos denominado: "El carácter dialéctico de la justicia en el enfoque de Karl Barth". Es el tema del próximo capítulo, en el cual también haremos algunas referencias al modo en que Barth se posicionó respecto a las cuestiones sociales y políticas de su tiempo.

# CAPÍTULO 5

# Carácter dialéctico de la justicia y praxis sociopolítica en Karl Barth

*¿Quién comprende la dialéctica de los binomios Dios y perdición, perdición y culpa, culpa y expiación, expiación y Dios, dialéctica en la que los hombres están?*

Karl Barth

*Según Karl Barth, la teología sólo es posible "en forma de diálogo, en un discurso de pregunta y respuesta." […] La teología es "pensamiento dialéctico".*

Jacob Taubes

## Introducción

Habiendo presentado la importancia del comentario de Karl Barth a la Epístola a los Romanos, nos abocamos ahora a indagar con mayor profundidad en una temática central de esa obra: la justicia. El mero enunciado del término evoca cuestiones que se relacionan con la ley, la retribución, la distribución y la correcta relación entre el ser humano con Dios y los seres humanos en la sociedad. Centramos nuestra investigación en la dialéctica que Barth establece en torno al tema de la justicia. En la primera parte del ensayo, planteamos el contexto histórico, teológico y cultural en que surge esta obra y las razones por las cuales la teología de Barth, tal como es expuesta en su comentario, se denomina "dialéctica", para analizar luego en qué aspectos la justicia humana y la justicia divina aparecen contrastadas. Finalmente, mostraremos las lagunas que deja el abordaje de Barth al tema, especialmente en cuanto a su silencio sobre las aplicaciones de la justicia a los ámbitos sociales y políticos. Por tal razón, en la parte final del capítulo y, tomando como base otros textos de Barth, elaboramos lo que podemos denominar su "ética sociopolítica", la cual surge al calor de la lucha por la libertad en los días aciagos del nazismo.

# Contexto de la obra de Barth y su carácter dialéctico

Como ya hemos visto en el capítulo anterior, el comentario de Karl Barth a la Carta a los Romanos (*Römerbrief*) no surge en un vacío social y cultural, sino en un contexto de crisis y búsquedas que es posible rastrear. Se trata de una crisis que abarca todos los aspectos de la realidad: la filosofía, la teología, la cultura, la existencia humana. En su ensayo *La situación espiritual de la época*, escrito en 1933, Karl Löwith define el tema en los siguientes términos: "El hombre, metido por la fuerza en un aparato para la existencia concreta producido por él mismo, se encuentra hoy *en cuanto tal*, o sea, en su humanidad, en una *crisis*"[221]. Apelando a un texto de Jaspers, Löwith destaca que esa crisis abarca al Estado, la cultura y el ser del hombre. "Todo ha llegado a una crisis que no se puede percibir en su totalidad ni comprender en su fundamento y solucionarla, sino que debe ser comprendida como nuestro destino, soportada y superada"[222]. Fue en el centro mismo de esa crisis, la Primera Guerra Mundial, donde Karl Barth inicia la redacción de su comentario a Romanos. Barth ya había sido pastor de una comunidad reformada en Ginebra y había realizado estudios teológicos en Alemania, donde recibió la influencia de teólogos como Adolf von Harnack, A. Schlatter y W. Herrmann. Pero desde 1911 se hace cargo del pastorado en Safenwil, pequeña ciudad ubicada al norte de Suiza. Es allí cuando, en pleno desarrollo de la Primera Guerra Mundial, siente que su teología de corte liberal no responde a la realidad; que el ser humano, lejos de ser bueno y marchar hacia la perfección

---

[221] Karl Löwith. *Heidegger, pensador de un tiempo indigente. Sobre la posición de la filosofía en el siglo XX*. Buenos Aires: Fondo de Cultura Económica, 2006, p. 30. Cursivas originales.

[222] Karl Jaspers. *Die Geistige Situation der Zeit*, p. 162. Citado por Löwith, *Ibíd*

—optimismo que cundió en Europa desde fines del siglo XIX— estaba escindido, dividido, resquebrajado, y esa condición era fruto de su alienación de Dios, lo cual, según él mismo expondrá, aparece con claridad en la epístola de Pablo a los Romanos. En palabras de Manuel Gesteira Garza: "De los escombros de la Primera Guerra Mundial, surge el clamor de un profeta: Karl Barth, que acusa al siglo XIX de haber forjado una teología del hombre en vez de una teología de Dios"[223]. Pero es el propio Barth quien define la situación humana y del mundo como "crisis". En su exposición de Romanos 2.16, comenta:

> "*Por medio de Cristo Jesús*" juzga Dios al hombre. Eso significa crisis: negación y afirmación, muerte y vida del hombre. En Cristo se ha hecho presente un final, pero también un principio, un desvanecerse, pero también un renovarse. Y esta crisis afecta siempre a *la totalidad* del mundo y a *todos* los hombres[224].

Decir "crisis" es, para Barth, casi sinónimo de "dialéctico", toda vez que no hay afirmación sin negación ni muerte sin vida, a partir de una realidad que se ha hecho final pero también principio. La dialéctica se relaciona con el método de Barth para hacer teología. Y ese hecho es tan importante que, en su interpretación filosófica de Barth, Jacob Taubes no duda en afirmar: "El método y el programa de la dialéctica de Barth son quizás el aporte más significativo a la conciencia general de nuestro tiempo; resulta necesario, por lo tanto, analizar su obra desde la filosofía"[225]. Luego de indicar —en coincidencia con el propio Barth— que la teología es un discurso humano en el cual la "palabra de Dios" debe someterse al carácter verbal y a la investigación humana, Taubes analiza con profundidad en qué consiste la dialéctica barthiana. Si bien el término "dialéctica" aparece en distintos momentos de la historia de la filosofía, la teología y la sociología: "Según Karl Barth, la teología sólo

---

[223] Manuel Gesteira Garza, Introducción a Karl Barth. *Carta a los Romanos*. Madrid: BAC, 1998, p. 12. En el presente trabajo, las citas de la obra de Barth son tomadas de esta versión española, salvo que se indique lo contrario.

[224] *Ídem*, p. 117. Cursivas originales. Georges Casalis interpreta el sentido de la crisis en la teología de Barth como juicio de Dios. Dice: "el Evangelio no es el coronamiento, sino la condena de los esfuerzos por medio de los cuales el hombre intenta elevarse hasta Dios o simplemente por encima de sí mismo" (*Retrato de Karl Barth*. Buenos Aires: Methopress, 1966, p. 75).

[225] Jacob Taubes. *Del culto a la cultura. Elementos para una crítica de la razón histórica*. Buenos Aires: Katz Editores, 2007, p. 223.

es posible 'en forma de diálogo, en un discurso de pregunta y respuesta'. Sólo en este encuentro entre pregunta y respuesta se realiza el carácter tético-antitético de la teología. La teología es 'pensamiento dialéctico"[226]. La única teología no dialéctica sería, para Barth, la teología de Dios, porque el hombre, como mortal y finito, no puede pronunciar la última palabra. Para Taubes, la dialéctica de Barth es heredera tanto de Hegel como de Kierkegaard. El primero desarrolla un esquema de tesis, antítesis y síntesis a partir de su interpretación del prólogo del Evangelio de Juan, en el sentido de que en el principio era el Verbo, el Verbo estaba con Dios y el Verbo era Dios. Pero, como se puede observar en el comentario de Barth, quien más lo influyó fue el pensador danés, ya que: "El hecho de que Barth destaque tanto el hiato entre Dios y el hombre, la diferencia entre creador y creación, es resultado de la influencia de la 'dialéctica negativa' de Kierkegaard"[227]. Tanto en Hegel como en Kierkegaard hay una presencia de la dialéctica, pero, como señala Gesteira Garza, mientras que en el primero ella se desarrolla en el plano objetivo e histórico, "para Kierkegaard acaece en el plano personal, existencial (en un hegelianismo 'interiorizado'), pues en su existir 'el hombre es un ser que hace eclosionar la nada"[228]. Dado los límites de este trabajo, no nos es posible comparar la primera con la segunda edición del comentario de Barth a Romanos, pero existe cierto consenso entre los intérpretes en el sentido de que, mientras que en la primera edición hay más influencia hegeliana, en la segunda su propuesta es decididamente kierkegaardiana[229]. Sin embargo,

---

[226] *Ídem*, p. 225.

[227] *Ídem*, p. 226.

[228] *Óp. cit.*, p. 9.

[229] Dice Taubes: "Si la dialéctica de la primera edición de *Carta a los Romanos* todavía puede interpretarse a partir de un hegelianismo religioso, en la segunda edición, en cambio, la influencia de la dialéctica negativa de Kierkegaard se advierte en cada página" (*óp. cit.*, p. 231). Por su parte, Hamer distingue cinco grandes temas kierkegaardianos que retoma Barth: 1) la cuestión de la revelación que está íntimamente ligada al tema del instante; 2) la revelación que se realiza en la persona de Cristo, quien es "la paradoja por excelencia"; 3) Cristo como nuestro contemporáneo; 4) el problema del valor y el uso de la Sagrada Escritura, y 5) la fe como única realidad, en el sentido de que la existencia, la interioridad, la contemporaneidad, no son sino expresiones de la única realidad: la fe (Jérôme Hamer. *Karl Barth. L'Occasionalisme Théologique de Karl Barth. Étude sur sa méthode dogmatique*. París: Descleé de Brouwer, 1949, pp. 195–205). Para una discusión profunda de interioridad y exterioridad, véase David A. Roldán. *Teología crítica de la liberación: un replanteo desde el problema de la interioridad y la exterioridad, con especial atención a Juan Luis Segundo y José Míguez Bonino*. Tesis de doctorado en teología. Buenos Aires, 2010, especialmente la sección 2.4: "*Innerlichkeit* (interioridad): la crítica de Kierkegaard al mundo burgués cristiano", pp. 83–87.

más allá de esos énfasis, la figura de Kierkegaard aparece una y otra vez tanto en citas de Barth como en conceptos herederos de su pensamiento. Citemos algunos ejemplos: "Entonces ella es, de nuevo, la soberbia, la arrogancia que desconoce la distancia existente entre Dios y hombre, y que entronizará infaliblemente al no dios"[230]. Luego, una cita de Kierkegaard: "Quita la posibilidad del escándalo —eventualidad llevada a cabo en la cristiandad—, y entonces todo el cristianismo es comunicación directa, y todo el cristianismo queda eliminado"[231]. Finalmente, el tema de la fe como paradoja: "Creer significa para todos la misma zozobra y la misma promesa. Creer es para todos el mismo salto al vacío. Creer es posible para todos porque es igual de imposible para todos"[232].

La exposición que Barth hace de la Carta a los Romanos implica un método que podemos denominar dialéctico-crítico-paradójico. Barth no pretende hacer el comentario definitivo a la obra porque, como bien señala en el prólogo a la primera edición, su "aportación no quiere ser más que un trabajo preliminar que pide a gritos la colaboración de otros"[233]. Y, a pesar de que su texto no fuera concebido como un tratado de hermenéutica, de hecho se ha constituido en ello, una referencia insoslayable para saber cómo se debe realizar relecturas de la Biblia, en este caso, de un Pablo que, como lo define Barth, "habla como profeta y apóstol a todos los hombres de todos los tiempos"[234]. Luego de esta breve introducción al método de la teología de Barth puesto de manifiesto en su comentario a Romanos, nos abocaremos al análisis de cómo aplica la dialéctica al tema de la justicia humana y la justicia divina, temas centrales en la epístola paulina.

---

[230] *Carta a los Romanos*, p. 105

[231] *Ibíd*

[232] *Ídem*, p. 148. Los ecos de la reflexión de Kierkegaard sobre la fe son nítidos: "la dialéctica de la fe es la más sutil y singular de todas y posee una elevación de la que yo llego ciertamente a hacerme una idea, pero sin poder pasar de ahí. Puedo dar el gran salto de trampolín que me lanza a lo infinito [...]" (*Temor y temblor*. Barcelona: Altaya, 1994, p. 28).

[233] *Óp. cit.*, p. 46.

[234] *Ídem*, p. 45. Barth compara el método histórico-crítico con la antigua doctrina de la inspiración y, decididamente, aunque admite la importancia del primero, opta por el segundo por considerarlo más profundo e importante. Aunque el comentario de Barth no fuera concebido como una obra de hermenéutica, de hecho, constituye un hito en este campo. Dice Claude Geffré: "A partir de Karl Barth, la teología es una hermenéutica que se esfuerza por hacer que la palabra de Dios hable a nuestro tiempo" (*El cristianismo ante el riesgo de la interpretación. Ensayos de hermenéutica teológica*. Madrid: Cristiandad, 1984, p. 29).

# La justicia humana: un intento fallido

La exposición que Barth hace del tema de la justicia humana está en el capítulo 2, el cual lo desarrolla en dos apartados: el juez y el juicio. Al comienzo, se plantea si acaso habrá, en la noche de la ira de Dios, también una justicia del hombre. Comentando 2.1–2 y, particularmente, la expresión de Pablo "no tienen excusa", dice: "No existe justicia humana que pueda arrancar de la ira de Dios al hombre. No existe magnitud humana ni altura local que justifique al hombre ante Dios"[235]. Luego, con referencia a la pregunta de Pablo: "¿Piensas entonces que vas a escapar del juicio de Dios?" (2.3; *NVI*), comenta que ese sería un cálculo equivocado de una justicia humana; lo que sucede es que: "Cuando la justicia humana se ufana de la fe como si ésta fuera obra del hombre, la obra de Dios en la fe se paraliza, también la fe pasa a estar bajo la ley de la indignidad y corrupción de todo lo terrenal"[236].

En algunos tramos de su exposición, Barth anticipa algo de la justicia que pueda hacer el creyente. Para este último, la buena obra no es una posesión propia o algo que atribuye a su propia capacidad. "Jamás dirá: ¡*yo* hago! Su afirmación constante será: ¡*Dios hace*!"[237]. Por otra parte, la justicia que el ser humano pueda lograr nunca es segura ante los ojos de Dios, que es el juez de todos y no hace acepción de personas. A la sentencia paulina: "Porque no se considera justos a los que oyen la ley sino a los que la cumplen" (2.13; *NVI*), Barth formula una pregunta: "¿Cómo se produce la justicia del hombre?". Y responde que es mediante la revelación divina, la apertura y la comunicación de la ley de Dios. "Pero lo que el Señor obra es un *portento* ante nuestros ojos; eso no da al hombre derecho de preferencia ni a seguridad alguna. El pecador sigue siendo pecador"[238]. En esto último, se puede percibir la influencia de la expresión de Lutero: *simil iustus et peccator*, es decir, el cristiano sigue siendo, simultáneamente, justo y pecador. Como dice Gesteira Garza: "Late en Barth —radicalizada— la dialéctica del 'Deus absconditus-Deus revelatus' (Lutero). Y su reflejo en el 'simil justus et peccator"[239]. Por lo tanto, la

---

[235] *Ídem*, p. 104.

[236] *Ídem*, p. 107.

[237] *Ídem*, pp. 110–111. Cursivas originales.

[238] *Ídem*, p. 112

[239] *Ídem*, p. 12. Para *un* análisis de la expresión de Lutero, véase mi artículo: "O caráter libertario, bíblico e existencial da teologia de Lutero". *Práxis evangélica*. Faculdade Teológica Sul Americana. Londrina, número 1, 2002, pp. 37–55.

expresión de Pablo "no son justos ante Dios los que oyen la ley" significa, para Barth, que el ser humano no puede salvarse a sí mismo mediante su propia justicia. Barth enfatiza que la justicia de los justos no es propia, ya que no lo son por sí mismos, sino que son declarados justos por Dios.

> Ellos tienen en la injusticia de este mundo la expectativa de la justicia del mundo venidero; han recibido en el *tiempo* el empujón para un movimiento *eterno*. Su justicia consiste en que entregan de continuo toda su justicia humana a Dios, al que ella pertenece. Consiste en su renuncia radical a una justicia propia[240].

Luego, Barth expone la sección 2.14–29, que titula "el juicio". La ley, de que habla Pablo, "es la escoria sagrada del portento acaecido, el cráter extinto del discurso divino [...] es el canal seco por el que en otro tiempo, bajo otras circunstancias, fluyó para otras personas el agua viva de la fe [...]"[241]. Las metáforas —"escoria", "cráter" y "canal"— implican el reconocimiento de lo que la teología conoce como "revelación general" a la cual Barth no daba la importancia que le otorgaban otros teólogos como Emil Brunner, quien "va a admitir en todo ser humano —por ser *imagen de Dios* desde la creación— una capacidad previa para acoger la palabra de Dios"[242]. Pero se trata de la impresión que la revelación de Dios ha dejado en la historia humana y que se la puede ver como escoria, cráter y canal a través del cual fluía el agua de vida. Ampliando la metáfora del canal, Barth establece un contraste entre los que tienen la ley (los judíos) y quienes no la tienen (los gentiles). Los primeros son moradores de ese canal. A los segundos, que carecen de la referencia objetiva de la ley de Dios, en "modo

---

[240] *Ídem*, pp. 112–113. Cursivas originales.

[241] *Ídem*, p. 113.

[242] Gesteira Garza, *óp. cit.*, p. 24. Del tema de la revelación general, se deriva la teología natural, a la cual Barth se opondrá en forma enérgica. Al analizar el asunto, luego de indicar que para Barth la teología natural no es otra cosa que una teología antropológica, dice David L. Mueller: "En su exposición de Romanos, en la lucha de la Iglesia germana, en su acalorado debate con Emil Brunner en 1934, y en distintos puntos de la *Church Dogmatics*, Barth desarrolla un ataque a la teología natural que no tiene paralelo en la teología moderna" (*Makers of the Moderns Theological Mind: Karl Barth*. Massachusetts/ Peabody: Hendrickson Publishers, 1972, p. 87). La fuerte crítica de Barth a Brunner en esta cuestión está registrada en su famoso *No* [*Nein*], donde dice: "debemos aprender otra vez a entender la revelación como *gracia*, y la gracia como *revelación*, y por lo tanto alejarnos de toda 'verdadera' o 'falsa' *theologia naturalis*". Citado en *ídem*, p. 88. Cursivas originales. Para un análisis pormenorizado de las diferencias teológicas entre Barth y Brunner, véase Henri Bouillard. *Karl Barth*. Volumen 1: "Genèse et evolution de la thèologie dialectique". Aubier: Èditions Montaigne, 1957, pp. 211–220.

alguno se les puede tener por moradores del seco canal de la revelación"[243]. Sin embargo, puede darse el caso de que quienes no tienen ley hagan lo que exige la ley. Si ello acontece, es porque se ha dado la revelación de Dios en la persona que está delante de Él. "Pero la revelación es de Dios. Ella no se deja forzar a seguir el canal vacío. Ella puede seguirlo, pero también tiene la posibilidad de excavar un nuevo lecho fluvial"[244]. Aunque Barth no use la palabra, evidentemente hay aquí una alusión indirecta a la soberanía de Dios en el sentido de que Él tiene toda la libertad de excavar un nuevo lecho fluvial desconocido por los seres humanos. Cuando los gentiles hacen lo que está establecido por la ley de Dios, aunque no la conozcan en teoría, en todo caso mostrarán no su propia obra, sino la de Dios, ya que los seres humanos no tienen la última palabra.

> *No* la última, suprema y más delicada acción de la justicia humana para Dios, sino la acción primera, fundamental de la justicia de Dios para el hombre: la "obra" que Dios "ha inscrito en sus corazones" y que, por ser de Dios y no del hombre, causa alegría en el cielo, busca a Dios con la mirada, sólo a Dios[245].

La reflexión de Barth en su exposición de Romanos 2, deriva de este modo en el tema de la dialéctica y la crisis. La dialéctica, que establece a partir de los binomios que expone a modo de pregunta: "¿Quién comprende la dialéctica de los binomios Dios y perdición, perdición y culpa, culpa y expiación, expiación y Dios, dialéctica en la que los hombres están?"[246]. La segunda, en términos de que "esta crisis afecta también a *la totalidad* del mundo y a todos los hombres"[247]. Finalmente, la crítica que Pablo hacía al judío que es transgresor de la ley (2.25) y para quien la circuncisión se convierte en incircuncisión, conduce a Barth a decir que la justicia humana "se tambalea *radicalmente* en el juicio de Dios. No

---

[243] *Carta a los Romanos*, p. 114.

[244] *Ibíd.*

[245] *Ídem*, pp. 116–117. Cursivas originales.

[246] *Ídem*, p. 117. Wilhelm Pauck define el método teológico de Barth en estos términos: "El método dialéctico es un método descriptivo. Describe *al hombre en su relación con Dios*. Se ocupa de la vida humana *tal como es influida por la crisis* provocada por la comprensión de la muerte, por la crisis que se hace aparente ante la cuestión del significado de la vida" (*Karl Barth*. Nueva York: Harper, 1931, pp. 89–90. Cursivas originales). Citado por Ralph G. Wilburn en "La teología de Karl Barth" (*Cuadernos* teológicos. Facultad de Teología. Buenos Aires, tomo IX, número 3, 1960, p. 227). Cursivas originales.

[247] *Ibíd.* Cursivas originales.

existe derecho alguno en virtud del cual algo humano *en* este mundo no sea también *de* este mundo"[248]. En síntesis: la justicia humana no puede quedar en pie ante el tribunal de Dios. Sigue siendo, pese a todos sus esfuerzos, una justicia realizada en este mundo y propia de este mundo. Por lo tanto, no es de Dios y, por eso, no es viable. Esto dará lugar a la siguiente reflexión sobre la justicia de Dios.

# La justicia de Dios: "¡a pesar de todo!"

El tema de la justicia divina corresponde a la exposición que Barth hace de Romanos 3. Barth divide el capítulo en dos secciones: la ley (3.1–20) y Jesús (3.21–26). Comienza afirmando: "La historia es el juego de supuestas excelencias del espíritu y de la fuerza de unos hombres frente a otros, la lucha por la existencia enmascarada de forma hipócrita mediante la ideología del derecho y de la libertad [...]"[249]. El fin de la historia, para Barth, es el juicio de Dios. Con ese juicio no hay más historia porque ella queda liquidada, y lo que hay más allá del juicio es de una índole o naturaleza completamente diferente al más acá. Interpretando la expresión: "para que seas reconocido justo en tus palabras y triunfes cuando fueres juzgado", Barth menciona el salmo 51, que es la cita indirecta que hace Pablo en 3.4 para decir que cuando a la luz de Dios el ser humano reconoce su impureza y su pecado con un corazón angustiado y quebrantado, "*entonces* reconoce a Dios como vencedor que triunfa. Por consiguiente, por encima de los altibajos de las olas de la historia, a pesar de la infidelidad humana, triunfa la fidelidad de Dios precisamente en la infidelidad del hombre"[250].

Barth comenta la objeción que presenta Pablo en 3.5: "Pero si nuestra justicia pone de relieve la justicia de Dios, ¿qué diremos? ¿Que Dios es injusto al descargar sobre nosotros su ira? (Hablo en términos humanos)". La injusticia humana hace resaltar la justicia divina, lo cual pareciera hacer de Dios un ser injusto y arbitrario. Este razonamiento, como el propio Pablo aclara, es humano, "muy acrítico, demasiado lineal"[251], porque Dios no es un objeto más entre otros objetos. Barth amplía:

---

[248] *Ídem*, p. 122. Cursivas originales.

[249] *Ídem*, p. 125.

[250] *Ídem*, p. 129. Cursivas originales.

[251] *Ídem*, p. 130.

Si Dios, en el sentido de la objeción de 3, 5, fuera un objeto entre objetos, si estuviera sometido a esa crisis, entonces, obviamente, él no sería Dios, sino que habría que buscar al verdadero Dios en el origen de esa crisis. [...] Pero el Dios verdadero es el origen —desprovisto de todo lo que tiene condición de objeto— de la *crisis*, el Juez, el no-ser del mundo [...][252].

Esta manera de distinguir a Dios de los entes del mundo coincide con lo que expresaba Paul Tillich cuando cuestionaba el uso de la expresión "existencia de Dios", explicando: "Se defina como se defina, la 'existencia de Dios' contradice la idea de un fondo creador de esencia y existencia. El fondo del ser no puede formar parte de la totalidad de los seres [...]"[253]. Por eso, para Tillich, Dios es más bien "el fundamento del ser". Con fuertes reminiscencias a Calvino, Barth dice luego: "Si cierto es que Dios no es mundo, tan cierto es que el hombre no puede añadir ni quitar nada con su obediencia ni con su mentira a la verdad y gloria de Dios"[254].

Donde Barth mejor define el concepto de "justicia de Dios" es en la sección que titula: "Jesús" (3,21.26). Hace énfasis en la expresión con que comienza el texto paulino: "Pero ahora". Esta referencia es, para Barth, una vez más un enfoque dialéctico:

> El tiempo atemporal, el lugar no espacial, la posibilidad imposible, la luz de la luz increada caracterizan pues, al "pero ahora" con el que se fundamenta a sí mismo el mensaje del cambio, del cercano reino de Dios, del sí en el no, de la salvación en el mundo, de la absolución en la condena, de la eternidad en el tiempo, de la vida en la muerte. "Vi un cielo nuevo y una tierra nueva, porque el primer cielo y la primera tierra habían desaparecido". Habla *Dios*[255].

Y se llega a la expresión "se ha manifestado la justicia de Dios" (3.21), central en el desarrollo de la carta, en el comentario de Barth y en nuestro análisis. Al respecto, Barth considera que la justicia de Dios dice que él es el que es. "Es justicia de Dios en el ropaje con que ella se presenta

---


[252] *Ídem*, pp. 130–131. Cursivas originales.

[253] Paul Tillich. *Teología sistemática*. Volumen I. Barcelona: Ariel, 1972, p. 265.

[254] *Óp. cit.*, p. 131

[255] *Ídem*, p. 140. Cursivas originales.

al no creyente que debe oír el No divino como No"[256]. Este No divino se corresponde con la ira de Dios, ya expuesta en 1.18, y surge como tal a partir de la falta de fe de los seres humanos. Pero no es la intención de Dios pronunciar un No a ellos, porque: "Dios es *el que* es, el Creador del mundo, el Señor de todas las cosas; es Sí, no es No. Dios pronuncia ese Sí. Hace valer su derecho, el derecho permanente, definitivo, último y decisivo al mundo"[257].

En esta sección, Barth muestra la influencia de Lutero en su comentario. Hay varios aspectos que definen esta justicia de Dios. Ella es: a pesar de todo, perdón, cambio radical, *justitia forensis*, *justitia aliena*, autoliberación de la verdad, estar en el aire, relación positiva. Dice: "La justicia de Dios es el *¡A pesar de todo!* con el que Dios se declara nuestro Dios y nos considera suyos"[258]. "La justicia de Dios es *perdón*, cambio radical de la relación entre Dios y el hombre [...]"[259]. "La justicia de Dios es *justitia forense, justitia aliena*: habla el Juez que está vinculado única y exclusivamente a su propio derecho"[260]. El sentido en el que la justicia de Dios es autoliberación de la verdad, lo conecta Barth con la expresión de 1.18, es decir, la verdad de Dios había sido encadenada por la injusticia humana. En cuanto a "estar en el aire", se trata de una metáfora que significa que esa justicia está fuera de todas nuestras posibilidades. Finalmente, la relación positiva significa: "Eso es justicia de Dios, relación *positiva* de Dios y de los hombres. Y 'de este artículo no es posible moverse ni dimitir aunque caigan cielo y tierra' (Lutero)"[261]. Muy cercano a estas definiciones de la justicia de Dios, Barth se refiere luego a la manifestación de esa justicia que tiene su centro en la fidelidad de Dios expresada en Jesucristo.

> La justicia de Dios se manifiesta "mediante su fidelidad en Jesucristo". Fidelidad de Dios es aquel persistir divino en virtud del cual existen en muchos puntos dispersos de la historia posibilidades, oportunidades, testimonios para el conocimiento de su justicia [...]. Cristo es el contenido de ese conocimiento: la justicia de Dios mismo[262].

---

[256] *Ídem*, p. 141.

[257] *Ibíd.* Cursivas originales.

[258] *Ídem*, p. 142. Cursivas originales.

[259] *Ibíd.* Cursivas originales.

[260] *Ibíd.*

[261] *Ibíd.*

[262] *Ídem*, p. 144. Cursivas originales.

Insistiendo en su enfoque dialéctico, Barth dice que la revelación de Dios, que es Jesucristo, es el mayor encubrimiento y disfraz imaginable de Dios. Y ello porque: "Revelado en Jesús, Dios se convierte en escándalo para los judíos y en locura para los creyentes"[263]. Y es allí donde cita la frase de Kierkegaard en la cual el pensador danés dice que si quitamos la posibilidad de escándalo, eliminamos el cristianismo. La fe en Jesús es totalmente radical, al punto de ser un "a pesar de". Más adelante, Barth citará el famoso axioma atribuido a Tertuliano: *credo quia absurdum*[264], Barth adhiere sin reservas al postulado de la Reforma: "Sola fide', *sólo mediante la fe* está el hombre ante Dios, es movido por él"[265]. También pone énfasis en el enfoque forense de la justificación por la fe. Dice: "Esta declaración es forense, es un veredicto sin causa ni condiciones, basado en Dios mismo; es *creatio ex nihilo*, un crear de la nada"[266]. A modo de conclusión de su comentario a Romanos 3, Barth muestra cómo los opuestos pueden ser reconciliados en Jesucristo:

> Al separarse nítidamente en Jesús tiempo y eternidad, justicia humana y justicia divina, el más acá y el más allá, están unidas también en Dios, unidas con nitidez. [...] todo ser-ahí y ser-así del mundo, y, en cuanto tal, es también carencia, insuficiencia, cavidad y nostalgia. Pero, al reconocer esto como tal, resplandece sobre ello la fidelidad de Dios que absuelve condenando, da vida matando y dice Sí donde tan sólo es audible su No. En Jesús se *conoce* a Dios como Dios *desconocido*[267].

## Observaciones críticas al planteo de Barth

El carácter dialéctico de la justicia es expuesto claramente por Barth a través de un método dialéctico, entendido como la oposición entre justicia humana y justicia divina que, a manera de tesis y antítesis, es expuesta en los binomios: crisis humana *vs.* justicia de Dios, encubrimiento de Dios *vs.* revelación de Dios, fracaso humano *vs.* victoria de Dios, No divino *vs.*

---

[263] *Ídem*, p. 147.

[264] *Ídem*, p. 161.

[265] *Ibíd.* Cursivas originales.

[266] *Ídem*, p. 150.

[267] *Ídem*, p. 163. Cursivas originales.

Sí divino, injusticia en el tiempo humano *vs.* justicia en el tiempo "atemporal" de Dios, condena del mundo *vs.* salvación del mundo. La justicia humana y la justicia de Dios aparecen contrapuestas de un modo rotundo, toda vez que la primera solo puede terminar en fracaso, ya que toda justicia humana tambalea ante la justicia de Dios y se muestra en crisis. Dios, para Barth, no puede ser ubicado dentro de los entes de este mundo. Él es el totalmente otro que trasciende toda realidad del mundo.

Barth se mueve dentro de una clara tradición reformada, que está representada por Calvino, pero, sobre todo, por Lutero[268]. Concibe la justicia de Dios como justicia forense, como el "a pesar de", como lo impensable, como lo milagroso. Se hace eco de expresiones muy propias de Lutero, como cuando habla de la justicia de Dios como una justicia aliena, ajena a nuestra propia realidad finita de criaturas, como la nueva creación de la nada, como la imputación de la justicia de Dios al que cree. El énfasis de Barth en la fe no puede ser más rotundo, ya que cita una y otra vez la expresión de la Reforma: *sola fide.*

Aunque Barth reconoce ciertos destellos de la revelación de Dios que ha dejado un cráter o un canal a modo de huellas de lo divino, ese canal a través del cual en otro tiempo fluyó el agua viva de la fe, ahora está seco y solo es una referencia a Dios en la crisis del ser humano y del mundo.

En algunas secciones, pareciera que Barth mezcla los contextos de la justicia humana y la justicia divina, porque el tenor general del capítulo 2 de Romanos no habla tanto de la justicia de Dios, sino del intento del judío por autojustificarse, fuera de la referencia a la fe en Jesucristo. Barth, no obstante, aplica algunos de esos textos a la justicia que viene de Dios. Su exposición del capítulo 3 es más coherente con el contexto. Allí es donde define la justicia de Dios como justicia "¡A pesar de todo!", justicia forense, autoliberación de la verdad, un "estar en el aire", una relación positiva de Dios y los seres humanos, la manifestación de Dios, la consumación de toda la promesa y la actuación de la fidelidad de Dios. Sobre todas las cosas, Jesucristo es quien supera la antítesis entre tiempo y eternidad, justicia humana y justicia divina, el más acá y el más allá, el ser-ahí y el ser-así del mundo. Él es el Sí de Dios donde tan solo es audible su No.

---

[268] En su comentario a Romanos, dice Lutero: "la 'justicia' de Dios debe entenderse no [como] aquella por virtud de la cual él es justo en sí mismo, sino la justicia por la cual nosotros somos hechos justos por Dios" (*Obras de Martín Lutero. Comentario de la carta a los Romanos.* Volumen 10. Buenos Aires: La Aurora, 1985, p. 43).

En toda la exposición de Barth en esta primera edición de su comentario, está presente casi en cada página la figura de Sören Kierkegaard. Es el primer autor que cita en el comienzo de su comentario: "La vocación al apostolado es un hecho paradójico que en el primer instante de su vida y en el último cae fuera de su identidad personal consigo mismo" (Kierkegaard)"[269]. Barth recuerda al lector que, como decía el pensador danés, Dios está en el cielo y nosotros en la tierra y que, por lo tanto, hay una diferencia ontológica y cualitativa entre Dios creador y nosotros criaturas. Una y otra vez cita la expresión de Kierkegaard, aunque no mencione su autor. Por ejemplo: "Entonces ella es, de nuevo, la soberbia, la arrogancia que desconoce la distancia existente entre Dios y el hombre, que entronizará infaliblemente al no dios"[270]. Y, más allá de otro recurso tan kierkegaardiano como "la paradoja", lo que interesa a Barth es lo particular antes que lo universal. Hablar no tanto de la humanidad y de la divinidad, sino de "este hombre" y "este Dios"[271]. El Dios que nos ha salido al encuentro con su revelación y su redención que, en Romanos, se expresa a través de la justificación por la fe.

Finalmente, hay dos aspectos negativos en la exposición de Barth sobre el tema del juicio y la justicia de Dios. En cuanto a lo primero, si bien dice que el juicio de Dios se refiere a la totalidad del mundo, no explica en qué sentido lo es, transitando un camino muy parecido al liberalismo al cual Barth intenta rechazar. Para ser más claros: todavía permanece en su lenguaje cierta tendencia intimista, de la relación Dios-individuo. Si bien el mundo también entra en consideración, Barth no alcanza a reflexionar sobre la dimensión que ese mensaje tiene, efectivamente, para el mundo.

En cuanto a la justicia de Dios y, en estrecha vinculación con lo anterior, llama la atención que no exponga en forma clara y, aunque más no sea concisa, los alcances sociales y políticos de esa justicia. En las páginas

---

[269] *Óp. cit.*, p. 75. Para un análisis de la influencia de Kierkegaard en Barth, véase Henri Bouillard, *óp. cit.*, pp. 107–113. La fuerte influencia de Kierkegaard en este "primer Barth" se vería disminuida más adelante, según las siguientes fuentes del propio Barth: "A Thank You and a Bow: Kierkegaard's Reveille". *Canadian Journal of Theology*. Número XI, 1965, pp. 4 y ss.; y Karl Barth. "Kierkegaard and the Theologians". *Canadian Journal of Theology*. Número XIII, 1967, pp. 64–65 (datos consignados por Ricardo Quadros Gouvea en su prefacio a la edición en portugués de *Carta a los Romanos*, de Karl Barth (*Carta aos Romanos*. "Prefacio: Karl Barth e sua 'carta'. San Pablo: Novo Século, 1999, p. 6, nota 6).

[270] *Ídem*, p. 105.

[271] Esto aparece con bastante claridad en expresiones como la siguiente: "Pregonamos el derecho del individuo, el valor infinito del individuo (¡Kierkegaard!) al dar a conocer que su alma está perdida ante Dios y en Dios, que está consignada y salvada en él" (*ídem*, p. 166).

analizadas, toda vez que aparece la expresión "justicia de Dios", siempre es conectada con la salvación del ser humano, pero en vano buscaremos una referencia a las dimensiones sociales y políticas de esa justicia. Ni siquiera cuando Pablo "define" el reino de Dios como "justicia, paz y alegría en el Espíritu Santo" (14.17), Barth no comenta nada más allá que esto: "¿Nos guía el afán de obrar *justicia, paz y alegría* cuando demostramos nuestra fortaleza, o se reduce todo a comer y beber?"[272].

Tal vez él mismo ha sido influido bastante por la genial metáfora geométrica de la tangente y el mundo. Dice Barth que la resurrección de los muertos es la revelación de Dios, el descubrimiento de Jesús como el Cristo. Y entonces agrega: "En la resurrección, el nuevo mundo del Espíritu Santo toca al viejo mundo de la carne. Pero lo toca como la tangente a un círculo, sin tocarlo; y al *no* tocarlo lo toca como su delimitación, como *nuevo* mundo"[273]. En este planteo, comenta Gesteira Garza, "Dios queda, pues, prácticamente fuera del espacio y el tiempo, como un mero punto tangencial en la historia; no como una secante que incide en el círculo de la historia cortándola en dos puntos, el de entrada (encarnación) y el de salida (resurrección)"[274].

## La praxis sociopolítica de Barth

La ausencia de las implicaciones sociopolíticas de la justicia en el comentario de Barth a Romanos contrasta con su praxis en ese terreno. En efecto, hay muchos otros textos[275] que producirá el teólogo reformado suizo en los que abordará en forma directa, sostenida y valiente, las dimensiones sociales y políticas de esa justicia de Dios corporizada en Jesucristo. Y no solo enfocará esos temas desde una teoría determinada —siempre

---

[272] *Ídem*, p. 593. Cursivas originales. También en los primeros tramos del comentario al capítulo 1, Barth traslada la reflexión de la justicia al mundo venidero: "esperamos un cielo nuevo y una tierra nueva en los cuales habita la justicia'. Conocemos la fidelidad de Dios en que hemos sido trasladados a esa esfera.

[273] *Ídem*, p. 78. Cursivas originales.

[274] *Ídem*, p. 17.

[275] El propio Gesteira Garza reconoce en el *Esbozo de Dogmática* de 1927 (se publicó en español por primera vez en Buenos Aires en 1954, a través de La Aurora, bajo el título *Bosquejo de Dogmática*) el punto de partida para la posterior *Kirchliche Dogmatik*: "la encarnación y la revelación de Dios en Cristo, ya no quedan tangentes a la historia sino que entran en ella, aunque esto sólo acaezca en la *historia primordial* de Cristo, donde la revelación *deviene* acontecimiento histórico" (*ídem*, p. 20). Cursivas originales. La sección de la *Kirchliche Dogmatik* donde Barth desarrolla sistemáticamente el tema de la justificación por la fe, está en el volumen IV, tomo 1, § 61.

importante—, sino que unirá a esta una toma de posición frente a autoritarismos y totalitarismos como el nazismo. Antes de analizar los textos clave del posicionamiento de Barth en contra del nazismo, es oportuno tomar en cuenta lo que señala Georges Casalis[276] en el sentido de que una de las primeras obras de Barth fechada en Marburgo en 1907 se titula *La teología moderna y el reino de Dios*, en la cual indica los puntos de acuerdo y de ruptura entre la teología antes de la guerra y las nuevas perspectivas que se asomaban en el horizonte. Hay dos momentos en la historia de Europa que producen cambios profundos en la teología y la praxis de Barth: una es la Primera Guerra Mundial, que, como hemos visto, motiva su decisivo comentario a la Carta a los Romanos; la segunda, es el surgimiento del nazismo. A partir de este segundo hecho, Barth elabora lo que podemos denominar —como en el caso de Calvino, ya estudiado— la ética sociopolítica barthiana. Esta ética se va a plasmar especialmente en dos textos: la Confesión de Barmen y —a modo de ampliación de esta— *Comunidad cristiana y comunidad civil*, un tratado más sistemático sobre el mismo tema. Pero, antes de analizar con cierta profundidad esas fuentes, resulta importante situarnos en el contexto histórico, social y político previo.

Como señala Daniel Cornu en su incisivo análisis *Karl Barth et la politique*[277], el año 1933 marca el comienzo de lo que será la lucha de la iglesia confesante frente a las tendencias hegemónicas del régimen nazi. La Alemania anterior a Hitler intentó durante catorce años ser una verdadera democracia, pero la República de Weimar se extinguió en medio de un clima de intrigas y conspiraciones. El 30 de enero de 1933, el presidente Hindenburg le confió a Hitler la cancillería del Reich. De ese modo, los nacionalsocialistas subían al poder. El 28 de febrero, Hitler obtiene del presidente un decreto destinado "a proteger al pueblo y al Estado". La importancia del decreto radica en que suspendía siete secciones de la Constitución de Weimar que aseguraba la libertad de opinión, de reunión y de empresa. Gradualmente, Hitler va sumando más poder, con lo cual los eventos eclesiásticos se precipitan. Describe Cornu:

> Mientras los "cristianos alemanes" buscan crear una Iglesia del Reich que sea nacionalsocialista proclamando una "revolución" al interior de la Iglesia, el canciller nombra —el

---

[276] Georges Casalis. *Retrato de Karl Barth*. Buenos Aires: Methopress, 1996, p. 89.

[277] Daniel Cornu. *Karl Barth et la politique*. Ginebra: Labor et Fides, 1968. En su versión en portugués, la misma obra es titulada: *Karl Barth, teólogo da liberdade*. Río de Janeiro: Editora Paz e Terra, 1971, de la cual citamos aquí.

25 de abril de 1933— al pastor Ludwig Müller, su amigo y capellán militar en Königsberg, para el cargo de consejero, dotado de plenos poderes para los asuntos relativos a la Iglesia Evangélica. Y, para evitar una "revolución" eclesiástica proyectada por los "cristianos alemanes" (que pueden provocar una reacción muy fuerte en el seno de la Iglesia), él la desaprobaba, adoptando, por su cuenta el principio de una *Reichskirche* [*Iglesia del Reich*][278].

La primera reacción de Barth a esta estrategia es expresada en su manifiesto *La existencia teológica hoy*, escrita en la madrugada de los días 24 y 25 de junio. Se expresa como teólogo "de cara a una cuestión eclesiástica e, indirectamente, de una cuestión política"[279].

El 4 de enero de 1934, la situación se agudiza, ya que Ludwig Müller promulga un decreto por el cual "toda participación de un pastor en la política de la Iglesia será considerada como una infracción a la disciplina eclesiástica y la falta implicará la suspensión inmediata en sus funciones"[280]. Este es el contexto en que surge la Confesión de Barmen, donde la iglesia confesante —opuesta al Führer— se pronunciará. El encuentro se produce el 31 de mayo de 1934 en la ciudad de Barmen. La Confesión la prepararon los teólogos Breit, Asmussen y el propio Barth; siendo este último el responsable del texto final[281]. En su parte esencial, esta Confesión expresa:

> Haciendo frente a los errores de los Cristianos alemanes y del gobierno de la Iglesia del Reich que causan estragos en la Iglesia y despedazan la unidad de la Iglesia evangélica alemana, confesamos las verdades evangélicas siguientes: 1. *Yo soy el camino, la verdad y la vida y nadie viene al Padre sino por mí* (Juan 14.16). *De cierto de cierto os digo: el que no entra por la puerta en el redil de las ovejas, sino que sube por otra parte, ése es ladrón y salteador. Yo soy la puerta, el que por mí entrare, será salvo* (Juan 10.1 y 9). Jesucristo, según el testimonio de

---

[278] *Ídem*, p. 21.

[279] *Theologische Existenz heute!*, p. 3, citado por Cornu en *ídem*, p. 24.

[280] Cornu, *óp. cit.*, p. 39.

[281] Existen unas referencias algo humorísticas que dan cuenta de que, mientras otros hacían la siesta, la Iglesia reformada se encontraba despierta redactando esta confesión, y que, mientras escribía, Barth estaba acompañado por una taza de café brasileño.

la sagrada Escritura, es la única Palabra de Dios. Debemos
[…] escucharla a ella sola, a ella sola debemos confianza y
obediencia, en la vida y en la muerte[282].

El artículo 4 es digno de ser citado por la energía que muestra: "El
sacerdocio universal, igualdad fundamental de todos los cristianos delante
de Dios, rechazando la aplicación a la Iglesia del *Führerprinzip*"[283]. La
declaración es un firme posicionamiento en contra del nazismo y de su
Führer, ya que sus pretensiones hegemónicas son rechazadas enérgicamente, ya que para la iglesia confesante, hay un solo Señor y una sola
palabra de Dios: Jesucristo.

No es este el lugar para analizar los acontecimientos sucedidos
con posterioridad a la Confesión de Barmen, entre los cuales, obviamente, está su expulsión de Alemania, su regreso a Suiza, su participación en varios cursos como los desarrollados en la Universidad de
Aberdeen, Escocia en 1937. Pero sí debemos analizar su texto *Comunidad cristiana y comunidad civil*[284] publicado en 1946, es decir, después
de la Segunda Guerra Mundial. Sin poder hacer un estudio profundo
de este, es importante sintetizar algunos aspectos que consideramos los
más relevantes:

1. Barth distingue claramente entre los dos órdenes, al decir: "Entendemos por 'comunidad cristiana' lo que se designa de otro
   modo como '*Iglesia*', y por 'comunidad civil' lo que de otro
   modo se designa como '*Estado*'"[285].

2. Barth también distingue entre la iglesia y el Reino cuando dice:
   "La Iglesia tiene que *seguir siendo Iglesia*. Tiene que conformarse
   con su existencia como círculo *interior* del reino de Cristo"[286].

3. Pero, aunque la iglesia debe seguir siendo iglesia, no hay que considerar a la comunidad cristiana como apolítica, sino política.

---

[282] Citado por Cornu en *óp. cit.*, pp. 38–39. Cursivas originales.

[283] *Ídem*, p. 40.

[284] Hay dos versiones de esta obra en español. Una, traducida del francés y publicada en
Montevideo por Ulaje. La otra, traducida del alemán, coeditada por Ediciones Morava de
Madrid y Fontanella de Barcelona, 1976. Esta versión está precedida de otro texto titulado
"Justificación y derecho". Para las siguientes citas, tomamos esta última versión.

[285] *Ídem*, p. 81. Cursivas originales.

[286] *Ídem*, p. 93.

Con seguridad, una cosa queda excluida: la decisión a favor de la indiferencia, de un cristianismo apolítico. La Iglesia, en ningún caso puede tomar una actitud indiferente, neutral frente a la aparición de una disposición que está en una relación tan clara como su propia misión[287].

4. ¿Que la iglesia no pueda ser una entidad apolítica implica entonces que debe elaborar una teoría política propia y aun crear un partido político? En este sentido, Barth es categórico en su rechazo a tal posibilidad. Dice:

La comunidad cristiana al hacerse juntamente responsable de la comunidad civil, no tiene que defender, frente a las diversas formas y realidades políticas, ninguna teoría necesariamente específica de ella. No está en condiciones de sentar una teoría cristiana del Estado justo[288].

5. Ni la iglesia ni el Estado son el reino de Dios. La iglesia, dice Barth, es la que hace recordar al reino de Dios, pero esto no significa que exija al Estado que se convierta poco a poco en reino de Dios. "El reino de Dios es la soberanía universal de Jesucristo, salida de lo oculto, manifestada para honra de Dios Padre"[289]. "La comunidad cristiana tampoco es el reino de Dios, pero lo conoce, espera en él, cree en él [...]"[290].

6. Finalmente, más allá de las mediaciones políticas, la iglesia debe comprometerse en la lucha por la justicia social. Esta dimensión, que como hemos visto está casi ausente en su comentario a Romanos, adquiere en el texto que analizamos una notoria relevancia. Dice Barth:

La comunidad cristiana existe como tal en el terreno político y, por tanto, tiene necesariamente que aplicar

---

[287] *Ídem*, p. 92.

[288] *Ídem*, p. 97. Cornu comenta que las luchas políticas, las alianzas y las negaciones de un partido político que se llame "cristiano" podrían comprometer en todos los sentidos a la comunidad cristiana y su mensaje. Por lo tanto, la acción política de la comunidad cristiana no será creando un partido, sino más bien mediante la predicación del evangelio en toda su amplitud, que constituye la única justificación del hombre integral, incluyendo al hombre político (*óp. cit.*, p. 124).

[289] *Ídem*, p. 107.

[290] *Ídem*, p. 111.

> y luchar por la justicia social. A la hora de elegir entre las diversas posibilidades sociales (¿liberalismo social? ¿asociacionismo? ¿sindicalismo? ¿economía del libre cambio? ¿moderacionismo? ¿marxismo radical?) se decidirá por la que en cada caso (después de apartar todos los otros puntos de vista) le ofrezca una medida máxima de justicia social[291].

Esto implica, por lo menos, tres cosas: en primer lugar, que las mediaciones sociopolíticas son indispensables; segundo, que ninguna de esas mediaciones es representativa del reino de Dios, y tercero, que la iglesia debe discernir en cada caso cuál de esas mediaciones es la que garantiza la materialización de la justicia social.

A modo de síntesis, a la luz del somero análisis que hemos hecho de la Confesión de Barmen y de *comunidad cristiana y comunidad civil*, puede apreciarse el sensible avance en la reflexión de Barth sobre las cuestiones sociales y políticas de su tiempo. Mientras el comentario a la Carta a los Romanos es una llamada de atención para volver al evangelio de la justicia de Dios en contraste con la justicia humana, estos textos posteriores, forjados en medio de la lucha contra el nazismo, muestran a un Barth profundamente comprometido con la causa del Evangelio y de la libertad humana. Mientras la Confesión de Barmen, en palabras de Richard Andrew "ha llegado a simbolizar la liberación de la Iglesia para oír el Evangelio"[292] y "ha provisto inspiración a otras iglesias a través del mundo en la expresión confesional en oposición a la opresión"[293], la diferenciación entre *comunidad cristiana y comunidad civil*, más allá de sus limitaciones[294], resume lo esencial de su pensamiento sociopolítico, distinguiendo cuidadosamente entre iglesia y Estado, iglesia y Reino, Estado y Reino. Fuera del Reino, todas las otras instancias son temporales y provisorias. La misión de la iglesia no se reduce a la mera "salvación de

---

[291] *Comunidad cristiana y comunidad civil*, p. 115.

[292] Richard Andrew. "Eavesdropping on the world: Interpreting Barmen through the secular parables of the Kingdom". *Rev. Kyung-Chik Han International Conference on Peace and Reconciliation.* Seul, 31 de octubre al 4 de noviembre de 2010, p. 1.

[293] *Ídem*, p. 2.

[294] Señaladas por Hill Herberg, quien, aunque reconoce el aporte de Barth a la política, encuentra que la teología de Reinhold Niebuhr, al tomar en serio la tensión entre el amor y la ley, produce un realismo político mucho más coherente (Hill Herberg. "The Social Philosophy of Karl Barth". En *Community, State, and Church*. Garden City: Anchor Books, 1960, pp. 11–67).

almas" descomprometidas con algún curso de acción política concreta. Se trata de una salvación integral, personal y social en la que la iglesia tiene un papel decisivo pero no exclusivo, pues, aunque su tarea es la evangelización integral, de ninguna manera debe pensarse que la iglesia sea apolítica. Su mensaje y su acción son decididamente políticos en el sentido amplio del término. Y, si bien no le es dado ni formular una teoría política "cristiana" ni formar partidos "cristianos", debe, en todo lugar y momento de la historia, hacer opciones irrenunciables. Lo que orienta su acción es el reino de Dios y su justicia. Por lo tanto, no puede soslayar el discernimiento para optar por la mejor mediación que propenda al bien común y a la justicia social. En este sentido, como dice Karl Löwith, ponderando la opción y el ejemplo de Barth: "siguió siendo un teólogo cristiano, con un sentido imperturbable para comprender lo que sucedía en la realidad [...]"[295].

Habiendo expuesto las éticas sociopolíticas de Calvino y de Barth, surgen estas preguntas: ¿Desde qué marco teórico se elaboran esas teologías? ¿Cuáles son sus presupuestos filosóficos? ¿A qué ideologías responden? ¿Cómo elaboran sus exégesis bíblicas? A estas cuestiones respondemos en el próximo capítulo dedicado, precisamente, al círculo hermenéutico en Calvino y Barth.

---

[295] Karl Löwith, *óp. cit.*, p. 210.

# CAPÍTULO 6

# El círculo hermenéutico en las teologías de Juan Calvino y Karl Barth

*Un círculo hermenéutico en teología supone siempre un profundo compromiso humano.*

Juan Luis Segundo

*La discusión actual del problema hermenéutico no presenta en ningún lugar la vivacidad con que se está desarrollando en el ámbito de la teología protestante.*

Hans-Georg Gadamer

## Introducción

El concepto "círculo hermenéutico" aparece en *Ser y Tiempo*, de Martín Heidegger, donde el filósofo alemán plantea que la comprensión no es un acto puntual, definitivo y estático, sino que, por el contrario, puede ser ilustrado bajo la imagen de un círculo en constante movimiento. Quien quiere comprender un texto, realiza una forma de proyección en el sentido de que hay una precomprensión (o prejuicio) que siempre está presente, consciente o inconscientemente, y que, al llegar al texto, se modifica en múltiples lecturas. La comprensión es como un círculo o una espiral hermenéutica en la cual intervienen varios factores que están siempre en relación: el intérprete, la situación existencial y la sospecha. Pero ese círculo no queda estático, sino que siempre está abierto a nuevas dimensiones. Para Heidegger, la interpretación se mueve siempre en lo comprendido y se nutre de ello. Refiriéndose específicamente al ámbito de los estudios históricos, el pensador alemán sostiene que para algunos historiadores, el ideal sería "que el círculo pudiese ser evitado y hubiese esperanza de crear algún día una ciencia histórica que fuese tan independiente del punto de vista del observador como presuntamente lo es el conocimiento de la naturaleza"[296]. Para Heidegger, lo decisivo no es salirse del círculo, sino entrar en él en forma correcta. Hasta aquí, una breve síntesis introductoria al círculo hermenéutico.

Desde la filosofía existenciaria de Heidegger[297], el círculo hermenéutico fue luego recogido por el teólogo luterano Rudolf Bultmann[298], quien intentó una nueva lectura del Nuevo Testamento aplicando la metodología que denominó "desmitologización", mediante la cual se procede a extraer el núcleo del kerygma del ropaje mitológico en que está envuelto. A Bultmann le siguen los "postbulmannianos", quienes continuaron su senda, aunque con modificaciones. Los más destacados fueron Ernst Fuchs[299] y Gerhard Ebeling[300], con aportes significativos a temas como la predicación y la teología, y la relación entre hermenéutica y lenguaje. Pero ha sido un teólogo uruguayo, Juan Luis Segundo, quien ha elaborado una aplicación del círculo hermenéutico a la teología cristiana. En el campo de la filosofía, la reflexión sobre el círculo hermenéutico ha sido continuada por Hans-Georg Gadamer, quien admite que todo su quehacer filosó-

---

[296] Martín Heidegger. *Ser y tiempo*. Traducción de Jorge Eduardo Rivera. Madrid: Editora Nacional, 2002, p. 192, § 32.

[297] Decimos "existenciaria" en lugar de "existencial" porque el propio Heidegger se ocupa de aclarar que su filosofía no es un existencialismo que tiene al ser humano como centro, sino del ser como tal, a pesar de que admite su herencia kierkeegardiana.

[298] Algunos textos importantes de Rudolf Bultmann son: *Nuevo Testamento y mitología* (Buenos Aires: Almagesto, 1998); *Teología del Nuevo Testamento* (Salamanca: Sígueme, 1981); *Creer y comprender*, 3 volúmenes (Madrid: Stvdium, 1974) y, en coautoría con Jaspers. *Jesús. La desmitologización del Nuevo Testamento* (Buenos Aires: Sur, 1968). También anotamos dos análisis de su hermenéutica por parte de Paul Ricoeur: "Prefacio a Bultmann" (en *El conflicto de las interpretaciones*. Buenos Aires: FCE, 2003), y de Luis Maldonado. *El menester de la predicación* (Salamanca: Sígueme, 1972).

[299] De Ernst Fuchs, véanse: *Das Programm der Entmythologisuerung* (1954); "Was ist existentiale Interpretation" (1952); "Was ist ein Sprachereignis? Ein Brief" (1960).

[300] De Gerhard Ebeling, véanse: *Theologie und Verkündigung* (1962) (versión en inglés: *Theology and Proclamation. A Discussion with Rudolf Bultmann*, 1966); *Introduction to a Theological Theory of Language* (1973); *Word and Faith; Das Wesen des christlichen Glaubens* (traducción al español: *La esencia de la fe Cristiana*. Madrid: Marova, 1974).

fico tiene como punto de partida el giro hermenéutico inaugurado por Heidegger[301] y por Paul Ricoeur, quienes, entre sus múltiples y diversos intereses, han aportado sesudos estudios al tema hermenéutico tanto del campo filosófico como del teológico[302].

El presente ensayo tiene como objetivo percibir y exponer el modo en que se da el círculo hermenéutico en las teologías de Calvino y Barth. Tomamos como punto de partida metodológico el trabajo de Segundo titulado: "El círculo hermenéutico"[303], donde el filósofo y teólogo uruguayo presenta los pasos de ese círculo en cuatro modelos: Harvie Cox, Karl Marx, Max Weber y James Cone. Con ese marco teórico, luego analizamos los distintos momentos del círculo hermenéutico en la teología de Juan Calvino, observando la sospecha ideológica, la sospecha teológica y la sospecha exegética que dan origen a su nueva hermenéutica calviniana. Acto seguido, recorremos los mismos pasos dados por Barth a modo de replanteo de la teología de Calvino, enfatizando dos aspectos que constituyen el foco central cruciales de la crítica de Barth a la teología del reformador francés: su concepto de Dios y la predestinación. Finalmente, extraemos las implicaciones que surgen de este ejercicio hermenéutico para mostrar en qué medida la teología reformada ha sufrido modificaciones sustanciales que, lejos de reducirla, ha ampliado sus horizontes y ha mostrado su capacidad de adaptación a nuevas situaciones.

Una aclaración: admitimos que nuestro análisis implica cierto anacronismo, sobre todo en el caso de su aplicación a Calvino, ya que el "círculo hermenéutico", en el mejor de los casos, podría remitirse a

---

[301] Véanse sus textos: *Verdad y método* I, volumen II (Madrid: Editora nacional, 2002), *El giro hermenéutico* (Madrid: Editora nacional, 2003) y las ponencias de Alberto F. Roldán: "Giro hermenéutico, teología y debate con las ciencias en el Gadamer tardío" y "La reivindicación del prejuicio como precomprensión en la teoría hermenéutica de Gadamer" (I Congreso Internacional de Filosofía Hermenéutica "A cincuenta años de Verdad y Método". Universidad del Norte Santo Tomás de Aquino, San Miguel de Tucumán, 20, 21 y 22 de mayo de 2010).

[302] Véanse especialmente sus obras: *Del texto a la acción* (Buenos Aires: FCE, 2000), especialmente las secciones "Para una fenomenología hermenéutica" y "De la hermenéutica de los textos a la hermenéutica de la acción", y *El conflicto de las interpretaciones* (Buenos Aires: FCE, 2003).

[303] Juan Luis Segundo. "El círculo hermenéutico". En *Liberación de la teología*. Buenos Aires: Carlos Lohlé, 1975, pp. 11–45.

Schleiermacher[304], aunque, como hemos dicho, ha sido establecido en la filosofía de Heidegger. De todos modos, entendemos que tanto en el caso de Calvino como en el de Barth es posible detectar los momentos en que se constituye el círculo con las consecuencias que es menester aquilatar.

# El círculo hermenéutico
# en el planteo de Juan Luis Segundo

En el citado artículo, Segundo define el círculo hermenéutico y luego lo aplica a cuatro casos específicos (Karl Marx, Max Weber, Harvie Cox y James Cone) observando cómo se van aplicando los pasos del círculo hermenéutico en cada uno de esos modelos. Para Segundo, en los tres primeros el círculo se interrumpe en algún punto, y solo llega a completarse en la teología negra expuesta por Cone. Como punto de partida, es importante consignar la definición de Segundo sobre el círculo hermenéutico:

> Una primera definición puede ser esta: El continuo cambio en nuestra interpretación de la Biblia en función de los continuos cambios de nuestra realidad presente, tanto individual como social. Hermenéutica significa interpretación. Y el carácter circular de dicha interpretación va en que cada nueva realidad obliga a interpretar de nuevo la revelación de Dios, a cambiar con ella la realidad y, por ende, a volver a interpretar [...] y así sucesivamente[305].

Segundo sostiene que existen dos condiciones que debe reunir el círculo hermenéutico para que una teología sea liberada (de ahí el título: *Liberación de la teología*) y se muestre eficaz en la transformación de la realidad. La primera condición es que las preguntas que surgen de la realidad sean tan ricas, básicas y generales que nos lleven a cambiar nuestras concepciones. La segunda es que la teología sea capaz de responder a las

---

[304] Así lo reconoce Gadamer cuando explica que la estructura circular de la comprensión ya estaba presente en la teoría hermenéutica del siglo XIX, pero siempre en el marco de una relación formal entre individuo y el todo. Heidegger representa un paso decisivo porque describe el círculo de forma que la comprensión del texto se encuentre determinada por la precompresión o prejuicio (*Verdad y método I*. Volumen II, p. 41).

[305] *Óp. cit.*, p. 12.

nuevas preguntas sin cambiar su interpretación antigua de la Escritura. Si esta segunda condición no se da, la teología entonces estaría dando respuestas antiguas a los nuevos problemas y, con ello, terminaría el círculo hermenéutico.

Finalmente, es importante señalar los pasos que Segundo sigue en la aplicación del círculo hermenéutico en los ejemplos escogidos por él:

> *Primero*, nuestra manera de experimentar la realidad, que nos lleva a la sospecha ideológica; *segundo*: la aplicación de la sospecha ideológica a toda superestructura ideológica en general y a la teología en particular; *tercero*: una nueva manera de experimentar la realidad teológica que nos lleva a la sospecha exegética, es decir, a la sospecha de que la interpretación bíblica corriente no tiene en cuenta datos importantes, y *cuarto*, nuestra nueva hermenéutica, esto, es el nuevo modo de interpretar la fuente de nuestra fe, que es la Escritura, con los nuevos elementos a nuestra disposición[306].

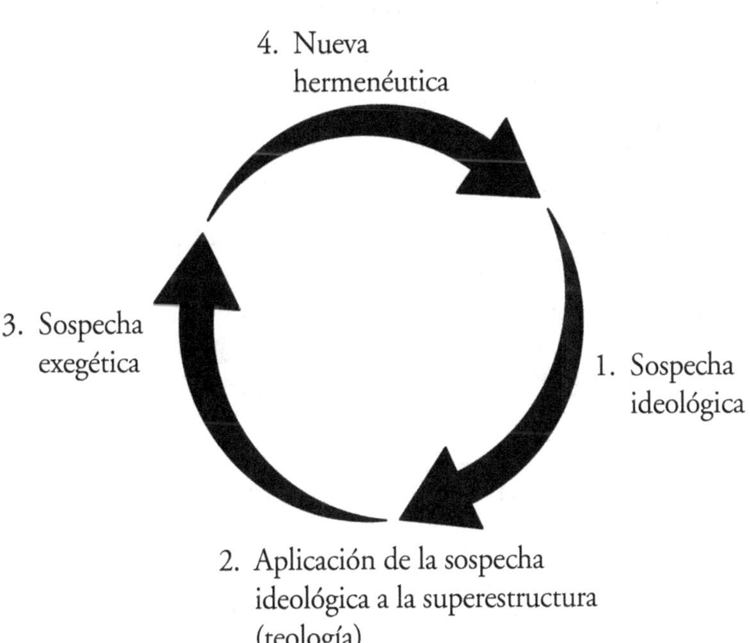


---

[306] *Ídem*, p. 14. Cursivas originales.

Hemos transcrito el párrafo completo porque juzgamos que es importante como punto de partida y, sobre todo, como método concreto que se debe seguir para realizar nuestra indagación sobre el círculo hermenéutico aplicado a la teología reformada en los cuatro ejemplos elegidos. Antes de encarar la tarea, surge de la descripción de Juan Luis Segundo dos notas importantes: la primera, es su apelación a la "sospecha" tanto ideológica como exegética; segundo, la referencia a la "superestructura ideológica" tanto general como particular. Ambas notas representan la influencia de dos pensadores. La que se refiere a la "sospecha", es heredera de Paul Ricoeur, quien acuñó la expresión "maestros de la sospecha"[307]. La segunda denota una clara influencia de Marx en su enfoque de la estructura (la materia) y la superestructura de la realidad (discursos, filosofía, teología, pensamiento).

# El círculo hermenéutico
# en la teología de Juan Calvino

Ninguna teología comienza en un vacío, sino que parte de un contexto no solo bíblico, sino también teológico, filosófico e ideológico. El caso de Juan Calvino no es una excepción. Formado en leyes y teología, Calvino refleja una fuerte impronta humanística en sus escritos y su forma de argumentar.

### 1. Primer momento: la sospecha ideológica.

En lo que podríamos denominar el primer paso del círculo hermenéutico, Calvino parte también de una sospecha ideológica que tiene sus fundamentos en el humanismo erasmiano y en su crítica a la filosofía. Según Denis Crouzet[308], durante los tres o cuatro meses que pasó en el colegio de la Marche estudiando gramática y latín, Calvino recibió

---

[307] Paul Ricoeur denomina "maestros de la sospecha" a Karl Marx, Sigmund Freud y Friedrich Nietzsche. La designación obedece a que cada uno de ellos describe, desde su propia óptica, que la "realidad" no es lo que aparece en la superficie, sino lo que está escondido detrás de una fachada. Ver Paul Ricoeur. *El lenguaje de la fe.* Buenos Aires: La Aurora, 1978, p. 17. Para Beatriz Melano Couch, la sospecha implica una crítica a las pretensiones de un sujeto que se afirma a sí mismo como fundamento de su propio significado, perspectiva basada en la transparencia del ego, heredera del sujeto cartesiano. Por el contrario, para Ricoeur, la comprensión de la realidad se logra por una vía indirecta que, en primer lugar, pueda desenmascarar lo que se ve en la superficie (*Hermenéutica metódica. Teoría de la interpretación según Paul Ricoeur.* Buenos Aires: Docencia, 1983, p. 25).

[308] Denis Crouzet. *Calvino*, Barcelona: 2001, pp. 29–29

la influencia del maestro Marthurin Cordier, cuya pedagogía se basaba, justamente, en el estudio de las Escrituras. Este maestro reflejaba el humanismo, cuya figura cumbre era Erasmo de Rotterdam. La influencia de este intelectual es de tal magnitud que Hugh Trevor-Roper[309] no duda en afirmar que Calvino fue su heredero en mucha mayor medida de lo que habitualmente se admite, que el recuerdo de Erasmo siempre está presente en su pensamiento y que, incluso, algunos escritos de Calvino "son casi plagios de Erasmo"[310]. McGrath[311], al rastrear los orígenes del humanismo y su influencia posterior en Calvino, sostiene que resulta interesante observar que durante el Renacimiento, la palabra "humanismo" no era usada, aunque el término italiano *umanista* (sic) se puede encontrar con frecuencia. La palabra se refería al maestro de los *studia humanitatis* o "artes liberales" como la poesía, la gramática y la retórica. Para McGrath, en sus escritos Calvino se mostraría como maestro de las técnicas lingüísticas y textuales en la interpretación de las Escrituras.

En lo filosófico, Calvino se muestra generalmente crítico de la filosofía platónica y aristotélica, evidenciando el talante común a la teología protestante en general[312]. Refiriéndose a las potencias del alma, Calvino comienza su reflexión admitiendo que "es verdad lo que ellos enseñan en esta materia [...]"[313], pero, luego de citar a Platón y Aristóteles[314], dice sin ambages: "temo que su oscuridad, en vez de ayudarnos nos sirva de estorbo"[315]. Este sería, a grandes rasgos, el primer paso en el círculo her-

---

[309] Hugh Trevor-Roper. *La crisis del siglo XVII. Religión, reforma y cambio social.* Buenos Aires: Katz, 2009, p. 38.

[310] *Ibíd.*

[311] Alister E. McGrath. *A Life of John Calvin.* Malden: Blackwell Publising, 1990, pp. 52–53.

[312] Ese talante es criticado por Leszek Kolakowski en *Vigencia y caducidad de las tradiciones cristianas* (Buenos Aires: Amorrortu editores, 1973, pp. 114–142). Sobre Calvino, el filósofo polaco afirma que las palabras "filosofías" y "filósofos", que raras veces aparecen en sus escritos, siempre están acompañadas de expresiones de desprecio (*ídem*, pp. 124–125).

[313] Juan Calvino. *Institución de la religión cristiana.* Volumen I, libro I, capítulo XV. Rijswijk: Fundación editorial de literatura reformada, 1968, p. 121. Sobre la importancia de esta obra sistemática de Calvino, es oportuno consignar la opinión de Wilhelm Dilthey cuando, al compararla con la teología de Zuinglio, a la cual juzga de "alto vuelo", dice que la *Institución* representa una reducción a "una conexión apretada, lógica y bíblicamente irrebatible y prácticamente abrumadora, obra de una cabeza intelectualmente poderosa pero no creadora. Era natural que esa religiosidad se empobreciera y se hiciera rígida" (Wilhelm Dilthey "Juan Calvino y la *Institución de la Religión Cristiana*". En Leopoldo Cervantes-Ortiz. *Juan Calvino. Su vida y obra a 500 años de su nacimiento.* Barcelona: Clie, 2009, p.157).

[314] De este último, cita *Ética* libro I y libro VI, cap. 2.

[315] *Óp. cit.*, p. 121.

menéutico elaborado por Calvino: comienza con una sospecha ideológica que surge de su formación en el humanismo, la vuelta a las fuentes del cristianismo y la crítica a la filosofía griega.

El mismo talante se puede observar en la sección que Calvino consagra al tema de la creación[316]. Comienza con la cita de Isaías 40.21, donde dice el profeta a través de preguntas retóricas: "¿Acaso no lo sabían ustedes? ¿No se habían enterado? ¿No se les dijo desde el principio? ¿No lo entendieron desde la fundación del mundo?". Calvino entiende que estas palabras implican una crítica a los idólatras por su negligencia en conocer a Dios. Luego cita una expresión de los filósofos en el sentido de que Dios es "el alma del mundo". Pero juzga que esa descripción es una "sombra vana, no suficiente. Por lo tanto, debemos ir más allá, a conocer a Dios más íntimamente. Apela a la historia de la creación que Moisés ofrece como fundamento para que la iglesia se apoye en ella. Hay cierta inconsistencia en el uso que hace Calvino de la filosofía, porque, mientras no tiene reparo en citar a Séneca, como primer texto al comienzo de su reflexión sobre la Trinidad, luego critica a los filósofos; por ejemplo, cuando "definen" a Dios como "el alma del mundo", considerando esa expresión como una "sombra vana". Critica, también, a quienes desean indagar y especular sobre los temas de Dios o de la creación, porque son desvaríos, especulaciones y elucubraciones inútiles.

## 2. Segundo momento: sospecha teológica.

En el caso de Calvino, la sospecha teológica se puede apreciar en varios ámbitos de su teología, ya que su intento es sistematizar el pensamiento cristiano para la Reforma. Para los fines del presente trabajo, hemos escogido tres temas: la crítica de Calvino a la eclesiología católico-romana, su rechazo a la transubstanciación y la exposición que hace Calvino de la predestinación[317]. En primer lugar, al comparar la falsa iglesia con la verdadera iglesia, Calvino[318] desarrolla los siguientes argumentos: a) donde la mentira destruye los puntos fundamentales de la doctrina cristiana, no hay iglesia; b) a pesar de todas sus pretensiones, el papado no es la iglesia de Dios; c) en vano el papado apela a la sucesión apostólica, ya que esta no

---

[316] *Institución*, libro I.XIV.

[317] Estos dos temas son, a juicio de Ranke-Heinemann, dos puntos esenciales a partir de los cuales se produce la división en el protestantismo luterano y reformado (Uta Ranke-Heinemann, "La doble predestinación de Calvino". En Leopoldo Cervantes-Ortiz, *óp. cit.*, p. 217.

[318] Juan Calvino. *Institución de la religión cristiana*. Volumen II, libro IV, capítulo II, pp. 827 y ss.

implica sucesión de personas, sino sucesión de la doctrina; d) donde no es honrada la palabra de Dios, no hay iglesia; e) la propia Roma ha excomulgado a las iglesias protestantes. En este último argumento, Calvino dice:

> Siendo, pues, así que somos arrojados de sus iglesias papistas, y que nosotros estamos dispuestos a demostrar que se nos ha hecho esto por el nombre de Cristo, deberíase considerar primero la causa antes de sentenciar por una y otra parte. Mas si a ellos así les place, transijo incluso en esto, porque me basta con saber que nos fue necesario apartarnos de ellos para acercarnos a Cristo[319].

Más adelante, Calvino se torna más ácido en su crítica a la iglesia de Roma, dirigiendo sus invectivas a lo que denomina "la tiranía del papado". Las argumentaciones de Calvino se pueden sintetizar en los siguientes ítems: a) en la elección de los obispos, el pueblo cristiano es despojado de sus derechos, ya que no dan ni votos ni consentimiento ni aprobación; b) la historia registra abusos en la elección de presbíteros y diáconos, pues, en algunos casos, se ordenaban a esos oficios a personas a las cuales no se les indicaba dónde iban a servir, con tal de ser suficientemente ricos para sostenerse; c) ha habido casos en que presbíteros y diáconos fueron ordenados sin funciones definidas y sin preparación suficiente; d) la acumulación de beneficios que deriva en acumulación de dinero. Concretamente, dice Calvino: "Es cosa corriente entre canónigos tener seis o siete beneficios, de los cuales el único cuidado que tienen es cobrar sus rentas"[320]; e) los obispos y párrocos frecuentemente no residen en sus parroquias, lo que les impide enseñar y predicar al pueblo; f) obispos y abades llevan una vida de príncipes, acorde con el lujo y la pompa que se ve en las iglesias.

En segundo lugar, la otra muestra de la "sospecha exegética" de Calvino es su crítica a la transubstanciación. Comienza con aspectos positivos de la santa cena: fue instituida por Cristo, el pan y el vino son signos de una realidad de naturaleza espiritual, los frutos del sacramento son la confianza y la dulzura, demuestra nuestra redención en Cristo, quien es nuestro pan y nuestra bebida de vida; pero a Cristo lo recibimos como pan de vida en el evangelio y no en la santa cena. Luego, Calvino inicia una acerba crítica a la interpretación que los escolásticos han hecho de la Santa Cena. La crítica inicial comienza con el hecho de que, si bien los teólogos esco-

---

[319] *Ídem*, p. 832.

[320] *Ídem*, p. 865.

lásticos conceden que Jesucristo no está encerrado en el pan y en el vino, "todo se reduce a que hay que buscar a Cristo bajo la especie —como ellos la llaman— del pan"[321]. Todo esto es "conjetura" y "superstición", según Calvino. En pocas palabras: la transubstanciación es una "fantástica concepción" que se opone a la enseñanza de la Escritura; no hay ningún padre de la iglesia que no confiese claramente que el pan y el vino son solo signos sagrados del cuerpo y la sangre de Cristo, y, según Calvino, Juan 6 nos provee la clave hermenéutica en el sentido de que Cristo es el pan de vida y se hace necesario el pan material y visible para figurarlo y representarlo.

El tercer tema que hace a la sospecha teológica es el de la elección o predestinación. Calvino ubica este tema en el libro IV de la *Institución*, consagrado a la soteriología. Comienza con una crítica a quienes esta doctrina les parece "enrevesada" y que "por falta de discernimiento se enrendan [sic]"[322]. Admite que la materia de la predestinación es "en cierta manera oscura en sí misma, la curiosidad de los hombres la hace muy enrevesada y peligrosa"[323]. El carácter doble de la predestinación está claramente afirmado por Calvino cuando elabora su definición de esa doctrina:

> Llamamos predestinación al eterno decreto de Dios, por el que ha determinado lo que quiere hacer de cada uno de los hombres. Porque Él no los crea con la misma condición, sino que ordena a unos para la vida eterna, y a otros para condenación perpetua. Por tanto, según el fin para el cual el hombre es creado, decimos que está predestinado a vida o a muerte[324].

Tal formulación, además de poner en evidencia la fuerte impronta ockamista en la teología de Calvino[325], refleja también una decidida inclinación hacia la "justicia de Dios" en detrimento de "la gracia de Dios". En

---

[321] *Ídem*, p. 1080.

[322] *Institución*, libro III, capítulo XXI. 1, p. 724.

[323] *Ídem*, p. 725–727

[324] *Ídem*, pp. 728–729.

[325] Uta Ranke-Heinemnan sostiene que en esta doctrina la veneración ockamista de la divina voluntad encuentra su fruto más maduro en la concepción calvinista de la absoluta majestad de Dios. Recordamos que Ockamm fue un filósofo influyente en Lutero y también en Calvino, inscrito dentro de la escuela nominalista, para la cual los universales (nociones universales) solo existen como "nombres", pero no porque esas nociones universales tengan realidad en sí mismas. Por lo tanto, una cosa es buena no a partir de una "esencia de bondad", sino simplemente porque Dios la define como tal. En otras palabras, todo se reduce a una especie de "voluntarismo divino".

efecto, toda la argumentación de Calvino gira en torno al eje de la justicia divina. Dios predestina no solo a cada persona en particular, sino también a naciones (como el caso paradigmático de Israel) y hace elecciones aun dentro de Israel. A partir de estos argumentos, Calvino sintetiza diciendo: "Dios ha designado de una vez para siempre en su eterno e inmutable consejo, a aquellos que quiere que se salven, y también a aquellos que quiere que se condenen". Llama la atención que en este contexto Calvino ignore textos clave de la Escritura en los cuales, en forma diáfana, tanto Pablo como Pedro testifican que el deseo de Dios es que todos los seres humanos sean salvos. Pablo dice: "Esto es bueno y agradable a Dios nuestro Salvador, pues él quiere que todos sean salvos y lleguen a conocer la verdad" (1Ti 2.3, 4). Pedro, por su parte, afirma lo mismo por vía negativa: "él tiene paciencia, con ustedes, porque no quiere que nadie perezca sino que todos se arrepientan" (2P 3.9).

Luego de explayarse en sus argumentos en torno a que nadie merece ser elegido y que la elección no está fundada ni en la presciencia divina ni en la previsión de méritos, Calvino une la voluntad y la justicia divinas de este modo:

> En unión de san Agustín, yo afirmo que Dios ha creado a algunos, sabiendo con toda certidumbre que irían a la perdición; y que esto es así, porque así Él lo quiso. Mas por qué lo haya querido así, no debemos preguntarlo, puesto que no lo podemos comprender. Ni tampoco debemos discutir acerca de si es justa o no, la voluntad de Dios; puesto que siempre que se hace mención de ella, bajo su nombre se designa una regla infalible de justicia[326].

Se trata de un planteo propio —como dice Ranke-Heinemann[327]— de un análisis juridicista, por el cual se reducen las relaciones entre Dios y el hombre a las siguientes alternativas mutuamente excluyentes: voluntad humana o decreto divino, Dios o el hombre, aduciendo, a su vez, basarse en la teología de San Agustín[328]. Hasta aquí, el resumen de la exposición de Calvino sobre la predestinación, el cual confrontaremos luego con el replanteo barthiano.

---

[326] *Institución*, libro III, p. 751.

[327] *Óp. cit.*, p. 218.

[328] Este basamento es cuestionado por Ranke-Heinemann por ser una fundamentación parcial de San Agustín, pues, mientras que para el africano el acento estaba en el carácter gratuito del don de la gracia, en Calvino "la predestinación se reduce principalmente a una cuestión de prestigio divino, una cuestión de la autoridad de Dios, que no está sometida a ninguna otra causa" (*Ibíd.*)

### 3. Tercer momento: sospecha exegética.

Existe un gran consenso entre historiadores y teólogos en el sentido de que Calvino fue el exégeta de la Reforma. Su ministerio en Ginebra consistió fundamentalmente en la predicación y enseñanza de las Escrituras. Según Wulfert de Greef[329], en una primera etapa se dedicó a la interpretación de las cartas paulinas en la iglesia de San Pedro. Luego, interpretó la Biblia para estudiantes, concentrándose en el Nuevo Testamento para derivar, posteriormente, al Antiguo Testamento. Los viernes, durante las horas matutinas, explicaba una porción de la Biblia a otros predicadores. Calvino escribió comentarios a casi la totalidad de libros de la Biblia, con excepción de 2 y 3 Juan y Apocalipsis. La hermenéutica de Calvino se caracteriza por una vuelta a las fuentes (*ad fontes*) promulgada por el humanismo, en el sentido de una búsqueda de lo que el texto bíblico dice más allá de las interpretaciones tradicionales y dogmáticas de la iglesia. En palabras de Greef: "Podemos caracterizar la interpretación de Calvino como *literal* e *histórica*, términos que nosotros usamos para indicar [...] el cuidado que puso para encontrar significado de las palabras en su contexto histórico"[330]. Por ese motivo, las referencias al texto hebreo y al texto griego son frecuentes en sus comentarios a los libros de la Biblia. Otra característica de su perspectiva hermenéutica está en el hecho de tomar en cuenta tanto al Antiguo como al Nuevo Testamento para elaborar una teología para la iglesia. Calvino puede ver a la iglesia en el Antiguo Testamento[331] a partir del hecho de considerar que, como hay un solo Dios, existe también un solo propósito divino que se expresa en el pacto. Un ejemplo de las vinculaciones que establece entre el Antiguo Testamento y el Nuevo y sus signos representativos, se puede encontrar en su exégesis de Colosenses 2.12. Calvino dice que Cristo "lleva a cabo en no-

---

[329] Wulfert de Greef. "Calvin's Undertanding and Interpretation of the Bible". En Martin Ernst Hirzeld y Martin Sallmann (editores). *John Calvin's Impact on Church and Society 1509–2009*. Grand Rapids: Eerdmans, 2009, p. 68.

[330] *Ídem*, p. 78. Cursivas originales. Por su parte, Tepox Varela opina que Calvino no fue un exégeta en el sentido moderno del término, sino más bien un comentarista y expositor de la Biblia que refleja una sólida información en algunos aspectos de los textos, no tiene una visión crítica. En síntesis: "su obra podría calificarse de exégesis aplicada, es decir, él tomaba sobre sí la tarea de examinar el texto y desentrañarlo (exégesis y hermenéutica al mismo tiempo [...]" (Alfredo Tepox Varela. "Calvino, el exégeta de la Reforma". En VV. AA. *Calvino vivo*. México: El Faro, 1987, p. 35).

[331] Por caso, cuando Calvino comenta Joel 2.28, donde el profeta anuncia el futuro derramamiento del Espíritu de Dios sobre su pueblo, Calvino conecta al antiguo pueblo con la iglesia, ya que el profeta "predica ahora la nueva restauración de la Iglesia" John Calvin. *Joel, Calvin's Commentaries on the Twelve Minor Prophets*. Volunen II. Grand Rapids: Baker Books, 2009, p. 93).

sotros la circuncisión espiritual, no a través de los medios del antiguo signo, que por fuerza estaban bajo Moisés, sino por el bautismo"[332].

La sospecha exegética se puede advertir en las críticas habituales de Calvino tanto a la teología de Santo Tomás de Aquino como a los "papistas". En cuanto a lo primero, la crítica al maestro escolástico es muy frecuente. He aquí algunos ejemplos: cuando se refiere a la predestinación, critica a Santo Tomás por la "sutileza" con que menciona la presciencia de los méritos pretendiendo probar "que la gloria es en cierta manera predestinada a los elegidos por sus méritos"[333], a lo cual dice Calvino: "Yo replico que por el contrario, la gracia que el Señor da a los suyos sirve para su elección y más bien le sigue que no la precede [...]"[334]. En otro contexto, al referirse a la relación entre fe y obras, Calvino critica elípticamente a Santo Tomás porque, aunque junto con otros teólogos confiesan que el hombre es justificado por la fe formada, "luego lo explican diciendo que esto se debe a que las obras toman de la fe el valor y la virtud de justificar"[335].

En lo que se refiere a la cuestión de los "papistas", las referencias en los textos de Calvino son frecuentes. El reformador francés cuestiona las interpretaciones procedentes de ese ámbito de la Iglesia Católica Romana de la época. He aquí algunos ejemplos. Al comentar la afirmación de Pablo en el sentido de que somos justificados "por la fe en Jesucristo" (Gá 2.16), Calvino dice que el apóstol no solamente establece que las ceremonias y obras de cualquier clase son insuficientes para la salvación, sino que niega cualquier excepción, como si dijera que somos justificados solo por la fe. Y agrega:

> Es aquí donde aparece con frivolidad la tontería de los papistas de nuestros días que disputan con nosotros acerca de la palabra, como si hubiera sido una palabra de nuestra propia cosecha. Pero Pablo estaba desinformado de la teología de los papistas, quienes declaran que el hombre es justificado por la fe pero todavía hacen de las obras una parte de la justificación[336].

---

[332] John Calvin. *Commentaries on the Epistles of Paul to the Galatians and Ephesians. Calvin's Commentaries*. Volumen XXI. Grand Rapids: Baker Books, 2009, p. 185

[333] *Institución*, libro III. XII. 9, p. 743.

[334] *Ibíd.*

[335] *Institución*, libro III. XV. 7, p. 616. Allí la cita indirecta es a la *Suma Teológica* pte. II, cu. 113, art. 4; cu. 114, art. 3, 4 y 8.

[336] John Calvin. *Galatians*, p. 69.

Casi al final del comentario a Gálatas, al referirse a la expresión paulina: "Ni siquiera esos que están circuncidados guardan la ley" (6.13), Calvino compara la cita con la traducción de Erasmo que reza: "quienes son circuncidados" y luego critica a quienes están dispuestos "más por ambición que por consciencia a defender la tiranía del sistema papal"[337].

### 4. Cuarto momento: nueva hermenéutica.

¿En qué sentido se puede hablar de una nueva hermenéutica que surge de la sospecha ideológica, teológica y exegética de Calvino? A la luz de lo expuesto, podemos sintetizar las siguientes características de la teología de Calvino.

En primer lugar, Calvino sale del marco estrecho de una teología dominada por el sistema aristotélico-tomista adoptado por el catolicismo romano. Entiende que el escolasticismo ofrece un marco teórico de carácter filosófico que permite elucubraciones y sutilezas que no facilitan la comprensión clara de las Escrituras. Por lo tanto, Calvino intenta un acercamiento al texto bíblico a modo de vuelta a las fuentes clásicas, como abogaba el renacimiento y el humanismo. A partir de esa sospecha ideológica, se aboca a la tarea de la interpretación de las Escrituras mediante un método histórico gramatical buscando el sentido del texto bíblico y su aplicación a la realidad de la iglesia y del mundo en el siglo XVI, como un modo de articular una teología reformada que sea útil no solo para su tiempo, sino también para la posteridad del movimiento.

El segundo aspecto de la nueva hermenéutica de Calvino, que surge como fruto de las distintas sospechas, es su perfil bíblico. Calvino busca en las Escrituras el fundamento que lleve a la elaboración de una nueva teología para el movimiento de la Reforma. Por lo tanto, pese a que, como hijo de su época, no tenía acceso a los modernos métodos histórico-críticos, procura la comprensión del texto bíblico a partir de su contexto histórico desde el cual aplicar hermenéuticamente los resultados de su investigación.

La tercera característica de la nueva hermenéutica de Calvino es su sello histórico. En ese sentido, Barth[338] dice que para Calvino toda la historia es moralmente instructiva, aunque la historia sagrada lo es porque muestra que la salvación es de Dios. Por lo tanto, Calvino fundamenta esa historia en la historia bíblica. En otras palabras: la historia debe ser la escuela en la que aprendemos a regular nuestras vidas.

---

[337] *Ídem*, p. 183.

[338] Karl Barth. *The Theology of John Calvin*. Grand Rapids: Eerdmans, 1995, p. 1–3.

El cuarto aspecto de la nueva hermenéutica calviniana, radica en su carácter mundano. En otro lugar[339], hemos expuesto pormenorizadamente ese carácter. Aquí, simplemente decimos que la "mundanidad" de la teología de Calvino radica en su interés por mostrar que la totalidad de la realidad forma parte del interés de Dios, y que el hecho de que Calvino inicie su *Institución* con el tema de la creación y no con la eclesiología o la soteriología, ofrece una pauta de su propósito por elaborar una teología comprehensiva donde la creación de Dios como un todo sea el foco de aquella. Ese carácter mundano también se refleja en la parte final de la *Institución*, donde Calvino elabora las bases para lo que hoy se denomina: "teoría política del Estado", y que, para algunos, constituye en rigor una teoría política[340]. En nuestra opinión, se trata, más bien, de una ética política, ya que no tiene la fundamentación filosófica suficiente como para ser considerada estrictamente como una teoría política.

# El círculo hermenéutico en la teología de Karl Barth

Aunque es cierto que Barth no puede ser considerado un "hermeneuta" —sobre todo si lo comparamos con Bultmann y su propuesta de la "desmitologización" del Nuevo Testamento—, a través de su obra se puede percibir su preocupación por las cuestiones hermenéuticas. En opinión de Gadamer, que suscribimos, "la versión de Barth de la epístola a los romanos, aun con toda su tendencia contraria a la reflexión metodológica, es una especie de manifiesto hermenéutico"[341]. Ese comentario

---

[339] Alberto F. Roldán. "El carácter mundano de la teología de Juan Calvino". Conferencia en el Instituto Universitario Isedet, Buenos Aires, 20 de octubre de 2009. Integra la obra conjunta de Leopoldo Cervantes-Ortíz (compilador). *Calvino y la teología reformada en América Latina*. Bogotá: AIPRAL-CUR, 2010.

[340] A remolque de la expresión acuñada por Carl Schmitt, Marta García Alonso desarrolla una obra titulada *La teología política de Calvino* (Barcelona: Anthropos, 2008).

[341] Hans-Georg Gadamer. *Verdad y método I*. Volumen II. Madrid: Editora Nacional, 2002, p. 304. En coincidencia, Claude Geffré dice: "A partir de Karl Barth, la teología es una hermenéutica que se esfuerza por hacer que la palabra de Dios hable a nuestro tiempo" (*El cristianismo ante el riesgo de la interpretación. Ensayos de hermenéutica teológica*. Madrid: Cristiandad, 1984, p. 29). Gerhard Ebeling sostiene que, aunque el tratamiento directo del programa hermenéutico por parte de Barth es magro, su *Dogmática* presenta una implícita respuesta al problema hermenéutico (*Word and Faith*. Londres: SCM Press, p. 310). Para un análisis del enfoque dialéctico del comentario de Barth, véase Alberto F. Roldán. "La dialéctica de la justicia en el comentario de Karl Barth a la carta a los Romanos". *Enfoques*. Universidad Adventista del Plata. Libertador San Martín, año XXI, números 1-2, 2009, pp. 21-35. Este último trabajo se presenta en el capítulo 5 del presente libro, aunque en forma sensiblemente ampliada.

a Romanos representó una ruptura epistemológica y hermenéutica, ya que el propio Barth aclara en el prólogo de la obra que deja de lado los métodos histórico-críticos identificados con lo que se dio en llamar "el liberalismo teológico", por un acercamiento más espontáneo y "espiritual" del texto paulino. En otras palabras, procura descubrir qué quiere decirnos Pablo a nosotros hoy, en nuestra situación. Tratemos de descubrir los cuatro momentos en el círculo hermenéutico barthiano.

### 1. Primer momento: sospecha ideológica.

Formado en el liberalismo alemán, habiendo sido alumno de teólogos de la talla de Adolf von Harnack y Adolf Schlatter, Barth vuelve a Suiza y es pastor de una pequeña capilla en Safenwil. Sobreviene la Primera Guerra Mundial, y Barth se encuentra en una disyunción: predica un "evangelio liberal" que dice que el ser humano es bueno por naturaleza y tiene en sí mismo los recursos para salir de su situación o retornar a la Reforma. La relectura de la Carta a los Romanos, texto de sus predicaciones, hace a Barth volver de algún modo a la Reforma y a sus maestros Lutero y Calvino. Barth sospecha por lo menos de tres escuelas de pensamiento: Calvino, el hegelianismo y el liberalismo. Por la importancia que tiene el tema en el presente trabajo, nos referimos de modo aparte a su crítica a Calvino. En cuanto a Hegel, aunque pondera su esfuerzo por elaborar un sistema, su síntesis no iba a durar mucho tiempo. Barth[342] dice que lo que más sorprende no es tanto que Hegel haya considerado a su filosofía como un punto culminante, sino que no haya tenido razón, ya que después de él vendrían el pesimismo, el positivismo y el materialismo. En otras palabras: lejos de *en reconciliación* nos encontramos *en contradicción*. No obstante, como señala Jacob Taubes, aunque los esquemas de la filosofía dialéctica de Hegel y la teología dialéctica de Barth tengan puntos de coincidencia, en "la teología de Barth, la conciliación de las contradicciones nunca se produce 'a partir' de las contradicciones mismas, sino como la soberanía absoluta de un Dios libre"[343].

El tercer pensador del cual sospecha Barth es Friedrich Schleiermacher. En este caso, Barth es algo incoherente, ya que, por un lado, lo critica en forma abierta y decidida por su tendencia antropocéntrica y,

---

[342] Karl Barth. *Protestant Thought*: From Rousseau to Ritschl. Nueva York: Harper & Bros, 1959, p. 304.

[343] Jacob Taubes. *Del culto a la cultura. Elementos para una crítica de la razón histórica*. Buenos Aires: Katz Editores, 2007, p. 333.

por otro, admite que Schleiermacher es insuperable en cuanto a hacer teología. Su admiración por el teólogo romántico era tal que en su estudio tenía un retrato de aquel.

En cuanto a los contextos, Karl Barth responde a un mundo totalmente diferente al de Calvino. El reformador francés escribe en un período en que la Reforma protestante busca consolidarse y para la cual era necesaria una teología sistemática que le sirviera de marco teórico. Así surge la *Institución de la religión cristiana*. Barth se forma desde niño en un ámbito reformado, ya que su padre era profesor de Nuevo Testamento y vinculado a la iglesia reformada. Pero luego sigue estudios en Alemania, donde entra en contacto con los grandes maestros del liberalismo, como Adolf von Harnack. Posteriormente, al retornar a Suiza, se hace cargo de una iglesia reformada rural en Safenwil, y durante su pastorado estalla la Primera Guerra Mundial. Es un mundo en conflicto para el cual la teología liberal, con fuertes rasgos antropocéntricos, no le es adecuada como marco referencia. Es entonces cuando expone la Carta a los Romanos, que significó un cambio de 180 grados en su pensamiento y "una bomba de tiempo que cayó en el terreno de los teólogos".

## 2. Segundo momento: la sospecha teológica.

De la sospecha ideológica a la sospecha teológica. Para ilustrar este segundo momento del círculo hermenéutico en Barth, nos referiremos a dos temas: la idea de Dios en Calvino que Barth critica en su ensayo *La humanidad de Dios* y el replanteo que hace a un tema tan importante en Calvino y el calvinismo posterior: la predestinación. La crítica a Calvino en su concepción de la divinidad, se puede apreciar en su ya citado ensayo: "La humanidad de Dios"[344]. A modo de hipótesis para ser demostrada, Barth dice:

> La humanidad de Dios, bien entendida, ha de significar la relación y donación de Dios al hombre; Dios que le habla con promesas y preceptos; el ser, la presencia y la acción de Dios a favor del hombre; la comunión que Dios mantiene

---

[344] Karl Barth. "La humanidad de Dios". En *Ensayos teológicos*. Barcelona: Herder, 1978, pp. 9–34. Míguez Bonino sostiene que este ensayo de Barth representa la última etapa de su peregrinaje teológico, en la cual sostiene que la humanidad de Dios es el criterio para comprender la revelación de Dios (José Míguez Bonino. *Toward a Christian Political Ethics*. Filadelfia: Fortress Press, 1983, p. 80).

con él; la libre gracia de Dios, por la cual no quiere ser ni es otra cosa que el Dios del hombre[345].

Aquí se observa que el interés de Barth es acentuar la dimensión humana de Dios, su relación y donación y su acción a favor del ser humano; en pocas palabras: el Dios del hombre. Lo aclara todavía más al decir: "Nuestra tarea es el reconocimiento de *la humanidad* de Dios, a partir precisamente del reconocimiento de su *divinidad*"[346]. En consecuencia, para Barth no se trata de hablar de la humanidad de Dios a expensas de su divinidad, sino a partir de ella. En tono crítico a la teología liberal, Barth dice que la teología protestante era una teología comparativista, antropocéntrica y humanística, al punto de que hablar de Dios equivale a hablar del hombre en el tono más elevado. "Indiscutiblemente, el *hombre* se había engrandecido a costa de *Dios*"[347]. Admite que la Primera Guerra Mundial hizo estallar la teología moderna con su interpretación histórica y dogmática, de modo que, apelando a una imagen náutica, dice Barth: "La nave amenaza con embarrancar; había llegado el momento de dar un viraje de 180 grados al timón"[348]. Para algunos, esa crisis significaba cambiar a Schleiermacher —el padre de la teología moderna— de pies a cabeza, en otras palabras: "cambiar a Dios engrandeciéndole a costa del hombre"[349]. A partir de esta crisis y esta búsqueda de la humanidad de Dios, Barth toma distancia de Calvino para decir dos cosas: en primer lugar, que el marco teórico ofrecido por el reformador francés no era adecuado, ya que "Calvino no nos había dado muy buenas consignas en ese sentido"[350]. Y, en segundo lugar, la crítica a la teología de Calvino y su talante sombrío. Dice Barth:

> Con la mirada puesta en Jesucristo es indiscutible que la divinidad de Dios, lejos de excluir, exige su *humanidad*. ¡Ah, si Calvino hubiera dado más beligerancia a esta idea en su cristología, en su teología, en su doctrina sobre la predestinación y, consiguientemente, también en su ética! Entonces, su ciudad

---

[345] "La humanidad de Dios", p. 9.

[346] *Ídem*, p. 10. Cursivas originales.

[347] *Ídem*, p. 11. Cursivas originales.

[348] *Ídem*, p. 13.

[349] *Ídem*, p. 15. Cursivas originales.

[350] *Ídem*, p. 15.

de Ginebra no se habría convertido en un asunto tan sombrío.
Sus cartas no contendrían tanta amargura[351].

Otro aspecto en el que se ve la humanidad de Dios es, según Barth, la libertad de Dios en su voluntad y elección. Su afirmación del ser humano, su libre participación en él y su libre intervención a su favor constituyen la humanidad de Dios. En síntesis: la reivindicación de la humanidad de Dios encarada por Barth no va en desmedro de su divinidad, sino, por el contrario, la subraya, toda vez que Dios es libre en su elección del hombre posicionándose a su favor.

Esto nos conecta con otra doctrina de la que, en su formulación calviniana, Barth toma distancia en este segundo momento de su círculo hermenéutico: la predestinación[352]. Acaso no haya doctrina más erizada de problemas que esta, especialmente en el enfoque de Calvino y, sobre todo, del calvinismo posterior. Como dice Georges Casalis: "En la *Elección de Dios*, Barth rompe con la doctrina especulativa de la doble predestinación, tal como se encuentra bajo su forma más inaceptable en la última edición de la *Institución cristiana* de Calvino"[353]. Veamos, entonces, cómo Barth reelabora esta difícil doctrina.

En primer lugar, formula la orientación general de esta doctrina en los siguientes términos:

La doctrina de la elección es la suma del Evangelio porque
de todas las palabras que puedan ser dichas u oídas esta es la

---

[351] *Ídem*, p. 20. Cursivas originales. En otra obra, el propio Barth confiesa: "A ninguno de nosotros [...] le gustaría haber vivido en esta santa ciudad [Ginebra]" (*Die Theologie Calvins*. Zurich: TVZ, 1992, p. 163). Citado por Eberhard Busch en "¿Quién es y quién fue Calvino' Interpretaciones recientes" (Leopoldo Cervantes-Ortíz, *óp. cit.*, p.11). Para más datos sobre la Ginebra de Calvino, véanse en el mismo libro: Juanleandro Garza. "La ciudad de Calvino", pp. 421–427, y Rosa Regàs, "La religión: la ciudad de Calvino", pp. 428–433. También, Marta García Alonso. *La teología política de Calvino* (Barcelona: Anthropos, 2008, pp. 109–110 y 183–195).

[352] Al analizar la teología de Calvino, Karl Barth vincula estrechamente su idea de Dios con la predestinación. Dice que el interés de Calvino radica solo en los derechos de Dios. Que aquellos que son obedientes pueden haber sido condenados a la desobediencia. Este es el corazón de la doctrina de Calvino sobre la predestinación, de modo que su concepto de Dios está caracterizado por esa doctrina (Karl Barth. *The Theology of John Calvin*. Grand Rapids: Eerdmans, 1995, p. 118). Por su parte, Hans von Balthasar, en su meduloso estudio de la teología de Barth, afirma que aun en la primera edición de *Carta a los Romanos*, Barth se ubicó claramente en contra de Calvino y su exposición de la predestinación. Le pareció que Calvino estaba en el peligro de ser contado entre aquellos que vociferan demasiado y caen en cierta forma de delirio. "Barth sintió que todo el acercamiento agustiniano y reformado hacia este profundo misterio era un intento 'mitologizador' por limitar la actividad de Dios" Hans Urs von Balthasar. *The Theology of Karl Barth*. San Francisco: Ignatius Press, 1992, p. 174).

[353] Georges Casalis. *Retrato de Karl Barth*. Buenos Aires: Methopress, 1966, p. 99. Cursivas originales.

mejor: Que Dios elige al hombre; que Dios es para el hombre también el Uno que ama en libertad. Esto está basado en el conocimiento de Jesucristo, por lo cual Él es tanto el Dios que elige como el hombre elegido en Uno[354].

En cuanto al fundamento de la doctrina de la elección, Barth la centraliza en Jesucristo. Todo intento por establecer esa doctrina comenzando con "voluntad omnipotente", "omnipotencia irresistible" o concepciones semejantes representan abstracciones de la comprensión bíblica de Dios. "La teología debe comenzar con Jesucristo, y no con principios generales"[355]. Fiel a su método dialéctico centralizado en Jesucristo, Barth dice que Jesucristo es tanto el Dios que elige como el hombre elegido. "En la más simple y más comprehensiva forma el dogma de la predestinación consiste, entonces, en la afirmación de que la predestinación divina es la elección de Jesucristo"[356]. El error en otras aproximaciones a la predestinación —incluyendo a Calvino— radica en que se ha separado el tratamiento de esa doctrina de la persona clave: Jesucristo. De ese modo, se ha elaborado un "decreto de elección" aparte de Jesucristo. Como señala Muller: "Sobre la base de Efesios 1.4, Barth mantiene que somos elegidos solamente 'en' Cristo. Él es el hombre elegido"[357].

Con respecto a la "doble predestinación"[358], Barth nuevamente refleja su enorme creatividad teológica. Afirma que esa doble predestinación existe pero del siguiente modo: en primer lugar significa que Dios se ha elegido a sí mismo para la condenación y muerte y, en segundo lugar,

---

[354] Karl Barth. *Church Dogmatics*, II/2. Edinburgo: T. & T. Clark, 1936, p. 3.

[355] *Ídem*, p. 4.

[356] *Ídem*, p. 103.

[357] *Ídem*, p. 103.

[358] La expresión "doble predestinación" es acuñada dentro de la teología calvinista y sufre cierta radicalización en las formulaciones doctrinales posteriores a Calvino. Implica que Dios, en su absoluta soberanía, predestinó a algunos para salvación y a otros para condenación. Nada ni nadie puede alterar ese designio eterno de Dios. Esto supone, por un lado, atribuir a Dios todo lo que sucede, pero, a su vez, encierra una aporía difícil de sortear. Por ejemplo, en la Confesión de Westminster dice textualmente: "Dios desde la eternidad, por el sabio y santo consejo de su voluntad, ordenó libre e inalterablemente todo lo que sucede (Ef 1.11; Ro 11.33; y 9.15–18; Heb 6.17). Sin embargo, lo hizo de tal manera, que Dios ni es autor del pecado (Stg 1.13, 17; 1Jn 1.5; Ec 7.19) ni hace violencia al libre albedrío de sus criaturas [...]" (*Confesión de fe de Westminster*, capítulo II, sección I). En el texto no se explicita cuál es esa "manera" en que no se hace violencia al libre albedrío y la responsabilidad humana, por lo cual se trataría de una petición de principio. En cuanto al tema de la predestinación, es inocultable la situación embarazosa en la que se sitúan teólogos calvinistas como J. I. Packer cuando, al reafirmar la doble predestinación y, al mismo tiempo, mantener la necesidad de la evangelización, dice que "los réprobos no tienen rostro", por lo cual no estamos en condiciones de identificarlos, y agrega: "Más bien debemos vivir a la luz de la certeza de que cualquiera puede ser salvo, con sólo arrepentirse y poner su fe en Cristo" (J. I. Packer. *Teología concisa*. Miami: Unilit, 1998, p. 159).

que el hombre pecador ha sido elegido para salvación, bendición y vida eterna. En ese sentido, se puede hablar de una "doble predestinación".

En síntesis: al centralizar la doctrina de la predestinación en Jesucristo como el Dios que elige y el hombre elegido, Barth ha logrado separarse de la visión clásica del calvinismo que enfatiza más la justicia que el amor manifestado en forma de gracia. Se trata, en suma, de una predestinación del amor. Como dice Taubes al interpretar la nueva formulación de Barth: "La predestinación es gracia de Dios, y la gracia de Dios, finalmente, no es justicia, sino amor"[359]. La clave hermenéutica descubierta por Barth consiste en poner el acento no en el sujeto "elegido", sino en el complemento: "en Cristo", aspecto tal vez pasado por alto en las interpretaciones reformadas clásicas, cuyas expresiones más conocidas son Calvino y la Confesión de Westminster[360]. La exposición barthiana sobre la predestinación que hemos presentado aquí, de ninguna manera tiene la intención de cambiar doctrinas cuya formación y modificación es tarea de las iglesias. Más bien, nuestro interés ha sido mostrar, desde una perspectiva filosófico-teológica, que hay otros caminos para abordar un tema tan complejo que, en algunas fórmulas clásicas, enfrenta aporías que, como tales, resultan difíciles de resolver.

### 3. Tercer momento: la sospecha exegética.

En el ensayo "The Strange New World Within the Bible", que data de 1916, Barth expone su descubrimiento del mundo de la Biblia como si fuese una revelación. Su pregunta inicial es: "¿Qué hay dentro de la Biblia? ¿Qué tipo de casa es aquella para la cual la Biblia es una puerta de acceso?"[361]. Barth hace un repaso sucinto de la historia bíblica comenzando con Abraham en Harán, pasando por Moisés en el desierto, el tabernáculo del joven Samuel, el profeta Elías para llegar al Nuevo Testamento, la pascua de resurrección y los énfasis de Pablo en la justicia de Dios y la nueva creación en Cristo. Finalmente, responde su pregunta inicial diciendo: "...dentro de la Biblia hay un extraño, Nuevo mundo,

---

[359] *Óp. cit.*, p. 238.

[360] Sería tema para otra indagación comparar la teología de Calvino con las formulaciones doctrinales calvinistas del siglo XVII, lo cual plantea la pregunta "¿Calvino fue calvinista?" formulada por Bernard Cottet, quien, luego de rastrear la vida y la obra del reformador francés, recuerda que las palabras "calvinista" y "calvinismo" en sus orígenes históricos fueron peyorativas, y concluye que "Calvino mismo nunca quiso ser calvinista" (Bernard Cottet. "¿Calvino fue calvinista?". En Leopoldo Cervantes-Ortiz, *óp. cit.*, p. 202).

[361] Karl Barth. *The Word of God and the Word of Man*. Nueva York: Harper & Row, 1957, p. 28.

el mundo de Dios. Esta respuesta es la misma que tuvo el primer mártir, Esteban, cuando dijo: Veo los cielos abiertos y al Hijo del hombre de pie a la diestra de Dios"[362]. El nuevo mundo de la Biblia es el mundo de Dios. Barth invita a profundizar en su contenido y, a modo de ilustración, dice: "En la Biblia hay un río que nos lleva, una vez que hemos confiado nuestro destino a ella, fuera de nosotros mismos, al mar. Las Sagradas Escrituras se interpretarán a sí mismas a pesar de todas nuestras limitaciones humanas"[363]. Pero la Biblia es historia, historia pura vinculada a lo religioso y lo humano, aunque su centro es Dios. La Biblia es, en otras palabras: "Un cuadro pleno de animación y color que se despliega ante todos los que se acercan a la Biblia con ojos abiertos"[364]. El texto que comentamos es un testimonio del cambio que se produce en la vida de Barth al retornar a la Biblia para encontrar en ella una respuesta nueva a nuevas situaciones del mundo. De ahí que en uno de los párrafos finales del ensayo, Barth contrasta el antropocentrismo con el teísmo bíblico. Dice:

> Nosotros hemos encontrado en la Biblia un nuevo mundo, Dios la soberanía de Dios, la gloria de Dios, el incomprensible amor de Dios. ¡No la historia del hombre sino la historia de Dios! ¡No las virtudes de los hombres sino las virtudes [de quien] nos ha llamado de las tinieblas a su maravillosa luz! ¡No los puntos de vista humanos sin el punto de vista de Dios![365]

Este descubrimiento del nuevo mundo de la Biblia es materializado con el comentario de Barth a la Carta a los Romanos. Ese comentario marcó un hito en la historia de la teología cristiana en general y de la teología protestante en particular. Cuando Barth terminó la primera redacción del comentario, no encontraba a alguien interesado en publicárselo. Al fin consiguió un editor que estuvo dispuesto a publicar unas mil copias. La obra produjo una verdadera revolución en el pensamiento teológico y filosófico[366]. En el prólogo de la primera edición, como ya

---

[362] *Ídem*, p. 33.

[363] *Ídem*, p. 34.

[364] *Ídem*, p. 35.

[365] *Ídem*, p. 45.

[366] Filósofos como Martín Heidegger, Karl Löwith, Hans-Georg Gadamer y Jacob Taubes han manifestado la importancia que tuvo el comentario de Barth. Löwith, quien lo había leído con mucho interés, dice que Heidegger consideraba esa obra como uno de los pocos signos de auténtica espiritualidad (Karl Löwith. *Heidegger, pensador de un tiempo indigente*. Buenos Aires: FCE, 2006, p. 366). Gadamer consideraba ese comentario como un manifiesto hermenéutico (Hans-Georg Gadamer. *Verdad y método* I. Volumen II, p. 304).

hemos señalado, Barth es claro en su opción metodológica y hermenéutica. Dice que entre el método histórico-crítico y el de la antigua doctrina de la inspiración, opta por esta última, en razón de que "apunta al trabajo del comprender mismo, sin el que todo preparativo carece de valor [...]. Toda mi atención ha tendido a penetrar, *a través* de lo histórico, en el espíritu de la Biblia, que es el espíritu eterno"[367]. Su propósito es hermenéutico, ya que señala: "Comprender la historia es mantener un diálogo continuo, cada vez más honesto y penetrante, entre la sabiduría de ayer y la sabiduría de mañana, que es una y la misma"[368]. Al leer el comentario, se percibe que Barth se ubica, como lo indica expresamente, junto con Pablo, no como espectador distante y neutral, sino como una persona hambrienta y sedienta de justicia. Dando por sentado que Pablo fue un hijo de su tiempo, pero tomando en serio el hecho de que "él habla como profeta y apóstol del Reino de Dios a todos los hombres de todos los tiempos"[369]. En otras palabras, su búsqueda es dejar a hablar a Pablo para nosotros hoy.

En cuanto al método escogido por Barth, es claramente dialéctico, el cual está íntimamente vinculado a la crisis. Al comentar Romanos 2.16, dice:

> "*Por medio de Cristo Jesús*" juzga Dios al hombre. Eso significa crisis: negación y afirmación, muerte y vida del hombre. En Cristo se ha hecho presente un final, pero también un principio, un desvanecerse, pero también un renovarse. Y esta crisis afecta siempre a *la totalidad* del mundo a *todos* los hombres[370].

Como hemos comentado en otro trabajo: "Decir 'crisis' es, para Barth, casi sinónimo de 'dialéctico' toda vez que no hay afirmación sin negación, ni muerte sin vida, a partir de un hecho que es final pero también principio"[371]. Precisamente, la expresión "teología dialéctica" es descripti-

---

[367] Karl Barth. *Carta a los Romanos*. Madrid: Biblioteca de Autores Cristianos, 1998, p. 45. Cursivas originales.

[368] *Ibíd.*

[369] *Ibíd.*

[370] *Ídem*, p. 117. Cursivas originales.

[371] Alberto F. Roldán. "La dialéctica de la justicia en el comentario de Karl Barth a la carta a los Romanos". *Enfoques*. Universidad Adventista del Plata. Libertador San Martín, año XXI, números 1–2, 2009, pp. 21–35. El mismo texto, con sensibles ampliaciones, corresponde al capítulo 5 de la presente obra.

va del proyecto barthiano al punto de que, en opinión de Taubes[372], su método y su programa dialéctico representan el aporte más significativo a la conciencia general de nuestro tiempo. Al optar por un método dialéctico, Barth se refleja heredero de Hegel, y su proyecto se distingue radicalmente de la teología de Calvino, como veremos en el próximo apartado.

En la segunda edición del comentario a Romanos, Barth reconoce los aportes que le dieron los escritos de su hermano Heinrich Barth y las filosofías de Kierkegaard, Dostoievski y, como se puede apreciar en el libro, del propio Nietzsche. La impronta de Kierkegaard se detecta en el prólogo de la primera edición donde Barth, como hemos notado, al contrastar a un mero espectador con el hombre comprometido con el mensaje paulino. También en el prólogo a la segunda edición, donde expresamente cita al maestro danés, diciendo: "si tengo un sistema, éste consiste en no perder de vista la significación negativa y positiva de lo que Kierkegaard llamó 'la infinita diferencia cualitativa' que existe entre tiempo y eternidad. 'Dios está en el cielo y tú en la tierra"[373]. Al comentar las primeras palabras de la epístola, Barth se refiere al apostolado que reafirma Pablo y dice, citando a Kierkegaard: "La vocación al apostolado es un hecho paradójico que en el primer instante de la vida y en último cae fuera de su identidad personal consigo mismo"[374]. Otras dos referencias a Kierkegaard en ese comentario de Barth son las concernientes al tema del escándalo sin el cual el cristianismo queda eliminado y la fe como salto en el vacío[375]. En cuanto a Nietzsche, hay una amplia cita que hace Barth cuando se refiere, comentando Romanos 4.17b–25, a "la utilidad de la historia". Barth cita párrafos de la obra de Nietzsche *De la utilidad y de los inconvenientes de los estudios históricos para la vida*. Tomando como punto

---

[372] Jacob Taubes. "Teodicea y teología: un análisis filosófico de la teología dialéctica de Karl Barth". En *Del culto a la cultura*. Buenos Aires: Katz, 2007, p. 223. Taubes intenta establecer tres períodos en el pensamiento de Barth: el primero, representado por una dialéctica sintética de corte liberal; el segundo, por el comentario a Romanos, que implica una "dialéctica antitética negativa", y el tercero, de los primeros trabajos para la *Kirchliche Dogmatik*, donde refleja una "dialéctica sintética ortodoxa" (*ídem*, p. 228). Resulta interesante contrastar la visión barthiana de la dialéctica con la perspectiva de Rudolf Bultmann, para quien la teología dialéctica no consiste en proveer al investigador enunciados teológicos determinados, sino la comprensión de la dialéctica de la existencia del hombre, es decir, de su propia historicidad y de la historicidad de sus afirmaciones (Rudolf Bultmann, "El significado de la 'Teología dialéctica' para la ciencia del Nuevo Testamento". En *Creer y comprender*. Volumen I. Madrid: Stvdium, 1974, p. 120).

[373] *Carta a los Romanos*, p. 54.

[374] *Ídem*, p. 75.

[375] *Ídem*, pp. 147 y 148.

de referencia la fe de Abraham, Barth dice: "La historia, la personalidad humana del hombre jamás carece por completo de esta luz superior no histórica; 'ante Dios en el que creyó"[376]. Cita, entonces, a Nietzsche:

> Lo no histórico se asemeja a una atmósfera envolvente en la que sólo se genera vida, para desaparecer de nuevo con la aniquilación de esta atmósfera [...]. ¿Dónde se encuentran acciones en que el hombre fuera capaz de realizar sin haber centrado antes en aquel estrato vaporoso de lo no histórico?[377]

Con esa cita, Barth intenta mostrar el deseo de conocer en la crítica nietzscheana la línea divisoria entre lo claro y lo oscuro, "el condicionamiento no histórico, sino *proto-histórico*, de toda historia, la luz del *Logos* de toda historia y de toda vida"[378]. Como veremos en la evaluación final, este juego de términos que hace Barth entre historia, suprahistoria, protohistoria, si bien refleja su creatividad, tiene, al mismo tiempo, la malhadada tendencia a situarse un plano trascendente en el cual el "aquí y ahora" pasa a un segundo plano.

En síntesis: la sospecha exegética en Barth surge de la aplicación de un método dialéctico para hacer teología revelando, a su vez, la influencia de las críticas de Kierkegaard y Nietzsche al racionalismo y la modernidad, respectivamente. Su descubrimiento del "nuevo mundo de la Biblia" le conduce a una etapa que podría denominarse "revelación", para la búsqueda del mensaje bíblico —especialmente paulino— relevante al mundo de la posguerra.

### 4. Cuarto momento: nueva hermenéutica.

De las tres sospechas que hemos analizado (la ideológica, la teológica y la exegética), Barth llega al planteo de una nueva hermenéutica. ¿En qué consiste esta nueva hermenéutica como matriz de una nueva teología?

Un primer aspecto consiste en tomar distancia de la teología de Calvino heredada de su hogar y de sus primeros estudios teológicos. Barth

---

[376] *Ídem*, p. 191.

[377] Friedrich Nietzsche. *Consideraciones intempestivas. De la utilidad y de los inconvenientes de los estudios históricos para la vida*, punto Uno. Hay traducción española por Aguilar (Madrid 1967).

[378] *Romanos*, p. 191. Cursivas originales.

se aparta de Calvino al considerar que su teología no puede ser repetida[379]. Puntualiza que nuestra enseñanza no debe limitarse a una mera repetición de las palabras de Calvino haciendo nuestros sus propios puntos de vista. El hecho incontrastable es que el Calvino histórico ya no está presente. Por lo tanto "no podemos hacer que Calvino diga algo diferente a lo que dijo hace cuatrocientos años"[380]. Barth también advierte sobre el peligro de caer en un estilo de refinada hagiografía católico-romana que presente el pensamiento de Calvino como un absoluto.

Un segundo aspecto es que, mientras la teología de Calvino refleja un pensamiento acabado y final, Barth admite que su teología es temporal, revisable y dialéctica. Una somera lectura de la *Institución de la religión cristiana* revela el tenor magistral con que escribe el reformador francés. En su argumentación, que apela frecuentemente a la persuasión, no duda en llegar a conclusiones definitivas y, en su transcurso, a denominar "puercos" a quienes aplican los conceptos aristotélicos de las facultades del alma para quitar a Dios su autoridad[381]. O cuando, fustigando a los anabaptistas por su rechazo al bautismo infantil, atribuye la causa a la astucia de Satanás[382]. Interpretaciones críticas del estilo con que escribe Calvino coinciden en poner de manifiesto su tenor magistral y definitivo. Denis Crouzet[383] sostiene que la biografía de Calvino se revela contraria a lo que pretende dar a entender, en el sentido de estar atravesada por una "exhuberancia subjetiva", y que su biblicismo lo condujo a mimetizarse con las grandes figuras bíblicas de Moisés, David, Josué o Pablo. Por su parte, Dilthey señala que el método de Calvino excluye todo recurso, aunque sea formal, de la filosofía apelando a "una interpretación magistral de la Escritura [...]. Y así, esta dogmática se ve conducida en último término, a la arbitrariedad escotista de Dios y a la condenación de la curiosidad humana"[384].

Por el contrario, la teología de Barth, al ser dialéctica, explícitamente pone al desnudo su carácter temporario, contextual y dialógico. Jacob Taubes que, como hemos indicado, ha hecho un análisis del carácter dialéctico de la teología barthiana, señala que la dialéctica es un término que aparece una y otra vez en la historia de la filosofía. En los tiempos

---

[379] Karl Barth. *The Theology of John Calvin*, p. 4.

[380] *Ídem*, p. 5.

[381] *Institución*, libro I.V, p. 16.

[382] *Ídem*, libro IV.XVI, p. 1069.

[383] Denis Crouzet. *Calvino*. Barcelona: Ariel.

[384] Wilhelm Dilthey, *óp. cit.*, p. 163.

modernos se lo asocia a Hegel; de allí la frase "dialéctica hegeliana"[385], que consiste en un juego de oposiciones: tesis, antítesis y síntesis, o negación, negación de la negación, afirmación[386]. El método dialéctico, como dice Taubes, se funda en el diálogo.

> Según Barth, la teología solo es posible "en forma de diálogo, en un discurso de pregunta y respuesta". Solo en este encuentro entre pregunta y respuesta se realiza el carácter tético-antitético de la teología. La teología es "pensamiento dialéctico". Si se considera seriamente el carácter dialéctico de la teología, ella debe entonces seguir siendo discurso abierto y no debe cerrarse en un sistema autorreferencial[387].

Barth entiende la teología como una "ciencia" bastante extraña al tener como "objeto" a Dios, siendo él, siempre, sujeto y no objeto. Pero no es una ciencia divina, sino plenamente humana, con todas las contingencias que hacen a su carácter histórico, terreno y temporal. Por lo tanto, como bien señala Barth, "nada he afirmado sin haber negado ni negado sin haber afirmado", prueba de lo cual no duda en revisar sus textos y cambiarlos sustancialmente; por ejemplo, el comentario a Romanos y la propia Dogmática de la iglesia (*Kirchliche Dogmatik*). De paso, es dable consignar que inicialmente Barth proyectó una "Dogmática cristiana", pero giró después hacia una Dogmática de la iglesia. En interpretación de Taubes: "Percibe el dilema que en algún punto una dogmática de la iglesia se tornará 'inconsistente' y lo enfrenta"[388]. En un famoso ensayo testimonial, Barth hace un repaso de su vida teológica marcando los diferentes períodos en los que su mente fue cambiando[389].

En tercer lugar, la nueva hermenéutica barthiana representa un retorno a la Reforma. No en vano su proyecto teológico es conocido con el nombre de "neoortodoxia". La teología de Barth no es un mero retorno a

---

[385] Para un análisis de la dialéctica de Hegel, véase Hans-Georg Gadamer. *La dialéctica de Hegel. Cinco estudios hermenéuticos*. Madrid: Editora Nacional, 2002.

[386] El propio Hegel, que pertenecía al protestantismo, toma muy en serio la Trinidad para elaborar su filosofía dialéctica y, en cuanto a la muerte de Cristo, elabora el siguiente esquema: la muerte como negación, la cruz de Cristo como negación de la negación y, de allí, la resurrección.

[387] Jacob Taubes. *óp. cit.*, p. 225.

[388] *Ídem*, p. 236.

[389] Karl Barth. "How my Mind has Changed". *Christian Century*. Chicago, 13/20/9/39, 9/3/1949 y 20/1/1060. Hay traducción al portugués en Karl Barth. *Dádiva e Louvor. Artigos seleccionados*, São Leopoldo: Sinodal, 1986, pp. 407–429.

la Reforma para repetir acríticamente el pensamiento de Lutero y Calvino. Se trata de volver a ella, pero para reinterpretarla con nuevas herramientas hermenéuticas: el método histórico-crítico, la dialéctica y el aporte de las filosofías de Kierkegaard y Nietzsche. Su búsqueda es plantear una nueva Reforma para la iglesia y el mundo de la posguerra. En particular, la nueva hermenéutica barthiana se erige como alternativa a los extremos del liberalismo teológico del siglo XIX y el fundamentalismo estadounidense que surge en 1910. Por esa razón, Barth nunca fue entendido cabalmente ni por los liberales europeos ni por los fundamentalistas norteamericanos y sus descendientes. Para los primeros, Barth es una especie de fundamentalista ilustrado; para los segundos, un liberal irremediable.

# Conclusión

Hasta aquí, hemos procurado detectar los cuatro momentos del círculo hermenéutico en las teologías de Calvino y de Barth. Ahora, recogiendo los resultados de esta investigación, es oportuno llegar a algunas conclusiones, siempre provisorias, a partir de asumir la importancia de la dialéctica en el quehacer teológico.

En primer lugar, tanto Calvino como Barth comienzan su elaboración teológica a partir de lo que hoy se denomina "sospecha ideológica". Pero, por actuar en momentos históricos radicalmente diferentes, el punto de partida de la sospecha ideológica es distinto: en el caso de Calvino, parte del humanismo erasmiano y de una crítica acerba a la filosofía. En ese ámbito, aparece algo incoherente, ya que, mientras cita positivamente a filósofos como Séneca, Aristóteles y Platón, por otra parte lanza invectivas que descalifican el aporte que esos pensadores hayan podido hacer al pensamiento teológico. Por su parte, Barth ideológicamente sospecha de Calvino, el hegelianismo y el liberalismo del que se nutrió en Alemania, y, a partir de esa crítica, comienza a elaborar una nueva teología.

En segundo lugar —o segundo momento del círculo hermenéutico, que es la "sospecha teológica"—, mientras Calvino sospecha de la eclesiología católico-romana y su doctrina de la transubstanciación, Barth sospecha de la idea de Dios en Calvino y de su interpretación sobre la predestinación. Mientras para Calvino, el frente de batalla era el sistema católico-romano medieval, para Barth la lucha se entabla frente al determinismo que observa en el planteo que Calvino y el calvinismo posterior hicieron de Dios y de la predestinación.

El tercer momento del círculo, "la sospecha exegética", pone en evidencia el esfuerzo tanto de Calvino como de Barth por encontrar una fundamentación bíblica a una nueva teología que sea relevante para su tiempo. Calvino se presenta como un teólogo bíblico, en el sentido de abrevar en el texto de la Escritura para encontrar las bases para una teología que sirva a la Reforma Protestante en general y, particularmente, a la "reformada". En este sentido, su aporte es altamente significativo, ya que, con las herramientas limitadas a las que tuvo acceso en su época, elabora comentarios a casi toda la Biblia, así como una teología sistemática, la cual será punto de referencia para el protestantismo de su época y de las etapas posteriores. En el caso de Barth, dos de sus textos marcan el cambio de posicionamiento de Barth respecto a la Biblia: su ensayo sobre el extraño nuevo mundo que existe dentro de la Biblia y su comentario a Romanos. Como si hubiera experimentado una nueva revelación, Barth nos invita a leer la Escritura con nuevos ojos para descubrir en ella un mundo lleno de colorido y movimiento. En el comentario de Romanos, pone en acción esa perspectiva para hacer que Pablo hable a nuestro mundo hoy.

El cuarto momento del círculo es la nueva hermenéutica. Calvino logra salir del estrecho marco de la teología católica aristotélica tomista para ofrecer una nueva teología bíblicamente fundamentada y relevante al mundo de su época. En este sentido, se puede hablar de que su teología es "mundana", por expresar el interés de Dios en toda su creación, tema que es punto de partida de su *Institución*. A su vez, la nueva hermenéutica de Barth se distingue radicalmente de la expresada por Calvino, especialmente en lo que se refiere al método y el talante. El reformador francés refleja una teología acabada, final, irrefutable, como si fuera un amanuense que escribe bajo inspiración divina. Barth, por el contrario, en forma decidida y explícita opta por una metodología dialéctica que es, por definición, una invitación al diálogo. Una teología que afirma, niega, vuelve a afirmar y negar. Una teología que se va haciendo en el devenir histórico, la cual, por su carácter cambiante, representa siempre un nuevo desafío a replantear su discurso.

Finalmente, la presente investigación pone en evidencia el peligro de la clausura de sentido en la teología. Cuando nos referimos a la teología calvinista o reformada, se debe distinguir diferentes estratos en la historia. En tal sentido, es oportuno tomar en consideración lo que el historiador Heiko Oberman puntualiza al diferenciar seis escuelas de teología calvinista. En su artículo "Calvin's Critique of Calvinism"[390], menciona las siguien-

---

[390] Heiko A. Oberman. "Calvin´s Critique of Calvinism". En *The Down of the Reformation*. Grand Rapids: Michigan, 1986, pp. 260–268.

tes tendencias: a) la interpretación clásica, que tanto admira el tratado dogmático de Calvino en *Institutos* que llega al grado de identificarlo como la verdadera palabra de Dios; b) la interpretación confesional, que se expresa en la Confesión de Westminster y el Catecismo de Heidelberg, y cuyo foco de pensamiento está en las Escrituras y la predestinación; c) la escuela neoortodoxa, la cual enfatiza que la revelación de Dios está solamente en Jesucristo a través de la Escritura y que se refleja en la predestinación como pacto de gracia; d) la escuela holandesa, con Abraham Kuyper y Herman Bavinck como sus máximos representantes, que enfatiza la soberanía de Dios sobre todas las manifestaciones de la cultura; e) la interpretación antiortodoxa, la cual describe a Calvino como enemigo de la cultura y la investigación, asesino de Servet y controlador policíaco de Ginebra; f) la escuela histórica, que, en reacción a la interpretación teológica, acentúa su interés en Calvino como humanista y su concentración en asuntos de Estado y la educación que tienen un horizonte ecuménico.

Por lo tanto, siempre es importante distinguir entre doctrina y teología. La primera representa esa clausura de sentido, necesaria en determinado momento histórico cuando se pregunta a la iglesia en cuanto a lo que cree. La segunda es una búsqueda por reinterpretar el sentido de un texto para una nueva realidad histórica y cultural. El peligro de la clausura radica en la identificación de esta como la totalidad de lo que la palabra de Dios dice. Tal tentativa resulta inútil porque, como dice José Severino Croatto:

> …el proceso de interpretación es tan pujante que los intentos de "fijar" el sentido de un texto bíblico han terminado en fórmulas que, con el tiempo, necesitan a su vez ser releídas, lo que significa que la pretensión de encerrar el sentido de un texto es vana e irreal[391].

Si algo demuestra el círculo hermenéutico expuesto por Heidegger y trasladado nuevo a la teología por Bultmann y Juan Luis Segundo, es el carácter cambiante de la interpretación de las Escrituras. Parte de una sospecha ideológica que se relaciona con los presupuestos o presuposiciones con las que accedemos al texto, sigue con la sospecha teológica heredada, continúa con la sospecha exegética y deriva en la nueva hermenéutica que surge como resultado de esas instancias. Pensar lo contrario es

---

[391] José Severino Croatto. *Hermenéutica bíblica. Para una teoría de la lectura como producción de sentido.* Buenos Aires: La Aurora, 1984, p. 27. Cursivas originales.

intentar la clausura de sentido que desemboca, inevitablemente, en una forma de reduccionismo que ya no es relevante al mundo al cual debe hablar la palabra de Dios. Por eso, como dice Juan Luis Segundo: "Un círculo hermenéutico en teología supone siempre un profundo compromiso humano, es decir, una *parcialidad* conscientemente aceptada, y no ciertamente por criterios teológicos, sino humanos"[392]. En los dos casos que hemos estudiado, el círculo hermenéutico —latente en Calvino y explícito en Barth— implica el intento por hacer relevante la palabra de Dios al mundo. Significa, también, un desafío para abrir el círculo a una nueva situación histórica, ya que, en palabras de José Míguez Bonino, "la teología no puede pretender la posesión de 'verdades o eventos kerygmáticos puros', neutros o descomprometidos de un curso determinado de acción [...]"[393]. Por ello, fosilizar cualquier modelo conduce a la esterilidad teológica y se reduce a una mera repetición discursiva que ya no es relevante para nuevas situaciones históricas, sociales y eclesiales.

Hasta aquí hemos visto varios temas inextricablemente ligados: el reino de Dios como clave hermenéutica para la *missio Dei*, tanto en la teología contemporánea nordatlántica como en la reflexión latinoamericana; luego las éticas sociopolíticas de Juan Calvino y Karl Barth y, finalmente, el análisis del círculo hermenéutico que de alguna manera explican las diferencias entre ambos representantes de la tradición reformada. Pero como la teología, tal como la entendemos, no es un pensamiento estático, ella continúa en la reflexión de otros autores importantes. Nos referimos a Jürgen Moltmann y Johann Baptist Metz, reformado y católico respectivamente. A modo de continuación de estos temas, en el próximo capítulo nos referimos a las teologías políticas que ambos pensadores han elaborado a partir del desafío que planteó el jurista alemán Carl Schmitt con su ensayo: *Teología política: cuatro capítulos sobre la teoría de la soberanía*, obra que hoy ha adquirido una ostensible actualidad en el campo de la filosofía política.

---

[392] *Óp. cit.*, p. 18. Cursivas originales.

[393] José Míguez Bonino, *La fe en busca de eficacia*. Salamanca: Sígueme, 1977, p. 125.

# CAPÍTULO 7

# Las teologías políticas de Jürgen Moltmann y Johann Baptist Metz

*Sólo cuando la doctrina trinitaria supere la idea monoteísta del gran monarca celeste y del patriarca divino del universo, los dominadores, dictadores y tiranos de la tierra se verán privados de todo arquetipo religioso justificativo.*

Jürgen Moltmann

*Toda teología escatológica ha de convertirse en teología política en cuanto teología crítica (teología crítica de la sociedad).*

Johann Baptist Metz

## Introducción

La teología es un saber que atraviesa corrientes discursivas y visiones diversas. Aunque en su sentido más estricto, es un *logos* sobre Dios, se vincula con la filosofía, las ciencias del lenguaje y las ciencias sociales. Uno de los ámbitos por los que la teología se ha interesado desde el siglo pasado al presente es el de la política, dando lugar al surgimiento de "teologías políticas" de diverso signo. En el caso de Carl Schmitt, su teología política adquiere una relevancia especial, ya que la tesis central del pensador alemán es que todos los conceptos de la moderna teoría del Estado son conceptos esencialmente teológicos que han sufrido un proceso de secularización. En un ensayo en el que intenta justificar el estudio de Schmitt, Vicente Gonzalo Massot afirma:

Si a pesar de su pecado político, el único que todavía no admite perdón, y el que lo convirtió en un *muerto* civil sin derecho a apelación, el pensamiento de Schmitt ha mantenido presencia y vigencia creciente, es por una sola razón contra la cual no importa cuantas excomuniones reciba: su carácter imperecedero[394].

Nuestro propósito no es analizar la teoría del Estado que sustenta Schmitt ni tampoco encarar una crítica a lo que ella supone como ideología o a su ubicación dentro del campo de las opciones políticas concretas. El teórico alemán es interpretado desde las más diversas ópticas, que oscilan entre una fervorosa adhesión a su pensamiento y una crítica decidida a sus postulados[395]. Más bien, se trata de tomar en consideración las teologías políticas de Jürgen Moltmann y Johann Baptist Metz y ver en qué sentido son respuestas, acaso superadoras, al planteo de Carl Schmitt. Previo a ello, trataremos de ver qué temas teológicos aparecen

---

[394] Vicente Gonzalo Massot. "Por qué Schmitt". En Jorge Dotti y Julio Pinto (compiladores). *Carl Schmitt. Su época y su pensamiento*. Buenos Aires: Eudeba, 2002, p. 82.

[395] A favor, podemos citar a Jorge Dotti. "El visitante de la noche. En torno a la presencia de Max Stirner en el pensamiento de Carl Schmitt". En Jorge Dotti y Julio Pinto (compiladores), *óp. cit.*, pp. 13–29, y "Definidme como queráis, pero no como romántico". Prólogo a Carl Schmitt. *Romanticismo Político*. Quilmes: Universidad Nacional de Quilmes, 2000, pp. 9–62. Contra el pensamiento de Schmitt, su adhesión al nazismo —del cual nunca se retractó, al igual que Heidegger— y su clara posición antidemocrática, podemos citar a Karl Löwith. "El decisionismo ocasional de Carl Schmitt". En *Heidegger, pensador de un tiempo indigente*. Buenos Aires: FCE, 2006, pp. 43–89. En una de las críticas centrales, Löwith dice: "el decisionismo antirromántico y ateológico de Schmitt es sólo el reverso de su acción según las circunstancias y la ocasión" (*ídem*, p. 44). Otra crítica es formulada por Atilio A. Borón y Sabrina González en "¿Al rescate del enemigo? Carl Schmitt y los debates contemporáneos de la teoría del estado y la democracia" (en Atilio A. Borón [compilador]. *Filosofía política contemporánea*. Buenos Aires: Clacso, 2004, pp. 135–159), donde, sobre la teoría y la praxis de Schmitt, estos autores señalan, entre otras cosas, que se "adhirió con entusiasmo a la expulsión de los judíos y los sospechosos de simpatizar con ideas izquierdistas de todos los ámbitos de la administración pública alemana poco tiempo después de la llegada de Hitler al poder" (p. 152). También afirman que en su *Teoría de la Constitución*, "Schmitt formula una crítica integral tanto al concepto mismo de democracia como a los regímenes democráticos que son su encarnación terrenal" (*Ibíd.*). Por esas razones, según estos autores, a las que se suma el hecho de haber caído en el estatismo más absoluto y la degradación de la democracia, Schmitt mal podría ser tomado como un legado para encontrar soluciones a los problemas que hoy aquejan a la teoría política, especialmente a la de orientación marxista. Una crítica similar es la que formula Reyes Mate cuando se refiere a Schmitt como "el lúcido jurista alemán enfangado, sin embargo, en todos los charcos políticos, también en el nazi" ("Retrasar o acelerar el final. Occidente y sus teologías políticas". En Reyes Mate y José A. Zamora [editores]. *Nuevas teologías políticas. Pablo de Tarso en la construcción de Occidente*. Barcelona: Anthropos, 2006, p. 27).

en la exposición de Schmitt que merecen atención y ampliación. Nuestro trabajo se sitúa en el campo de la teología sistemática contemporánea. En otras palabras, nuestro abordaje al tema no se ubica dentro de las ciencias políticas, estrictamente hablando, sino, más bien, se trata de hacer una lectura teológica al planteo de Schmitt y ver en qué sentido algunos de los temas esbozados requieren ampliación y hasta qué punto las propuestas de Moltmann y Metz pueden enriquecer la reflexión sobre la teología política y sus vertientes.

Antes de comenzar, nos parece oportuno realizar una breve explicación metodológica: existen varias maneras de hacer teología: la exégesis bíblica, de la cual surge la llamada "teología bíblica", que intenta recuperar el sentido de los pasajes bíblicos y no está interesada en el diálogo con la cultura del presente. Otra forma, la cual adoptamos aquí, se denomina "teología sistemática", porque precisamente intenta articular el pensamiento cristiano tomando como fuentes la Sagrada Escritura, los dogmas cristianos y la historia del pensamiento cristiano a través de los siglos, pero tendiendo puentes con las ciencias sociales y humanísticas. Por ello, la teología sistemática entra en diálogo con la filosofía y las ciencias sociales en general, siendo una de sus expresiones más importantes la "teología de la liberación"[396] y, para nuestro caso, las teologías de Moltmann y Metz conocidas como "teología de la esperanza" y "teología política", respectivamente.

En la primera parte de nuestra exposición, presentaremos la tesis central que formula Schmitt en su teología política. Luego, expondremos las ideas teológicas que descubre en la moderna concepción del Estado y que inciden en su formulación, tales como la teología propia

---

[396] Precisamente la teología de la liberación —que surgió en el CELAM II realizado en Bogotá en 1968 y cuyos exponentes principales son, entre otros, Gustavo Gutiérrez, Leonardo Boff, Clodovis Boff, Hugo Assmann, Juan Luis Segundo— es un claro ejemplo de una teología en diálogo con las ciencias sociales. En su *Teología de la liberación*, dice Gutiérrez: "La inteligencia de la fe comienza a hacerse también, en nuestros días, siguiendo pistas inéditas: las ciencias sociales, psicológicas, biológicas. Es evidente, por ejemplo, la importancia de las ciencias sociales para la reflexión teológica en América Latina. Un pensamiento teológico que no presente este carácter racional y desinteresado no sería verdaderamente fiel a la inteligencia de la fe" (*Teología de la liberación*. Cuarta edición. Salamanca: Sígueme, 1973, p. 25). El teólogo peruano volverá sobre el tema en 1985, en un debate realizado en la Facultad de Teología del Instituto Católico de Lyon, Francia, donde justifica el uso de las ciencias sociales: "Asistimos hoy día a un gran complejidad y una pluridimensionalidad del saber humano: filosofía, ciencias, expresiones artísticas. Todo esto debe intervenir en el trabajo de inteligencia de la fe" (Gustavo Gutiérrez. *Teología de la liberación. Tesis debate*. Buenos Aires: Latinoamérica Libros, 1986, p. 13).

(Dios), el teísmo, el deísmo, la predestinación, la trascendencia y la inmanencia de Dios. En tercer lugar, analizaremos el debatido tema de la predestinación, planteando si su comprensión por parte de los puritanos les conducía a un quietismo o a un activismo político. En cuarto lugar, contrastaremos el paso de un monoteísmo monárquico hacia un concepto trinitario de Dios y sus implicaciones a partir de los aportes del teólogo reformado Jürgen Moltmann. En el siguiente segmento, expondremos lo que este último teólogo propone como "una teología política de la cruz". Finalmente, sintetizaremos lo que el teólogo católico Johann Baptist Metz presenta como proyecto de una nueva teología política, donde se destacan su crítica a una religión burguesa, la privatización de las promesas de Dios y su afirmación del carácter político de la iglesia y su misión en el mundo.

Partimos, formulando la siguiente hipótesis general:

*La teología política de Carl Schmitt constituye un planteo que requiere una mayor profundidad en algunos de sus temas centrales, cometido que ha sido encarado por Jürgen Moltmann y Johann Baptist Metz, exponentes de la **teología de la esperanza** y la **teología política** respectivamente. Sus propuestas no solo enriquecen la discusión sobre un tema rigurosamente actual, sino que también constituyen un camino desafiante para la praxis cristiana en el mundo de lo político.*

# La teología política de Carl Schmitt

En esta primera parte de nuestra exposición, centraremos nuestro análisis en la teología política que esbozó Carl Schmitt, particularmente en *Teología política*, sin desconocer su otra obra: *Romanticismo político*.

### 1. Su tesis central

Schmitt presenta su tesis central en los siguientes términos:

Todos los conceptos sobresalientes de la moderna teoría del Estado son conceptos teológicos secularizados. Lo cual es cierto no sólo por razón de su desenvolvimiento histórico, en cuanto vinieron de la Teología a la teoría del Estado, convirtiéndose, por ejemplo, el Dios omnipotente en el legislador todopoderoso, sino también por razón de su estructura sistemática, cuyo conocimiento es imprescindible para la consideración sociológica de estos conceptos[397].

A simple vista, el postulado es demasiado comprehensivo, ya que Schmitt se refiere a "todos los conceptos" de la moderna teoría del Estado. De esa visión demasiado abarcadora, lo salva la matización adjetival que introduce al referirse a los conceptos *sobresalientes*. Schmitt sostiene que esa secularización de los conceptos teológicos se puede probar a partir de dos hechos: su desenvolvimiento histórico y su estructura sistemática, siendo el conocimiento de esta realidad algo imprescindible para considerar esos conceptos desde la perspectiva sociológica. En *Romanticismo político*, Schmitt fundamenta, acaso con mayor rigor, estos postulados. Citando a Bonald, dice:

> Desarrolló una analogía entre la idea teológica y filosófica de Dios y el orden político de la sociedad, que llegaba al resultado de que el principio monárquico corresponde a la idea teísta de un Dios personal, porque requiere de la persona de un monarca como providencia visible [...][398].

Agrega que, dentro de ese esquema, "toda actividad es desplazada de uno al otro, del individuo al gobierno, del gobierno a Dios, y en Dios el gobierno es providencia y legalidad"[399]. El Estado se convierte en una

---

[397] Carl Schmitt. *Teología política*. Buenos Aires: Editorial Struhart & Cia., 1985. p. 95. Sobre la expresión "teología política", Marcel Xhaufflaire, tomando en consideración a otros autores, dice: "Según E. Fiel, aludiendo a H. Hirt y H. Barion, C. Schmitt define exactamente la teología política de la corriente tradicionalista cuando utiliza esta expresión para designar el empleo de principios teológicos para legitimar decisiones políticas, formas de estatismo o reivindicaciones a favor del poder. *Esta* es, precisamente, la teología política que debería considerarse vieja" (*La teología política*. Salamanca: Sígueme, 1974, p. 25). La *nueva* teología política sería, para Xhaufflaire, la elaborada por Johann Baptist Metz, a la cual nos referiremos más adelante. Entre la teología política vieja y la nueva, es posible considerar una tercera alternativa: la teología política paulina. Sobre el particular, un pensador tan agudo como Jacob Taubes, elaboró su obra *La teología política de Pablo*. Taubes hace una lectura filosófica de la Carta a los Romanos en unas clases que ofreció en Heildelberg en 1987. Antes, tuvo un encuentro singular con el propio Schmitt en Plettenberg en 1979. Por sugerencia de Taubes, Schmitt accedió a la lectura de los capítulos 9–11 de Romanos. Luego vendrían las clases en Heildeberg como resultado de las cuales —mediante apuntes y grabaciones— se editaría el libro de referencia, cuyo contenido merece un análisis pormenorizado que dejamos para otra oportunidad. Lo importante, en este contexto, más allá de la definición que Taubes hace de Schmitt: "un legítimo antisemita católico" (*La teología política de Pablo*. Madrid: Trotta, 2007, p. 120), es lo que Taubes se propuso mostrar a Schmitt: "quiero mostrarle que es *absolutamente necesario* separar la potencia de lo mundano de la potencia de lo espiritual, y que si no se traza esta frontera, nos falta el aire que respirar. Esto es lo que yo deseaba hacerle comprender, contra su idea totalitaria" (*ídem*, p. 119. Cursivas originales).

[398] Carl Schmitt. *Romanticismo político*. Quilmes: Universidad Nacional de Quilmes, 2000, p. 119.

[399] *Ídem*, p. 189.

deidad, ya que "pretende ser el 'objeto de amor infinito' y participa de todas las oposiciones y polaridades imaginables [...]"[400].

Las preguntas que surgen de este osado planteamiento son: ¿Qué ideas sobre Dios han influido o se han mutado hacia el campo político? ¿Qué influencias han dejado el teísmo y el deísmo en esas concepciones? ¿Hasta qué punto es cierto que toda la teología propia[401] se ha transferido a categorías puramente secularizadas? ¿La doctrina de la predestinación condujo a sus adherentes a un quietismo resignado o promovió un activismo social y político? ¿Es posible plantear nuevas formas de teología política que no sucumban ante una secularización absoluta? ¿Cuáles serían esas teologías y qué proponen?

## 2. Ideas sobre Dios que inciden en la teoría del Estado

Son varios los conceptos que Schmitt formula en cuanto a Dios. Por un lado, menciona la influencia del deísmo. Al respecto dice: "la idea del moderno Estado de derecho se afirmó a la par que el deísmo, con una teología y una metafísica que destierran del mundo el milagro [...]"[402]. Tanto

---

[400] *Ídem*, p. 194. En un intento de interpretación del *Romanticismo político*, Ben van Onna sostiene que lo que Schmitt describe es el catolicismo como complejo histórico y como administración que "reproduce el universalismo del imperio romano, que lleva consigo necesariamente ciertas oposiciones y exige cierto relativismo ante la 'masa abigarrada de concepciones posibles" ("La desintegración del catolicismo político". En Marcel Xhaufflaire y otros. *Práctica de la teología política*. Salamanca: Sígueme, 1978, p. 147). En la visión de Schmitt, también hay una fusión entre opuestos: aristocracia y democracia, trascendencia e inmanencia, intransigencia y adaptación, masculino y femenino, paternal y material, naturaleza y espíritu, naturaleza y razón, naturaleza y arte. Finalmente, destacan las tres formas principales en las que, según Schmitt, vive la idea política del catolicismo: la forma estética, la forma jurídica y "la forma histórico-mundial que representa a Cristo reinante, soberano, triunfante, y que sirve de base propiamente hablando al poder político del catolicismo" (*ídem*, p. 149). La misma perspectiva puede verse en Marcel Xhaufflaire cuando escribe: "C. Schmitt, que no intenta hacer obra de teólogo, juzgó que el catolicismo romano constituye —fuera de su misión propia como iglesia— una estructura política propia. Schmitt no se planteaba el problema de una posible afinidad de la Iglesia católica con una u otra forma de unidad política (monarquía o democracia). Para él *existe una forma política específica de la iglesia romana en cuanto representación histórica visible y universal de Cristo, hecho hombre histórica y visiblemente*" (*La teología política*. Salamanca: Sígueme, 1974, p. 65. Cursivas originales).

[401] Sección de la teología sistemática dedicada al tema "Dios". De ahí: "teología propiamente dicha".

[402] *Ídem*, p. 96. La vinculación que Schmitt hace entre el Estado liberal y el deísmo es comentada por Gabriel L. Negretto: "En esta concepción, el rechazo que hace el Estado liberal de la excepción tiene correlato en una cosmología deísta que ha eliminado el milagro de este mundo. De la misma manera, tal como dios fue expulsado de la historia por el iluminismo, reduciendo la realidad del mundo al mecánico funcionamiento de leyes naturales, así el liberalismo erradicó la intervención dictatorial del soberano del escenario constitucional, disfrazando el mando personal tras la abstracción de un 'gobierno de las leyes". ("El concepto de decisionismo en Carl Schmitt. El poder negativo de la excepción".

el deísmo como la religión fueron movimientos de ideas que de alguna manera quisieron amoldarse al racionalismo, intentando amalgamar religión sobrenatural con el pensamiento racional. Por lo tanto, la religión fue reducida a los elementos que se consideraban esenciales para la fe. Dentro del esquema deísta, Dios era un ser que había puesto en marcha el universo, a la manera de un gran relojero, pero que después ya no intervenía en él. Por lo tanto, no pueden aceptarse los milagros, entendidos como intervenciones sobrenaturales de Dios en la máquina del universo. Una de las obras importantes del deísmo es la titulada: *Cristianismo sin misterios*, que data de 1696 y fue escrita por John Toland. Las tesis principales del deísmo son: a) la religión no contiene nada irracional; b) la verdad de la religión revelada es superflua; c) las pocas creencias del deísmo afirman que existe Dios y que hay una creación y gobierno divino en el mundo.

> Nótese, sin embargo, que con relación al concepto de Dios no todos los deístas estaban de acuerdo. En lo que se refiere a los deístas ingleses, atribuyen a Dios no sólo el gobierno del mundo físico (garantía del orden del mundo), sino también el mundo moral, los deístas franceses, comenzando por Voltaire, niegan que Dios se ocupa de los hombres y le atribuyen una más radical indiferencia en cuanto a su destino[403].

Uno de los rasgos de la divinidad que, según Schmitt, se traslada ahora a la concepción del Estado moderno es la omnipotencia. Otro aspecto importante que subraya el autor es el vinculado a la "teoría monárquica del Estado que identifica el Dios del teísmo con el monarca [...]"[404]. Cita también a Bernatzik, quien en sus estudios críticos sobre la idea de persona jurídica argumenta que si los órganos de la personalidad del Estado son personas, todas las autoridades políticas son personas jurídicas y el Estado mismo es persona jurídica en su totalidad, agregando significativamente: "Entender el dogma de la Trinidad es un juego de niños comparado con estas razones"[405]. Consignamos esta cita porque nos parece importante cuando replanteemos el tema de la teología política desde una perspectiva trinitaria.

---

[403] Nicola Abbagnano. *Diccionario de Filosofía*. San Pablo: Martíns Fontes, 1998. Artículo "Deísmo", p. 238.

[404] *Óp. cit.*, p. 100.

[405] Citado en *ídem*, p. 102.

Hay un aspecto teológico que también es importante: el referido a la predestinación. Citando a Engels, Schmitt dice que el pensador alemán consideró al dogma calvinista de la predestinación como imagen de la libre competencia capitalista y la lucha que escapa al cálculo, argumentando que se podría reducir la teoría de la relatividad y su éxito al estado actual de la moneda en el mercado mundial. Como en el caso de la Trinidad, también consideramos un tema decisivo el de la predestinación y su influencia en la praxis social y política de los calvinistas, especialmente la rama conocida con el nombre de "puritanos", como veremos más adelante.

Finalmente, Schmitt destaca dos aspectos de la doctrina de Dios que existen en la comprensión teológica tradicional, son aceptadas y actúan casi como una dialéctica en el ser de Dios. Se trata de la trascendencia y la inmanencia. Schmitt dice bien que el concepto de Dios de los siglos XVII y XVIII supone la trascendencia de Dios respecto al mundo. Pero que después, en el siglo XIX, la noción de inmanencia adquiere mayor difusión y relevancia. Insistimos en que la teología cristiana acepta ambas dimensiones: la trascendencia y la inmanencia. Dios trasciende, es decir, supera, está más allá de lo inmanente. Pero, al mismo tiempo, se encuentra en todas partes. Existe siempre el peligro de sobredimensionar un aspecto en detrimento de otro. Los siglos XVII y XVIII subrayaron la trascendencia, bajo influencia, entre otros movimientos, de la Reforma protestante. Pero después, con el surgimiento de la teología liberal, cuyo principal vocero fue Schleiermacher, Dios fue casi reducido a una inmanencia, transformándose, como alguien ha dicho, en una especie de fantasma metafísico. La trascendencia volvería a recuperarse con Karl Barth y su teología neoortodoxa y dialéctica.

Estas son las ideas sobre Dios que inciden en la concepción del Estado moderno, según Schmitt: el teísmo, el deísmo, la omnipotencia de Dios, la Trinidad, la predestinación y la relación trascendencia e inmanencia. Se impone ver cuáles de esas ideas realmente pueden ser consideradas categorías de origen teológico que se han secularizado, como afirma Schmitt y, sobre todo, cuáles no han sido debidamente consideradas o, incluso, podrían ser tomadas en oposición a la interpretación que se ha ofrecido.

### 3. La predestinación: ¿quietismo o activismo?

Las afirmaciones que Schmitt hace en cuanto al teísmo y al deísmo son, en términos generales, aceptables. En efecto, una cosa es el teísmo como creencia y afirmación de la existencia de Dios y su acción en la historia, y otra es el deísmo, que reduce la acción de Dios a un mero creador que puso en marcha el universo y luego se desentiende de él. Es cierto que el deísmo influyó en las concepciones de la divinidad transferidas a las ideas del Estado. Ello, como consecuencia de la tarea devastadora del racionalismo y, sobre todo, el Iluminismo. Pero no pasa lo mismo con los conceptos de la predestinación y la Trinidad. En cuando a lo primero, aunque Schmitt no ofrece mucho material como para interpretar su visión al respecto, tomando su referencia como punto de partida, nos ofrece la posibilidad de comentar algo sobre el tema. La impresión que se tendría *prima facie* es que quienes se consideraran sujetos predestinados por Dios no actuarían en el mundo, ya que en actitud rayana con el determinismo, ninguna de sus acciones podría cambiar el estado de cosas en la sociedad y en el mundo. Pero, contrariamente a esa visión, lo interesante es que la predestinación jugó un papel importante en la acción de los calvinistas en el mundo, sobre todo, en los llamados "puritanos". El puritanismo —que no se debe confundir con el pietismo de origen alemán[406] — surgió en Inglaterra y toma su nombre de los calvinistas ingleses que, visitando Ginebra, constataban la profundidad de las reformas que Juan Calvino introducía en la iglesia protestante de Suiza mientras en su propio país, Inglaterra, los cambios no eran tan profundos, ya que, como se recuerda, la Iglesia Anglicana se generó, entre otras razones, por la pugna entre Enrique VIII con el entonces papa de Roma, quien no le autorizaba el divorcio, proclamando, entonces, a la Iglesia Anglicana como entidad autónoma: Iglesia de Inglaterra. Pues bien, los puritanos, al regresar de Suiza a su país, pugnaban por cambios profundos en la vida de la iglesia oficial, cosa que no prosperaba[407].

---

[406] Surgió en Alemania en el seno del luteranismo del siglo XVII. Fue una reacción al escolasticismo protestante de esa época. El movimiento toma su nombre de la obra de Jacob Spener, *Pia Desideria* (hay reciente versión completa —primera en castellano— publicada por el Instituto Universitario Isedet, de Buenos Aires).

[407] Richard T. Hughes ofrece más datos importantes sobre los primeros puritanos. Se trataba de protestantes que, a raíz de la persecución encarada por *Bloody* Mary (María la Sanguinaria), huyeron a ciudades del continente europeo: Estrasburgo, Basilea, Frankfurt y Ginebra. En este último lugar, entraron en contacto con Calvino, quien "influyó en los exiliados por lo menos en dos maneras. En primer lugar, aprendieron de Calvino el concepto de que solo Dios era soberano, y que Él había escogido a ciertos seres humanos para la salvación y a otros para la condenación, desde la fundación del mundo. También vieron en la Ginebra de Calvino un modelo presbiteriano de gobierno eclesiástico que les atrajo mucho [...]. Por tal razón, los primeros puritanos fueron presbiterianos y formaron la vanguardia de lo que con el tiempo llegaría [sic] conocerse como la Iglesia Presbiteriana" (*Los mitos de los Estados Unidos de América*. Grand Rapids: Libros Desafío, 2005, pp. 50–51).

Al comentar los inicios del puritanismo en Inglaterra, Ernst Troeltsch[408] señala que el movimiento comenzó atacando a los elementos católicos en la Iglesia Anglicana, asociado con la demanda por instituir una corte de la disciplina de la iglesia y la formación de un cuerpo "puro" de participantes. Bajo los Estuardo, llegaron a tener un avivamiento religioso y demandaron una segunda Reforma, en la cual la reforma de la doctrina sería seguida por una reforma en la vida, deseando concretar una espiritualidad personal y santidad como lo fue la esencia del cristianismo. Ahora bien, lo que más interesa analizar es la cuestión de cómo juega la predestinación en la praxis del puritanismo. Se debe partir del hecho de que los puritanos eran fuertemente calvinistas en su teología; por tanto, la predestinación era uno de sus postulados medulares. Insistimos en que, a primera vista, se podría pensar que su adhesión a la predestinación los tornaría inactivos social y políticamente. Lejos de ello, fueron muy activos en esas áreas de la vida de Inglaterra y, después, en la creación de las colonias en América del Norte. Dillenberger y Welch afirman que los puritanos eran "los más predestinacionistas y los más activistas de los cristianos. Esta combinación paradójica proporciona la clave para entender el *ethos* puritano"[409]. ¿De qué manera los puritanos realizaban esta "combinación paradójica" entre predestinación y acción? Al ser calvinistas, consideraban que toda la realidad: la naturaleza, la iglesia, la sociedad, estaba gobernada por Dios, único soberano[410]. Este último énfasis es clave para entender el origen teológico del concepto que Schmitt traslada a su teología política. Si bien Schmitt perteneció al catolicismo romano del cual deriva casi todo su enfoque, en este caso en particular hay cierta raigambre calvinista. En este sentido, como dice Alfonso Galindo Hervás, la "teología que se ha destacado por afirmar la omnipotencia de Dios como clave de su soberanía, más allá de toda limitación de la misma, es la teología protestante y,

---

[408] Ernst Troeltsch. *The Social Teachings of the Christian Churches*. Volumen II. Louisville: John Knox Press, 1992, p. 678.

[409] J. Dillenberger y C. Welch. *El Cristianismo Protestante*. Buenos Aires: La Aurora, 1958, p. 100. Cursivas originales.

[410] En este sentido, los puritanos son fieles seguidores de Juan Calvino. En una interpretación sobre el impacto de Calvino en lo político, dice Henry R. Van Til: "En sus ideas acerca del orden político, el principio básico de Calvino de la soberanía de Dios es determinante. Él era fuerte opositor a toda forma de Estado absolutista, autocrático y monárquico [...]. Difiere in toto de la idea del contrato social de Rousseau, en el cual la voluntad colectiva del pueblo es la más alta norma" (*The calvinistic concept of culture*. Grand Rapids: Baker Academic, 2001, p. 96).

en concreto, la calvinista"[411]. Pero, aunque tal deducción es atendible, lo que debiera subrayarse y que no vemos en el texto de Galindo Hervás, es que los calvinistas nunca hacen un trasvasamiento directo y absoluto de la soberanía de Dios a la soberanía del pueblo, sino que el único soberano sigue siendo el Creador y Redentor.

Precisamente, junto con la doctrina de la predestinación, los puritanos creían en la providencia de Dios, por la cual Él gobierna, acaso misteriosamente, todos los acontecimientos en el mundo. Y aquí viene la clave para entender la manera en la cual podían armonizar predestinación con acción:

> Por más que creyeran que Dios gobernaba todos los acontecimientos, los puritanos nunca interpretaron esto como un pretexto para renunciar a la responsabilidad que se sentían llamados a asumir [...]. Aquellos que creen que el concepto de la predestinación lleva al quietismo no entienden, como lo entienden los creyentes, que con quien están tratando es con Dios. La predestinación significa que Dios ha puesto su mano sobre los hombres con un propósito [...]. En consecuencia, muchos puritanos creían que la actividad de los cristianos en el mundo era una señal de su elección, un signo para ellos mismos y para los demás, de que se contaban entre los escogidos de Dios[412].

---

[411] Alfonso Galindo Hervás. "¿Autonomía o secularización? Un falso dilema sobre la política moderna" en Reyes Mate y José A. Zamora (editores). *Nuevas teologías políticas. Pablo de Tarso en la construcción de Occidente*, Barcelona: Anthropos, 2006, p. 123. Cualquier texto de doctrina calvinista demuestra que éste énfasis en la soberanía de Dios es clave en el esquema. Por ejemplo, Donald K. McKim, citando un artículo de H. H. Hodge, de la escuela de Princeton, dice: "El calvinismo es específicamente la teología de la gracia; y todos los que son propiamente calvinistas confiesan la absoluta soberanía de Dios en la distribución de su misericordia salvífica" (*Introducing the Reformed Faith*. Louisville: Westminster John Knox Press, 2001, p. 178). Por supuesto, la soberanía de Dios, como también expone McKim en otras secciones de su obra, se extiende a la creación, a la providencia y a la acción de Dios en la historia, abarcando, claro, las áreas de lo social y lo político. Este énfasis, como dicen Meeter y Marshall, surgió desde la búsqueda de un principio unificador: "Se necesita emplear un término que pareciera expresar mejor esta relación —y que muchos adoptan— es el de 'la soberanía absoluta de Dios', o aun en forma más específica: 'la absoluta soberanía de Dios en las esferas de lo natural y moral" (H. Henry Meeter y Paul Marshall. *Principios teológicos y políticos del pensamiento reformado*. Grand Rapids: Libros Desafío, 2001, p. 23).

[412] *El cristianismo protestante*, p. 101.

Hay otro estudio en el que se profundiza todavía más el papel que desarrollaron los puritanos en la esfera político-social. Se trata de un trabajo de Richard Shaull titulado "Iglesia y teología en la vorágine de la revolución", en el cual el teólogo presbiteriano estadounidense —mentor del movimiento Iglesia y Sociedad en América Latina[413]— muestra cómo los puritanos actuaron revolucionariamente. Shaull argumenta que, aunque la teología de Calvino no creó revolucionarios en todo lugar donde fue implantada, en el caso de los disconformes de Inglaterra, que se sintieron desarraigados y contrariados en la sociedad, el calvinismo despertó una gran atracción y una promesa de una vida mejor[414].

> El calvinismo reafirmó —en una época de desorganización social y ansiedad personal— la soberanía de un Dios benevolente; y lo hizo de tal manera que ofreció una perspectiva nueva tanto respecto del mundo y del orden social de la existencia personal. Este Dios era percibido realizando grandes obras en el mundo; convocaba los hombres a participar de esta transformación del mundo y les exigía una obediencia y lealtad absolutas[415].

---

[413] Fue un movimiento surgido en 1961 Argentina y Uruguay, conocido por la sigla ISAL, en el cual militaron, además de Shaull, otros teólogos protestantes: Rubém Alves, José Míguez Bonino, Julio de Santa Ana, Emilio Castro, entre otros. El movimiento fue antecesor de la teología de la liberación cuyo origen oficial aconteció en 1968 en el seno del Celam II.

[414] En cuanto al propio Juan Calvino, no parece haberse inclinado por respuestas revolucionarias. Como afirma G. José Gatis: "Calvino nunca promovió la revolución puesto que los gobernantes, buenos o malos, son colocados por la providencia de Dios. Si el gobernante es benevolente, entonces es una bendición, sino el gobernante es una maldición [...]. En su comentario a Romanos, escrito en 1539, Calvino le prohibía a cualquier persona quitar de su puesto a un gobernante que había sido colocado por Dios como un poder elevado (Ro 13.1–7)" ("La teoría política de Juan Calvino". Disponible en <http://www.thirdmill.org/files/spanish/94976-3_9_01_1-28-27_PM-sCalvinsPolitics.html>. Consulta: 01 de marzo de 2011. Gatis se fundamenta en un trabajo de John T. McNeill, "Calvin and Civil Government". En Donald McKim (editor). *Readings in Calvin's Theology*. Grand Rapids: Baker, 1984. No obstante, esa sujeción a los gobernantes no era irrestricta, porque podían producirse situaciones en las cuales había que removerlos. Explica Henry van Til: "El procedimiento normal es que los magistrados bajos (es decir, aquellos que representan al pueblo y son elegidos por voto popular) podrían remover a los gobernantes quienes [sic] tiranizan a su pueblo y violan la constitución. Esto ha sido llamado por los calvinistas eruditos 'el santo derecho a la rebelión" (*óp. cit.*, p. 97). Por su parte, Sydney Rooy, admite que Calvino sugiere más bien una desobediencia pasiva: "En su *Comentario* a Daniel hace de la resistencia una obligación para los súbditos cuando los príncipes exigen desobediencia a Dios" (Sydney Rooy. "El modelo reformado". En Pablo A. Deiros (editor). *Los evangélicos y el poder político en América Latina*. Buenos Aires: Nueva Creación, 1986, pp. 65–66).

[415] Richard Shaull, "Iglesia y teología en la vorágine de la revolución". En Rubén Alves y otros. *De la Iglesia y la sociedad*. Montevideo: Tierra Nueva, 1971, p. 26.

Debe aclararse que esta ponderación del papel de los puritanos calvinistas en el cambio social radical, no le impide a Shaull ser cauto en cuanto a las posibilidades de extrapolar esa situación de modo directo a la situación sociopolítica latinoamericana de los años 1970. Esto porque, como bien advierte luego, el mismo marco conceptual del siglo XVI que dio origen a la participación activa de los puritanos en Inglaterra y los llevó a quebrar el viejo orden, "sólo puede operar como fuerza conservadora cuando es reafirmado y reconstituido cuatrocientos años más tarde"[416].

A modo de síntesis: los puritanos lograron armonizar, de alguna manera, la aporía entre predestinación y acción en el mundo. Creían en una predestinación experimentada más que en una cuestión de análisis filosófico o especulativo. Por lo tanto, la actividad de ellos era considerada un signo de la elección de que habían sido los receptores por parte de Dios.

# La teología política de Jürgen Moltmann

## 1. Del monoteísmo monárquico al concepto trinitario de Dios

Otro tema teológico que no habría recibido la suficiente atención en el planteamiento de Schmitt es el vinculado a la doctrina de la Trinidad. Debemos admitir que el monoteísmo ha sido el que más ha marcado a la teología occidental en general, al punto de que, aunque se suscribe a la Trinidad, en el fondo, la mayoría de cristianos y cristianos son monoteístas. Bien lo decía con fina ironía Karl Rahner: si en el futuro se llegara a la conclusión de que la doctrina de la Trinidad es errónea, la mayoría de libros que se han publicado a través de la historia sobre Dios podrían seguir circulando. Antes de analizar las incidencias que podría tener la Trinidad volcada al plano de la vida social y política, es oportuno indagar un poco sobre el énfasis del monoteísmo y el monarquismo en la historia de la iglesia. Jürgen Moltmann, uno de los teólogos reformados actuales que continúa la reflexión trinitaria reanudada en el siglo XX con Karl Rahner y Karl Barth, entre otros, muestra precisamente la importancia de ese énfasis. Para Moltmann[417], la recepción del monoteísmo filosófico

---

[416] *Ídem*, p. 29.

[417] Jürgen Moltmann. *Trinidad y Reino de Dios*. Salamanca: Sígueme, 1983, p. 146

y la idea de la monarquía universal de Dios convirtieron al cristianismo en una "religión universal". El término μοναρχια explica Moltmann, procede de la combinación de dos términos griegos: μοναζ y μια αρχη siendo, probablemente en Alejandría donde se combinó el *monas* divino con el αρχη para resultar en el término μοναρχια. A través de Filón, el filósofo judío del primer siglo de la era cristiana que estuvo fuertemente influido por el platonismo, se helenizó al Dios de Israel mezclándose el concepto monárquico de la filosofía con el Dios del Antiguo Testamento. Y es aquí donde Moltmann hace una observación que resulta importante para nuestro tema:

> Notemos que este monarquismo monoteísta fue y sigue siendo una ideología religioso-política extraordinariamente seductora. Constituye la idea básica de la religión universal: un Dios, un *logos*, una humanidad, que apareció en el Imperio romano como solución de los numerosos problemas de una sociedad multinacional y multirreligiosa. Al soberano universal del cielo debía corresponder el soberano terrenal de Roma[418].

Esta cuestión del monarquismo monoteísta es muy importante no solo para la cuestión de Dios —tema esencialmente teológico— sino, precisamente, dice Moltmann, para el plano de la teología política. El monoteísmo riguroso implica una directa relación con la teocracia y solo puede ser superado por el concepto de Trinidad. Del monoteísmo riguroso, se deriva muy fácilmente al monoteísmo político. En el capítulo "El reino de la libertad" de *Trinidad y reino de Dios*, Moltmann menciona específicamente la teología política de Carl Schmitt. Dice que la gran pregunta que intenta dilucidar la teología política es esta: ¿En qué relación están las ideas religiosas y las estructuras políticas de las sociedades? Es allí donde Moltmann cita a Erik Peterson, que en una obra publicada en 1935 critica la teología política de Schmitt en estos términos:

---

[418] *Ídem*, p. 147. Cursivas originales. En otro artículo, Moltmann relaciona la *pax romana* a través de la cual los apologistas cristianos unieron el reino de Cristo. De ese modo "el cristianismo llegó a ser la religión interna del imperio externo de la paz de Roma. De allí emergió la primera teología política del cristianismo: un Dios-un Salvador-un emperador-una iglesia-un reino" ("Political Theology". *Theology Today*. Volumen 28, abril de 1971, p. 12).

"La doctrina de la monarquía divina tenía que fracasar en el dogma trinitario [...]. De ese modo el monoteísmo como problema político queda superado teológicamente [...] y se produce una ruptura con esa 'teología política' que abusa de la enseñanza cristiana para justificar una situación política"[419].

---

[419] Erik Peterson. *Monotheismus als politisches Problem*, p. 103, citado en *ídem*, p. 208. Es dable ampliar los conceptos de Peterson sobre el tema del monoteísmo y su influencia en lo político. Su reflexión comienza con una referencia a la *Metafísica* de Aristóteles, donde Dios es la meta (*telos*) trascendente de todo movimiento, razón por la cual Él es rey. Pero Peterson observa que Aristóteles no emplea el término "monarquía". Recién aparecerá en Filón de Alejandría. El filósofo judío de fuerte influencia platónica, parece percibir el problema teológico y político de su tiempo, de modo que la monarquía divina se presenta en oposición a una poliarquía u oligarquía. Entrando ya en el período cristiano, Peterson ocupa mucho espacio en reflexionar sobre el papel que cupo a Eusebio de Cesarea. El primer historiador sistemático de la iglesia, repite varias veces que antes del emperador Augusto, los hombres vivían en la poliarquía, la tiranía o la democracia. Y dice: "Pero cuando apareció el Señor y Salvador y al mismo tiempo llegó a ser Augusto el primer romano soberano de las nacionalidades, se disolvió la poliarquía pluralista y la paz se extendió por el mundo entero" (*Historia Eclesiástica*, libro VIII, citado por Peterson en *El monoteísmo como problema político*. Salamanca: Sígueme, 1999, p. 81). Y comenta Peterson: "el cristianismo se ofrece para apoyar la política de paz del imperio romano. Los tres conceptos: imperio romano, paz y monoteísmo son indisolublemente vinculados [...]. El *único* monarca de la tierra —y eso para Eusebio quiere decir Constantino— se corresponde con el *único* monarca divino en el cielo" (*ídem*, p. 83). ¿Dónde se rompe la "romanización" de Cristo y la "cristianización" de Augusto? Para Peterson, no hay duda de que ello acontece con el triunfo del dogma trinitario. En efecto, "el dogma ortodoxo de la Trinidad hace que la expresión 'monarquía divina' pierda su carácter político-teológico" (*ídem*, p. 93). Los cristianos, argumenta finalmente Peterson, siguieron creyendo en la monarquía, pero con esta salvedad: "no una monarquía unipersonal, porque esa monarquía lleva dentro de sí el germen de la disensión, sino la monarquía del Dios trino" (*Ibíd.*). En síntesis: la *Reichstheologie* [teología del Reino, que tuvo un correlato con los *Deutsche Christen* – los cristianos alemanes protestantes que militaron a favor del nazismo] postulaba una especie de continuidad entre el Tercer Reich con el Sacro Imperio Romano Germánico y establecía una correlación entre el monoteísmo = un solo Dios y un solo *Führer*, pretensiones que, según intenta demostrar Peterson, encuentran su más grande escollo en la doctrina de la Trinidad que, al triunfar, ya no permite que una monarquía unipersonal siga siendo soporte para amalgamar la iglesia con el Estado, sea éste romano o germánico. Acaso en una simple lectura del texto de Peterson no aparezca con suficiente claridad su posición abiertamente contraria a Schmitt. Sin embargo, hay un dato hermenéutico que ofrece Gabino Uríbarri: "En una carta encontrada por Nichtweiß, Peterson escribió a Friedrich Dessauer acerca de sus intenciones: 'La intención de mi libro era asestarle un golpe a la *Reichstheologie*'" (*ídem*, Introducción, p. 30). Toda la argumentación de Peterson, pese a su rigor académico y documental, no ha carecido de críticas. Por ejemplo, Alfonso Galindo Hervás señala: "La crítica de Erik Peterson a Schmitt incurre en confusiones que obedecen al tipo de lectura *realista* o confesional de las analogías entre teología y política que hace" ("¿Autonomía o secularización? Un falso dilema sobre la política moderna". En Reyes Mate y José. A. Zamora [editores]. *Nuevas teologías políticas. Pablo de Tarso en la construcción de Occidente*. Barcelona: Anthropos, 2006, p. 125. Cursivas originales).

Para Moltmann, el absolutismo europeo en la época de la Ilustración fue la última forma que adoptó el monoteísmo político de legitimación religiosa. La revolución francesa, por el contrario, trasladó la soberanía al pueblo como fundamento del Estado democrático moderno. En ese contexto, volviendo a citar a Schmitt, sostiene que la tesis absolutista sería defendida posteriormente por filósofos políticos de la contrarrevolución tales como Bonald, De Maistre y Donoso Cortés. Significativamente, a esos nombres agrega los de dos protestantes: Friedrich Julius Stahl y Abraham Kuyper, el famoso teólogo calvinista holandés.

Pese a admitir que la doctrina de la Trinidad ayudó mucho a superar el esquema monoteísta monárquico, Moltmann no cree que haya superado definitivamente la base legitimadora del poder político. Insta a llevar a sus consecuencias más profundas el concepto trinitario de Dios porque, dice: "Sólo cuando la doctrina trinitaria supere la idea monoteísta del gran monarca celeste y del patriarca divino del universo, los dominadores, dictadores y tiranos de la tierra se verán privados de todo arquetipo religioso justificativo"[420]. ¿Cómo hay que reformular, entonces, la doctrina de la Trinidad de modo que supere el esquema jerárquico y monárquico del monoteísmo? Moltmann propone cinco caminos que pasamos a resumir:

La doctrina trinitaria une a Dios, Padre todopoderoso, con Jesús entregado a la muerte, crucificado por los romanos y con el Espíritu vivificador. De esa unidad no puede surgir la figura del monarca omnipotente al que imitan los soberanos de la tierra.

El omnipotente no es trinitariamente un arquetipo para los poderosos del mundo, sino que es Padre de Jesucristo crucificado y resucitado. Él es omnipotente como Padre y se expone a la experiencia del sufrimiento, del dolor, la impotencia, la vulnerabilidad y la muerte. "La gloria del Dios trino no se refleja en las coronas de los reyes ni en los triunfos de los vencedores, sino en el rostro del Crucificado y en el rostro de los oprimidos, de los que él se hizo hermano"[421].

El Espíritu vivificador no se apoya en la acumulación de poder ni en la utilización absolutista de la soberanía, sino en el Padre de Jesucristo y en la resurrección del Hijo.

---

[420] *Ídem*, p. 214.

[421] *Ibíd.*

Es oportuno indicar, a manera de nota ampliatoria, que Leonardo Boff también ha destacado el aporte que la Trinidad puede dar al tema de la teología política. En efecto, el teólogo brasileño reflexiona sobre la comunión trinitaria como una crítica e inspiración para la sociedad humana. Indica que, mientras en Occidente ha habido un predominio del individuo, lo cual está, de alguna manera, vinculado con el monoteísmo a-trinitario de las iglesias, la ideología de la subjetividad y de la unidad/identidad, la Trinidad debiera influir en el modo de interpretar a la persona humana como imagen de Dios; por lo tanto, reflejando las relaciones interpersonales. A la luz de la Trinidad, la persona humana debe ser entendida como un nudo de relaciones de permanente actuación. "La Trinidad constituye una comunión abierta hacia más allá de las mismas personas, incluyendo a la creación"[422]. Boff no ve que en la sociedad moderna se haya plasmado la influencia de la comunión trinitaria en el ámbito de la política. Ni el régimen liberal capitalista ni el socialismo han podido encarnar ese ideal trinitario. En cuanto al "régimen liberal-capitalista, se vive realmente una dictadura de clase burguesa con sus intereses individualistas y empresariales, resguardados siempre a partir del control del aparato del Estado"[423]. Por su parte, en las sociedades bajo regímenes socialistas, Boff admite que, en teoría, esas sociedades se estructuran según principio de comunión entre todos y participación de todos en la producción y reproducción de la vida. Pero el elemento social es comprendido de manera colectivista sin pasar por la mediación de la acogida de las diferencias personales. "Hemos de ver en el socialismo una especie de imposición de lo social de arriba abajo, a partir del partido, que se entiende como la vanguardia de la revolución social y como el intérprete del sentido de la historia"[424]. Admitiendo que a la teología no le corresponde señalar modelos sociales que se acerquen a la utopía trinitaria, propone lo que denomina "democracia fundamental" inspirada en los clásicos antiguos (Platón y Aristóteles, entre otros) afirmando: "La democracia fundamental intenta la mayor igualdad posible entre las personas mediante procesos cada vez más comprensivos de participación en todo lo concerniente a la existencia humana personal y social"[425].

---

[422] Leonardo Boff. *La Trinidad, la sociedad y la liberación*. Buenos Aires: Paulinas, 1988, p. 184.

[423] *Ídem*, p. 185.

[424] *Ídem*, p. 186.

[425] *Ídem*, pp. 187–188.

## 2. La "teología política de la cruz"

El tercer aspecto de una teología política trinitaria es ampliado por el propio Moltmann en otra obra titulada: *El Dios crucificado*. En un fructífero diálogo con la teología de la política de Metz y la teología de la liberación de Rubem Alves, Hugo Assmann y Gustavo Gutiérrez, Moltmann se refiere a la hermenéutica política de la liberación. Esa hermenéutica, aclara, no implica un reduccionismo de la teología de la cruz a una ideología determinada, sino su interpretación en el seguimiento político. "No es una repentina politización de la iglesia, sino [una] crítica contra una mala política eclesiástica; mala porque oprime; crítica ejercida por una teología política cristiana, es decir, liberadora"[426]. En su propuesta de una teología política de la cruz, Moltmann procede a criticar a la teología oficial del imperio, elaborada por Eusebio de Cesarea, que celebraba la simbiosis entre el imperio y la religión cristiana, promoviendo la unidad en un Dios, un logos, un *nomos*, un césar, una iglesia y un imperio. Ese constantinismo ocultó el recuerdo y destino del crucificado. Por lo tanto, la nueva teología política y la hermenéutica política deben presuponer la crítica a la teología política de la religión oficial porque la "fe cristiana no puede ya ser malusada [sic] para justificar una situación política"[427]. ¿En qué sentido la teología política de la cruz es liberadora? Esta teología, responde Moltmann, debe liberar al Estado de la idolatría política y a los hombres arrancándolos de la alienación y la privación de sus derechos.

En la parte final de su propuesta, Moltmann realiza una exposición crítica de lo que denomina "laberintos diabólicos de la muerte" y los cambios de Dios en las liberaciones del hombre. En cuanto al primer tema, describe, en la dimensión económica, el laberinto diabólico de la pobreza que se expresa en hambre, enfermedad, mortalidad temprana y es provocado por la explotación y el dominio de clases. El segundo, en la dimensión política, es el de la violencia que se expresa en dictaduras y dominio de clases y privilegios[428]. El tercer laberinto es el extrañamien-

---

[426] Jürgen Moltmann. *El Dios crucificado. La cruz de Cristo como base y crítica de toda teología cristiana.* Salamanca: Sígueme, 1975, p. 438.

[427] *Ídem*, p. 450.

[428] Esta crítica de Moltmann a las dictaduras y dominios de clases, es una característica de la teología reformada en general. Como dice Donald K. McKim: "la fe reformada en su máxima expresión ha sido concebida junto con la justicia económica y política a raíz de que reconoce que vivimos en un mundo caído y pecaminoso. La opresión del pueblo por regímenes políticos y su despojo de las fuentes que necesitan para vivir son manifestaciones visibles del pecado humano" (*Introduction the Reformed Faith*. Louisville: Westminster John Knox Press, 2001, p. 73).

to racial y cultural. Allí, significativamente, cita los trabajos de James Cone. *Teología negra*[429], y de Paulo Freire. *Pedagogía del oprimido*[430]. En ese esquema de extrañamiento, los seres humanos sobreviven en una libertad relativa, pero no saben quiénes son en realidad. El cuarto laberinto es un círculo mayor porque se trata de la destrucción industrial de la naturaleza. Al no compensar progreso con equilibrio social, se deriva en la muerte ecológica[431]. En todos estos "infiernos económicos, políticos, culturales e industriales" como los denomina Moltmann metafóricamente, está metido profundamente el laberinto diabólico del absurdo y el abandono de Dios.

¿De qué modo se puede salir de estos "infiernos" de inhumanidad y deterioro? Moltmann propone para el caso del laberinto económico, suplir las necesidades materiales del ser humano: salud, alimento, vestido, viviendo en una participación justa y satisfactoria del producto del trabajo. Para el caso de la dimensión política, la respuesta sería la democracia, a la cual define en estos términos: "reconocimiento de todos los derechos humanos como fundamentales de los ciudadanos de un estado"[432]. Para la dimensión cultural de la vida, propone la identidad en el reconocimiento de los otros enfatizando que tanto la identidad como el reconocimiento van juntos[433]. La liberación de la naturaleza significa paz con ella, de modo que de un dominio *a-pático* hacia la naturaleza se pase a una relación *sim-patética* con ella[434]. Finalmente, en cuanto al sentido de la vida, la liberación significa una vida plena de sentido. Luego de citar el pasaje de Romanos 8.19 y ss., que anticipa el nuevo mundo de Dios en una creación liberada de la corrupción a la que ahora está sometida, dice Moltmann: "Es la situación del abandono de Dios y la carencia de sentido, el conocimiento de la oculta presencia de Dios en la cruz del Cristo abandonado por parte de Dios, [ y aquí], aquel 'valor para la existencia' a pesar de la nada y de todas las experiencias

---

[429] Versión en español: James Cone. *Teología negra de la liberación*. Buenos Aires: Carlos Lohlé, 1973. Con prólogo de Paulo Freire.

[430] Paulo Freire. *Pedagogía del oprimido*. Buenos Aires: Siglo XXI/ Tierra Nueva, 1972.

[431] Este tema es ampliado por Moltmann en *Dios en la creación* (Salamanca: Sígueme, 1987) y *La justicia crea futuro* (Santander: Sal Terrae, 1992).

[432] *El Dios crucificado*, p. 461.

[433] Es interesante observar cómo profundiza Paul Ricoeur este tema en su último libro publicado poco antes de su muerte: *Caminos del reconocimiento* (México: FCE, 2006).

[434] El prefijo griego *syn* corresponde a la preposición "con" en castellano.

destructoras"[435]. A manera de síntesis, podemos decir que la teología política que propone Moltmann no es una mera ética política ni tampoco el intento por hacer de las cuestiones políticas el tema central de la teología u ofrecer un sistema político. "Más bien, la teología política designa el campo, el ámbito, el ambiente y el medio en el cual la teología cristiana hoy debiera ser articulada"[436].

# La teología política de Metz

### 1. Crítica a la privatización de la fe

En esta sección, analizaremos sucintamente el pensamiento teológico de Johann Baptist Metz. Nacido en 1928 en Alemania, doctor en filosofía y teología, fue profesor de teología fundamental en la Universidad de Münster. Es el gestor de una nueva teología política. En su ensayo *La iglesia y el mundo a la luz de una 'teología política'*, Metz admite que el concepto "teología política" es ambiguo y que, por lo tanto, se presta a equívocos. Propone, entonces, su propia definición sobre el tema para decir: "entiendo por teología política un correctivo crítico frente a una tendencia extrema que la teología actual tiene a la privatización. Y, positivamente, entiendo, a la vez, por teología política, el intento por formular el mensaje escatológico en las condiciones de nuestra actual sociedad"[437]. Un momento histórico clave donde se quiebra la unidad entre religión y sociedad es la Ilustración en Francia, cuando la coordinación entre existencia religiosa y existencia social se rompe. La teología metafísica, entonces, queda envuelta en una crisis radical. En los tiempos modernos, y como respuesta a la problemática creada por la Ilustración, surge una teología que Metz define como de orientación trascendental, existencial y personalista que trató de modo secreto o abierto la dimensión social del mensaje cristiano. Respecto a la hermenéutica existencial, Metz formula una cierta crítica, a la vez que una sugerencia: por un lado, señala que "la interpretación existencial del nuevo testamento se mueve en el círculo de la relación privada 'yo-tú'"[438]. La referencia implícita es claramente a la teología de Rudolf Bultmann y su método de "desmitización del Nuevo

---

[435] *Ídem*, pp. 464–465.

[436] Jürgen Moltmann. "Political Theology". *Theology Today*. Volumen 28, abril de 1971, p. 8.

[437] Johann Baptist Metz. *Teología del mundo*. Salamanca: Sígueme, 1971, p. 139.

[438] *Ídem*, p. 143.

Testamento"[439]. Sugiere que hace falta, entonces, "una 'desprivatización' crítica de la comprensión de los fundamentos de nuestra teología. *Esta desprivatización es la primordial tarea teológico-crítica de la teología política.* Me parece a mí que, en cierto sentido, esta tarea es tan importante como el programa de la desmitización"[440].

Pero observa que ese tratamiento lo hizo como si lo social fuera algo inauténtico o secundario. "En una palabra: dio carácter privado, en su núcleo mismo, a ese mensaje. Y redujo la práctica de la fe a la decisión a-cósmica del individuo"[441]. Ese carácter privado de lo religioso es expresado en la famosa frase conocida: "la religión es un asunto privado". Metz intenta responder a ese esquema individualista y privatista afirmando que la salvación que Jesús vino a traernos, lejos estaba de representar una salvación privada, porque la "proclamación de esta salvación impulsó a Jesús a un conflicto mortal con los poderes públicos de su época. La cruz de Jesús no se halla en el campo privatísimo del ámbito individual-personal"[442]. Lejos de encontrarse en un campo puramente religioso, el mensaje de Jesús traspasa el umbral de lo privado, ya que Jesús, como indica la Carta a los Hebreos, se encuentra "fuera del campamento", fuera de la ciudad que lo condenó a la cruz. Porque "la salvación proclamada por Jesús está permanentemente relacionada con el mundo, no en sentido físico-cosmológico, pero sí en sentido sociopolítico: como elemento críticamente liberador de este mundo social y de su proceso histórico"[443]. ¿Qué podemos

---

[439] Véanse al respecto: Rudolf Bultmann. *Nuevo Testamento y mitología.* Buenos Aires: Almagesto, 1998; Rudolf Bultmann-Karl Jaspers. *Jesús. La desmitologización del Nuevo Testamento.* Buenos Aires: Editorial Sur, 1968. Para una introducción a la hermenéutica de Bultmann, véase Paul Ricoeur. "Prefacio a Bultmann" (en *El conflicto de las interpretaciones.* Buenos Aires: FCE, 2003, pp. 343–360). Para una crítica seria a los postulados de Bultmann como teología ahistórica y apolítica, véase Dorothy Sölle. *Teología Política* (Salamanca: Sígueme, 1972), donde la teóloga alemana afirma: "Bultmann discute el problema de la esperanza sólo entre la mitología apocalíptica y el presente escatológico; se olvida la primera forma judía con la que ha de enlazar necesariamente toda teología política" (*ídem*, p. 62). En esa obra, Sölle discurre sobre los varios sentidos de la expresión "teología política", remontándose, precisamente, a Schmitt, diciendo que el pensador alemán "profetizaba en 1922 el inminente fin del liberalismo moderno y de la democracia y su sustitución por la dictadura, porque a aquellas formas sociales y políticas faltaba la fundamentación y sublimación teológica" (*ídem*, pp. 66–67). Para Sölle, la verdadera teología política no es esa, ni tampoco una jerarquización de ámbitos ni una especie de politología, sino que "es más bien hermenéutica teológica que, al apartarse de una teología ontológica o de interpretación existencial, abre un horizonte interpretativo en el cual la política se entiende como el campo abarcador y decisivo en el que la verdad cristiana ha de transformarse en praxis" (*ídem*, p. 69).

[440] *Teología del mundo*, p. 143. Cursivas originales.

[441] *Ídem*, p. 141.

[442] *Ídem*, p. 147.

[443] *Ídem*, p. 148.

decir de las promesas escatológicas de la Biblia? Al respecto, dice Metz en declaración rotunda: "Las promesas escatológicas de la tradición bíblica —libertad, paz, justicia, reconciliación— no se pueden 'privatizar', no se pueden reducir al círculo privado. Nos están obligando incesantemente a la responsabilidad social"[444]. Metz vincula tres tipos de teología que se interrelacionan: *toda **teología escatológica** ha de convertirse en **teología política** en cuanto **teología crítica** (teología crítica de la sociedad)*"[445].

## 2. Relación iglesia y mundo

En la segunda parte de su reflexión, Metz se refiere a la relación iglesia y mundo y el lugar que la primera debe ocupar en la sociedad. El mundo no debe ser comprendido como un cosmos que está frente a las personas y sus existencias ni tampoco como algo puramente existencial o personal, sino "como realidad social que está en un proceso histórico. Y la Iglesia no vive 'junto a' o 'por encima de' esta realidad social, sino que vive *dentro de* ella, como *institución crítico-social*"[446]. Definida así, la iglesia debe ser una institución portadora de crítica. Pero Metz se pregunta con sinceridad: "En el fondo, hablar de crítica institucionalizada ¿no significa hablar de la cuadratura del círculo? ¿No es característica de toda institución el ser contraria a la crítica?"[447]. A ello responde que se debe conside-

---

[444] *Ibíd.*

[445] *Ídem*, p. 150. Cursivas originales. Énfasis mío. En otro texto posterior, Metz revisa la expresión "teología crítica de la sociedad". Piensa que ella es tan despistante y equívoca como la propia "teología política". Ello se debe a que no pone de manifiesto la dimensión política de la sociedad en los ordenamientos políticos, porque insinúa la idea de una actitud pasiva y descomprometida. "Y, por último y sobre todo, lo de 'crítica con la sociedad' resulta profundísimamente ambivalente respecto de la teología política clásica. Esto, en mi opinión, aparece muy claro cuando se analiza el uso de la expresión 'teología política' en C. Schmitt [...]" (Johann Baptist Metz. *Dios y tiempo. Nueva teología política*. Madrid: Trotta, 2002, p. 49, nota 29). Por otra parte, el concepto de una teología crítica de la sociedad es recogido por la teología de la liberación en autores como Gustavo Gutiérrez, quien, en su *Teología de la liberación. Perspectivas*, afirma una triple función crítica de la teología: crítica de sí misma y sus fundamentos, crítica de los condicionamientos económicos y socioculturales de la vida y la reflexión de la comunidad cristiana, y crítica de la sociedad y de la iglesia "en tanto que convocadas e interpeladas por la palabra de Dios; una teoría crítica, a la luz de la palabra aceptada en la fe, animada por una intención práctica e indisolublemente unida, por consiguiente, a la praxis histórica" (*Teología de la liberación. Perspectivas*. Cuarta edición. Salamanca: Sígueme, 1973, p. 34). Me he referido a la función autocrítica de la teología en *¿Para qué sirve la teología? Una respuesta crítica con horizonte abierto* (Buenos Aires: Fiet, 1999).

[446] *Teología del mundo*. Salamanca: Sígueme, 1971, p. 151. Cursivas originales.

[447] *Ídem*, p. 152. Otra aparente "cuadratura del círculo" es la enunciada por Juan Luis Segundo en el título de su obra: *El dogma que libera* (Santander: Sal Terrae, 1989). Véase la sección "El dogma, ¿no limita la reflexión?", pp. 32–34.

rar a la iglesia como una realidad que está bajo la "reserva escatológica" y, por lo tanto, que no vive para sí misma, para su propia autoafirmación, sino que existe "al servicio de la afirmación histórica de la salvación para todos. La esperanza proclamada por la iglesia no es la esperanza en esta, sino en el reino de Dios"[448]. En otras palabras, se trata de reconocer la provisionalidad de la iglesia. Movilizada por su potencia crítica inserta en su larga tradición, la iglesia debe encarnar el amor cristiano. Ese amor no permite aceptar el esquema "amigo-enemigo", sino que implica el extraño "amor al enemigo", que es imperativo del evangelio. La clave está en que la iglesia no encarne una religión de poder. "La Iglesia no puede ni debe pretender imponerse como poder político"[449]. La iglesia tampoco tiene la tarea de ofrecer una sociología sistemática[450]. Ella solo debe hacer una crítica social y, dentro de esa crítica, tiene que contemplar la posibilidad de cooperación con otras instituciones y grupos no cristianos que actúan en la sociedad para su desarrollo.

### 3. La teología política en la dialéctica de teoría y praxis

Nos parece importante apelar a un texto más de Metz para completar la presentación de su "teología política". Se trata del capítulo "La teología política como teología práctica fundamental"[451]. Partiendo de la premisa de que toda nueva teología topa con el problema de su legitimación, Metz usa cierta expresión de Walter Benjamín para decir que "la tendencia política de una teología política sólo es correcta cuando también lo es su tendencia teológica [...] y no a la inversa"[452]. Ninguna teología es inocente o neutral; por lo tanto, la nueva teología política tiene la función de desenmascarar y combatir los prejuicios. Particularmente, debe desenmascarar la idea de que la orientación teológica "correcta" se da cuando ella representa una tendencia hacia la derecha o una tendencia conservadora en el sentido habitual del término. Para combatir ese prejuicio, Metz desarrolla lo que él entiende por teología política como teología

---

[448] *Ídem*, p. 152–153.

[449] *Ídem*, p. 156.

[450] En esta cuestión de ofrecer una teoría político-sociológica, también coincidiría Karl Barth, quien, en su *Comunidad cristiana y comunidad civil*, también indica que a la iglesia no le corresponde esa tarea. Dice Barth: "La comunidad cristiana, al hacerse juntamente responsable de la comunidad civil, no tiene que defender, frente a las diversas formas y realidades políticas, ninguna teoría necesariamente específica de ella. No está en condiciones de sentar una teoría como *la* teoría cristiana del Estado" (Madrid/Barcelona: Fontanella/Marova, 1976, p. 97). Cursivas originales.

[451] Metz. *La fe, en la historia y la sociedad*. Madrid: Cristiandad, 1979, cap. IV.

[452] *Ídem*, p. 62.

práctica fundamental. Lo primero que señala es "el primado de la praxis", o sea, el fundamento práctico de toda teología cristiana. En este sentido, la "teología fundamental práctica hace hincapié en la fuerza inteligible de la praxis misma, en el sentido de una dialéctica teoría-praxis. Y en este sentido somete la teología al 'primado de la praxis'"[453]. En un enunciado que establece el estatuto práctico del logos de la teología, dice Metz: "La *idea cristiana de Dios* es de suyo una idea práctica. Dios no puede ser pensado sin que este pensamiento afecte y lesione los intereses inmediatos del sujeto que trata de pensarlo"[454]. Luego, reflexiona a partir de la idea de praxis en Kant, en la cual se trata de una praxis moral. Pero de allí sugiere que se debe dar un paso más allá hacia una praxis que incluya lo social. La praxis cristiana, entonces, debe ser concebida como una "hermenéutica práctica del cristianismo", que también se podría calificar como "práctica-dialéctica". Hay tres aspectos que destaca de este sentido de praxis cristiana. Primero, la praxis cristiana sigue teniendo un carácter ético, ya que el hecho de que subraye lo social, no implica relativizar al sujeto moral; segundo, se caracteriza por una sobreabundancia de determinaciones históricas; tercero, está guiada por un concepto de praxis que también tiene en cuenta la dimensión pasional (*pathos*). En otros términos: se trata de comprender la praxis "no como acción —símbolo de la conquista y de dominio de la naturaleza—, sino como 'pasión'"[455].

A esa dimensión pasional que postula Metz, pertenecen diversas experiencias: el luto, la alegría y la solidaridad. El luto debe ser considerado como una categoría de resistencia frente a la prohibición de la tristeza. La alegría también es otra categoría de resistencia "frente a la creciente incapacidad para hacer fiesta sin un propósito utilitario"[456]. La solidaridad debe ser considerada como sensibilidad para los sufrimientos pasados y con los muertos y los vencidos.

Luego, Metz dedica un importante espacio para reflexionar sobre los sujetos y las funciones de esta teología política. Formula preguntas incisivas sobre cómo, para qué, con quién y con qué intereses se hace la teología:

¿No es preciso, en consecuencia, que se pregunte quién y dónde (por tanto, con qué y con quién) y con qué intereses (por tanto, para quién) hace teología? ¿Basta aquí con apelar a la consabida división del trabajo en el seno de la iglesia? ¿Basta simplemente **comunicación** (teolo-

---

[453] *Ídem*, p. 65.

[454] *Ídem*, p. 66. Cursivas originales.

[455] *Ídem*, p. 73.

[456] *Ibíd*.

gía de libro, teología de colegas) y los intereses de rigor (misión docente y evangelizadora de la iglesia)? Me parece importante que la teología misma se formule estas preguntas sin aguardar a que le sean formuladas desde fuera, casi siempre con intención de crítica ideológica[457], con referirse a sujetos (profesores, especialistas) y lugares estandarizados (universidad, seminario), a las habituales.

Tomando el término "político" con todo rigor, se criticó a la teología política porque se pensaba que ella reducía la tarea a los laicos. Pero para Metz es una crítica que no tiene mucho sentido, ya que la teología política requiere de un nuevo sujeto teológico. No es primaria y exclusivamente una tarea del teólogo profesional. En síntesis: "¡La teología política rebasa intencionalmente el ámbito de la teología profesional, sea ésta oficial o teología de laicos!"[458]. En la visión que Metz tiene de la teología política, todo ser humano debe ser sujeto de ella, porque, además de que la idea de Dios es irremisiblemente política en el sentido de ser una opción por el *poder-ser* y el *deber-ser*, la praxis de los cristianos "debe ser una muestra de este hecho: que todos los hombres están llamados a ser sujetos delante de su Dios"[459].

Finalmente, ¿en qué consiste la praxis de los cristianos en el mundo? En el último apartado, Metz desarrolla este tema ofreciendo una especie de "definición" de la fe: "*La fe de los cristianos es una praxis dentro de la historia y de la sociedad, que se concibe como esperanza solidaria en el Dios de Jesús en cuanto Dios de vivos y muertos que llama a todos a ser sujetos en su presencia*"[460]. Esa praxis es acicateada por el "aguijón apocalíptico", donde la fe, en perspectiva escatológica, aparece como una

---

[457] *Ídem*, pp. 74–75.

[458] *Ídem*, p. 75.

[459] *Ídem*, p. 85.

[460] *Ídem*, p. 91. Cursivas originales. En su tesis doctoral, *Teología de lo político* —que por su rigor y envergadura merecería un análisis pormenorizado que dejamos para otra oportunidad—, Clodovis Boff reivindica el lugar de la praxis en el planteamiento epistemológico de una teología de lo político. Dice ahí: "cuando decimos que la praxis es el referente decisivo de la articulación TdP-CdS [Teología de lo Político-Ciencias de lo Social], consideramos a la praxis como el *conjunto de prácticas* que tienden a la transformación de la sociedad o a la producción de la historia. Por consiguiente, 'praxis' tiene para nosotros una connotación fundamentalmente *política*, dado que por medio de lo político es posible intervenir sobre las estructuras sociales" (*Teología de lo político. Sus mediaciones*. Salamanca: Sígueme, 1980, pp. 40–41). Cursivas originales. Allí mismo, el teólogo brasileño distingue entre "teología política" y "teología de lo político", indicando que su "estudio no pretende directamente la elaboración de una 'teología política', sino la de una *teoría* de la 'teología política' [...]" (p. 41).

esperanza solidaria. En ese esquema, Dios se presenta como "el Dios de los vivos y de los muertos, el Dios de la justicia universal y de la resurrección de los muertos"[461]. Siempre es oportuno —más allá de que sea una contradicción en términos— "definir" a Dios. En otros términos, pensar a Dios y someter a prueba "nuestra idea de Dios"[462]. No es lo mismo hablar de Dios a partir de la imagen de un hombre anciano con barba blanca, bonachón y dador de dádivas, que pensarlo como Rey o como Señor universal. En el caso de la teología política, se trata de pensar a Dios como el Dios que da vida a los muertos, el Dios de la esperanza, el Dios que impulsa a los cristianos a una praxis que supere y transforme los condicionamientos sociales, históricos, sicológicos y políticos en que yace la humanidad. Se trata, en suma de 'la praxis de la fe en el seguimiento místico-político"[463].

# Conclusiones

La tesis de Carl Schmitt enunciada tanto en *Teología política* como en *Romanticismo político*, se centraliza en el supuesto de que las categorías de la moderna teoría política son de origen teológico que se han secularizado. Particularmente, el Estado viene ocupar el lugar del Soberano que antes era una referencia a Dios. Schmitt utiliza varios conceptos que son de origen teológico: Dios, soberano, monarca, la predestinación, obediencia, amor infinito. Al comparar esos conceptos con los estrictamente pertenecientes a la teología cristiana, podríamos decir que en algunos casos resultan afines y en otros no. Hemos contrastado esas ideas con las que sustentaron y vivieron, por ejemplo, los puritanos ingleses, y pudimos constatar que para ellos, Dios seguía siendo soberano, es decir, el Estado y lo político no ocupaban su lugar de ejercicio de dominio. En cuanto a la predestinación, curiosamente no actuó como un freno para la acción en el campo social y político, sino que, extrañamente, esa doctrina les condujo a un fuerte activismo en el mundo al asumirse como elegidos por Dios para una misión que trascendía lo meramente religioso y espiritual. Es posible, entonces, que la visión de Schmitt se pueda reducir a su enfoque del catolicismo romano, en cuya configuración observa la influencia del Imperio

---

[461] *La fe en la historia*, p. 93.

[462] Título del volumen 3 de Juan Luis Segundo: *Teología abierta para el laico adulto* (Buenos Aires: Carlos Lohlé, 1970).

[463] *La fe en la historia*, p. 95.

romano. El catolicismo encarna un complejo histórico y administrativo que reproduce el universalismo propio de ese imperio, el cual permite o intenta una fusión de los opuestos que surgen del campo social y político. Esa sería, en pocas palabras, el planteo de la teología política antigua.

A partir del postulado de Schmitt, surgen más recientemente otras alternativas de teología política que intentan articular mejor lo que sería una perspectiva cristiana de lo político. Particularmente, se destacan aquí los trabajos de dos teólogos contemporáneos: Jürgen Moltmann y Johann Baptist Metz. El primero, elabora su *Teología de la esperanza* a manera de diálogo con el filósofo marxista Ernst Bloch, propulsor del *principio esperanza*. Los aportes principales que Moltmann ofrece a una ampliación y profundización de la teología política con sesgo cristiano, son los referidos a la Trinidad como superador de una monarquía absolutista. El concepto trinitario de Dios permite pensar a la Deidad ya no como un monoteísmo monárquico que reina supremo sin dialogar ni experimentar la alteridad, monoteísmo que, además, ha sido el justificativo para todo tipo de monarquías absolutistas y las dictaduras y tiranías más abyectas tanto en el campo político como en el religioso. Pensar a Dios desde la Trinidad implica el reconocimiento de una pluralidad de "personas" o "modos de ser"[464] en la Deidad, desde lo ontológico y desde lo económico. En particular, la economía de la salvación nos muestra a un Dios trinitario actuando en la historia y, más aún, inserto en ella, historizándose en Jesús de Nazaret. Esto conduce a Moltmann a proponer una teología política cruciforme. La teología política del Dios crucificado muestra a un Dios que sufre con y por su pueblo, como el Dios de Israel que se condolía por la situación de esclavitud bajo el yugo egipcio. El Dios trinitario no es un ser que está en el afán incontrolable de acumulación de poder, sino que su gobierno es ejercido a favor de sus criaturas. Se trata de un Dios solidario, especialmente con los despreciados y las víctimas del mundo. Por ello, Jesús de Nazaret muere como víctima política y no solo religiosa, aspecto que ha sido desconocido o silenciado por las teologías "oficiales". En síntesis: el Dios omnipotente es el Padre de nuestro Señor Jesucristo; el Hijo es el Crucificado a favor de los excluidos y marginados de la sociedad y del sistema; el Espíritu vivificador no acumula poder, sino que lo dispensa a todas las criaturas. La teología política de la cruz es el reinado de Dios, no en las coronas de los vencedores, sino en el rostro de los oprimidos

---

[464] Se trata de la nomenclatura que usa Karl Barth para evitar el uso de *persona*, que, aplicada a Dios, se torna equívoca.

del mundo. Esto es seguimiento del Crucificado que debe concretarse a impulsos de una esperanza en el Dios de la promesa que nunca fracasará. Se trata, en síntesis, de una escatología que no se resigna, sino que, por el contrario, se dinamiza en la historia para transformarla.

El aporte de Metz a la teología política es imposible de dimensionar en toda su magnitud por su amplitud, profundidad y envergadura. Metz parte de la premisa de que el surgimiento del Iluminismo puso en jaque a toda la construcción teológico-política de la Edad Media con el reinado de la iglesia secularizando los conceptos políticos e intenta replantear una nueva teología política que sea superadora del planteo de Schmitt. A manera de síntesis, sus principales aportes son:

a) Su intento por responder al bloqueo que supone que toda vinculación entre teología y política implica una forma totalitaria. "La vieja teología política es la teoría que intenta, desde la época de la Ilustración, restaurar la figura del *estado cristiano*; es una pura ideología del estado"[465].

b) Su crítica a la privatización de la fe por parte de una religiosidad burguesa. En este sentido, Metz intenta elaborar una teología para el mundo que supere los esquemas estrictamente eclesiales, postulando que la iglesia es una institución temporaria, ya que lo eterno es el reino de Dios. Propone, entonces, no privatizar las promesas de Dios referidas a la justicia, la paz y la libertad afirmando que toda teología escatológica es teología política en cuanto teología crítica de la sociedad y sus condicionamientos.

Estrechamente vinculado a lo anterior, su análisis del carácter crítico de la iglesia como institución, es agudo y sincero, ya que, dice, hablar de crítica institucionalizada pareciera referirse a la cuadratura del círculo. Pero es allí, precisamente, donde hay que definir bien el papel de la iglesia. Ella no está llamada a encarnar una religión de poder ni el esquema amigo/enemigo, sino la encarnación del amor cristiano operativo en la sociedad.

De modo particular, debemos destacar el papel que Metz le da a la praxis en su diseño de esta nueva teología política. Debe haber una primacía de la praxis en esa teología; en sentido exacto, una dialéctica teoría/

---

[465] Marcel Xhaufflaire. *La teología política*, p. 29.

praxis. Esa teología política, así planteada, requiere de un nuevo sujeto teológico que ya no sea exclusivamente el teólogo profesional, porque esa teología implica a todo ser humano.

A modo de conclusión propia, podemos decir que las teologías políticas ponen de manifiesto varios hechos. Por un lado, el vínculo existente entre teología y política que, en cuanto al cristianismo, hunde sus raíces en la época de la oficialización del cristianismo como religión a partir de Constantino y conocerá modelos similares en la Edad Media. Por tal razón, es importante advertir cuándo y de qué modos la teología se puede constituir, consciente o inconscientemente, en un instrumento legitimador de dictaduras, absolutismos y totalitarismos. En este caso, el peligro radica en el mal uso de la teología por parte de la política o quienes la ejercen para legitimar esos abusos. Pero, por otro lado, está el peligro del uso de la política por parte de la teología, tendencia que, en su extrema manifestación, implica la instalación de un *Estado cristiano* que no admite disensos, pluralismos y autonomías.

Una pregunta final: ¿En qué sentido debemos definir a las teologías políticas de Moltmann y Metz con relación al planteo inicial de Schmitt? Tal como hemos expuesto, tanto Moltmann como Metz se hacen eco del planteo de Schmitt en cuanto a la influencia de la teología en la concepción de las modernas teorías políticas, pero entienden que ese planteo debe referirse, sobre todo, al catolicismo romano con sus formas estética, jurídica e histórica que está representada por un Cristo reinante, soberano y triunfante, lo que pertenece al poder político de ese catolicismo. Señalan, sin embargo, que es preciso, desde ese planteo, intentar superarlo. Para ello, Moltmann procede por acentuar la Trinidad como centro neurálgico de la fe cristiana que supera al mero monoteísmo que ha sido el soporte de dictaduras y totalitarismos. Sobre todo, propone una teología política que surja de la cruz, donde el Dios crucificado se hace solidario con los excluidos, pobres y marginados de la historia. Por su parte, Metz propone superar el planteo de Schmitt ofreciendo una nueva teología política en la que las promesas de Dios no sean privatizadas al estilo de la religión burguesa, afirmando el rol político de la iglesia cristiana inserta en el mundo y a favor del mundo. Ambas propuestas nos parecen válidas como nuevas alternativas de reflexión sobre un tema propuesto por Schmitt y que, por su profundidad y audacia, todavía sigue siendo fértil y actual.

Habiendo analizado la importancia del Reino para la *missio Dei* y las éticas sociopolíticas de Calvino y Barth y su génesis explicativa a partir del círculo hermenéutico y las teologías políticas más actuales, volvemos nuevamente al tema de la misión en una mirada crítica de las relaciones entre la Conferencia de Edimburgo 1910 donde América Latina fue excluida, a lo que hoy ya es una realidad imposible de soslayar —más allá de que se lo intente—: su protagonismo en la misión.

# América Latina y Edimburgo 1910–2010: de la exclusión al protagonismo en la misión

*El primer intento por realizar un sistemático y cuidadoso estudio de los problemas misioneros del mundo.*

John Mott

*Con la posible excepción del Vaticano II, ningún evento fue más definitivo para la formación del cristianismo emergente en el siglo XX que Edimburgo 1910.*

Kenneth R. Ross

## Introducción

Pocos eventos han marcado la historia de la misiología protestante como la Conferencia de Edimburgo de 1910. Fue un cónclave donde se analizó, como nunca antes, la realidad de las iglesias protestantes históricas y el crecimiento de la misión en el mundo. Lo insólito fue la ausencia de América Latina en la consideración de sus organizadores por razones que intentaremos indicar oportunamente. Lo real es que, América Latina, subcontinente excluido de Edimburgo 1910, hoy es una de las áreas geográficas de mayor crecimiento de la iglesia en el mundo. En primer lugar, hacemos una reseña histórica de la conferencia de Edimburgo 1910. En segundo lugar, indagamos sobre las razones por las cuales América Latina fue excluida de esa conferencia. En tercer lugar, exponemos algunos temas eclesiológicos y misiológicos que surgen de los documentos históricos de Edimburgo 1910. En cuarto término, ofrecemos algunas razones por las cuales América Latina pasa de la exclusión al protagonismo en la misión. En quinto lugar, nos referimos a dos desafíos que confronta Edimburgo 2010: el desafío ecuménico y el desafío del pluralismo religioso. Finalizamos con una evaluación de lo que nos dejó Edimburgo 2010, ya que esta ponencia fue elaborada en el tiempo en que se concretaba esa conferencia y es presentada hoy a manera de post-evento.

## La conferencia de Edimburgo 1910: reseña histórica

Hablar de Edimburgo 1910 es referirnos a un momento clave en la historia del cristianismo protestante mundial[466]. En efecto, esa conferencia se realizó con el fin de evaluar el crecimiento del cristianismo en el mundo y marcar los pasos que se deben seguir para completar la obra de evangelización del planeta. De alguna manera, Edimburgo 1910 también fue el comienzo del movimiento ecuménico protestante que más adelante, en 1948, se oficializaría con la creación del Consejo Mundial de Iglesias (CMI) en la Asamblea realizada en Amsterdam.

Los participantes de la Conferencia de Edimburgo eran representantes de agencias misioneras ubicadas en varias partes del mundo. El objetivo era unir esfuerzos con el fin de hacer planes y desarrollar estrategias conducentes a investigar y coordinar la experiencia misionera en el mundo. Las ocho comisiones que se reunieron dos años antes del evento, trabajaron los siguientes temas:

a. Llevando el evangelio al mundo no cristiano

b. La iglesia en el campo misionero

c. La educación en relación con la cristianización de la vida nacional

d. El mensaje misionero en relación con las religiones no cristianas

---

[466] En un manual de misiología publicado en Grand Rapids, se indica que en el comienzo de la conferencia se leyeron saludos del rey George V del Imperio británico, el oficial del Imperio germano en representación del Kaiser Wolhelm II y el presidente estadounidense Theodore Roosvelt (A. Cott Moreau, Gary R. Corwin y Gary B. McGee. *Introducing World Missions. A Biblical, Historical, and Practical Survey*. Grand Rapids: Baker Academic, 2004, p. 136).

e. La preparación de los misioneros

f. El hogar como base para la misión

g. Misiones y gobiernos

h. Cooperación y promoción de la unidad

Uno de los artífices de Edimburgo 1910, fue el metodista estadounidense John Mott, quien definió a la conferencia como "la más notable reunión en el interés por la expansión mundial del cristianismo que alguna vez se haya producido, no sólo en los anales misioneros sino también en todos los anales cristianos"[467]. El aporte de Mott ha sido sintetizado por David Bosch en su obra *Misión en transformación*[468]. Bosch sostiene que el ambiente de la conferencia fue definido previamente por el propio Mott en su obra: *The Evangelization of the World in this Generation*. En el capítulo 5 de esa obra —publicada en 1900 y revisada dos años después— Mott se refería a la posibilidad de la evangelización del mundo en esa generación a partir de los logros obtenidos en la época. El capítulo 6 se refería a las posibilidades de la evangelización del mundo a partir de las oportunidades, facilidades y recursos de la iglesia. A manera de síntesis, dice Bosch:

> …Mott en realidad logró, de manera magistral, combinar su
> fe en la revelación de Dios en Cristo con su fe en los logros
> "providenciales" de la ciencia moderna. El mundo entero
> estaba abierto a la Iglesia gracias a "maravillosos ordenamientos
> de la Providencia durante el siglo diecinueve"[469].

La perspectiva de Mott era de una clara apertura a la modernidad: los inventos y avances científicos que debían ser usados para la causa del evangelio. En un famoso folleto, decía él:

> La mano de Dios, al abrir puerta tras puerta entre las naciones
> humanas, al descubrir los secretos de la naturaleza y al traer a
> la luz invento tras invento, invita a la Iglesia de nuestro tiempo
> a logros cada vez más grandes. Si la Iglesia, en vez de teorizar y

---

[467] Citado por C. Howard Kopkins en *John R. Mott 1865–1955: A Biography* (Geneva and Grand Rapids: WCC & Eerdmans, 1979, p. 342).

[468] David J. Bosh. *Misión en transformación*. Grand Rapids: Libros Desafío, 2000, p. 415.

[469] *Ibíd.* En nota al pie, Bosch aclara que Mott no sugería que el mundo entero sería convertido en su generación, sino que la idea era alcanzar al mundo con el evangelio, en el sentido de que cada persona tuviera una oportunidad válida para conocer a Cristo.

especular, mejor sus oportunidades, recursos y comodidades, parece enteramente posible llenar la tierra con el conocimiento de Cristo antes de que pase esta generación. Literalmente, se puede afirmar que la nuestra es una época de oportunidades sin paralelos. "La providencia y la revelación se combinan para llamar a la Iglesia a ir de nuevo y tomar posesión del mundo para Cristo […]. La electricidad y el vapor han acercado al mundo. La Iglesia de Dios está en ascenso. Tiene bajo su control el poder, la riqueza y el conocimiento del mundo. Es como un ejército fuerte y bien equipado frente al enemigo […]. Puede que la victoria no sea fácil, pero es segura[470].

El lenguaje de Mott es un claro reflejo del espíritu de optimismo que caracterizaba la época, de crecimiento y desarrollo de las ciencias y avances significativos en la calidad de vida. También revela una perspectiva positiva al mundo de los descubrimientos científicos, muy distinta del fundamentalismo que precisamente en la misma época se gestaba en otros sectores de la iglesia protestante estadounidense. En efecto, *The Fundamentals*, los textos publicados en Los Ángeles, California, fueron editados en 1910, y revelaron un perfil diferente hacia las ciencias, lo cual, con el correr de los años, se tornaría más virulento en cuanto a realidades sociales, políticas y científicas. Los ejes del debate giraron en torno a cuestiones como el evolucionismo y el socialismo, perspectiva que se acentuó con la revolución bolchevique de 1917.

En su análisis histórico de Edimburgo 1910, Samuel Escobar[471] sostiene que de esa conferencia surgieron tres organizaciones: a) el comité de continuidad de Edimburgo, que dio lugar después al Consejo Misionero Mundial organizado en 1921; b) la Conferencia Fe y Orden, la cual tuvo como objetivo estudiar los temas referidos a la doctrina y el ministerio de las iglesias protestantes; c) la comisión Vida y Obra, dedicada a explorar la cooperación ente las iglesias en asuntos como relaciones internacionales, servicio a migrantes y refugiados y la búsqueda de paz entre las naciones.

En su evaluación final de lo que significó Edimburgo 1910, Kenneth Ross afirma sin hesitaciones: "Con la posible excepción del Vaticano II, ningún evento fue más definitivo para la formación emergente del cristia-

---

[470] Citado en *ídem*, p. 416.

[471] Samuel Escobar. "Edimburgo 1910 y los evangélicos iberoamericanos". Disponible en <https://www.misiopedia.com/images/stories/pdfs/Edimb EscobarES.pdf >, pp. 2 y 3. Consulta: 5 de abril de 2010.

nismo del siglo XX que Edimburgo 1910"[472]. Para Ross, Edimburgo 1910 fue una visión creadora de la iglesia como una comunidad verdaderamente misionera y global, dimensión que ha continuado inspirando a generaciones subsiguientes, marcando un punto de referencia para todos los que oyen el llamado de Cristo a una misión que se extiende hasta los confines de la tierra.

## La exclusión de América Latina

La nota insólita de Edimburgo consistió en la exclusión deliberada de América Latina como campo de misión y, en consecuencia, la ausencia de delegados a la conferencia. El hecho es señalado por los historiadores y misiólogos del mundo, especialmente los latinoamericanos, naturalmente. Jean-Pierre Bastian afirma que para los protestantismos de Europa, organizadores del evento, América Latina no era un campo misionero, ya que se lo consideraba cristiano por la presencia de la Iglesia Católica en sus países. Y agrega:

> Los norteamericanos allí presentes, bajo la dirección de John Mott, habían buscado legitimar el continente como zona de trabajo para el protestantismo norteamericano, pero no lograron convencer a los europeos de la necesidad de evangelizar América Latina[473].

En la misma perspectiva, se expresa Carlos Mondragón al señalar que la exclusión de América Latina de Edimburgo se debe a que era considerado un continente ya cristianizado por la Iglesia Católica[474]. Pero es Samuel Escobar quien indica algunos pormenores que explican la exclusión de Latinoamérica. Escobar[475] dice que el sector de la Iglesia Anglicana más afín al catolicismo, ejerció presión para que se excluyeran de la conferencia a los protestantes que misionaban en países católicos u ortodoxos. Agrega: "Esto fue apoyado también por algunos luteranos alemanes o escandinavos que querían evitar la presencia de misioneros metodistas en países europeos de mayoría luterana"[476].

---

[472] Kenneth R. Ross. "Edinburgh 1910-Its Place in History". Disponible en <http://www.towards2010.org.uk/downloads_int/1910-PlaceHistory.pdf>, p. 7. Consulta: 5 de abril de 2010.

[473] Jean-Pierre Bastian. *Historia del protestantismo en América Latina*. México: CUPSA, 1986, p. 158.

[474] Carlos Mondragón. "Protestantismo y panamericanismo en América Latina". *Boletín teológico*. Número 62, abril–junio 1996, p. 9.

[475] Samuel Escobar. "Edimburgo 1910 y los evangélicos iberoamericanos", p. 1.

[476] *Ibíd.*

Desde otra perspectiva, Gottfried Brakemeier[477] opina que el continente latinoamericano no era comparable con Asia, África y Oceanía y que, por ello, Edimburgo excluyó de la preocupación misionera a la América Latina, que era "católica" y, por esa condición, no podía ser asociada al paganismo.

En su obra *Evangelización protestante en América Latina*[478], Arturo Piedra realiza un profundo estudio de las razones por las cuales Latinoamérica fue excluida de la Conferencia de Edimburgo celebrada en 1910. Como dice Gonzalo Báez-Camargo[479], las fuerzas cristianas evangélicas representativas de América Latina fueron "cuidadosa pero firmemente excluidas". Piedra sostiene que "para la época de la Conferencia de Edimburgo, Mott no estaba convencido de que las naciones latinoamericanas debían ser parte de la estrategia misionera protestante"[480]. En 1896 Mott había realizado un viaje por los países de la región, donde advirtió las dificultades que enfrentaría la misión protestante en estas tierras dominadas por la Iglesia Católica Romana. Sin embargo, a partir de la Guerra Hispanoamericana del año 1898, su interés por América Latina comenzó a germinar.

En un escrito de 1905, Mott se refiere a los estragos que el alcohol hacía en las ciudades portuarias de Asia, África y América Latina. Comenta Piedra: "Estas palabras expresadas en 1905, sugieren que Mott, aun antes de la Conferencia de Edimburgo, creía firmemente que no había razón para excluir a esta región de la influencia misionera mundial"[481].

¿Por qué razón, entonces, América Latina fue excluida de la Conferencia? Fundamentalmente, porque hubo dos perspectivas bien opuestas en cuanto a lo que significaba hacer misión en esta región al sur del Río Bravo. La Iglesia Anglicana rechazaba la posibilidad de hacer misión en América Latina "porque podía ofender a la Iglesia Católica Romana y, consecuentemente, poner en peligro sus tradicionales lazos con esa iglesia"[482]. Los protestantes estadounidenses, por el contrario, no tenían ninguna objeción de que se realizara una evangelización protestante en el continente latinoamericano.

---

[477] *Curso de ecumenismo*. CLAI.

[478] Arturo Piedra. *Evangelización protestante en América latina*. Quito: Clai, 2000.

[479] Gonzalo Báez-Camargo. "The Place of Latin America in the Ecumenical Movement". *The Ecumenical Review. A Quaterly*. The World Council of Churches, volumen I: Spring, 1949, p. 311.

[480] *Óp. cit.*, p. 118.

[481] *Ídem*, p. 121.

[482] *Ídem*, p. 125.

Las tensiones se hicieron notorias a través de cartas entre J. H. Oldham y algunos obispos anglicanos miembros de las comisiones que trabajaban para Edimburgo 1910 y que estaban dispuestos a renunciar a sus cargos. "Oldham estaba muy preocupado porque las posiciones de estos jerarcas anglicanos podían afectar la celebración de la Conferencia"[483].

Finalmente, después de muchos cabildeos, cartas y discusiones, triunfó la tesitura anglicana de no incluir América Latina en la Conferencia. Pese a ello, como muestra Piedra[484], hubo referencias tangenciales y veladas como las de Robert Speer, en cuyo discurso titulado "Cristo, el líder del trabajo misionero de la iglesia", dijo que el "*liderazgo de Cristo implica la sujeción de TODO el mundo. Nadie puede seguirle a Él sin seguirle hasta las partes más lejanas de la tierra*"[485].

Las repercusiones de la decisión de Edimburgo fueron negativas para algunos líderes evangélicos como Juan Mackay. El teólogo presbiteriano, quien había sido influido por Speer, sufrió una verdadera conmoción, la cual se refleja en esta descripción: "*Estuvo profundamente en desacuerdo cuando la primera gran reunión ecuménica rechazó considerar los países bajo el dominio de la Iglesia Católica Romana como esferas legítimas de la actividad misionera protestante*"[486].

En su conclusión, Piedra manifiesta que, más allá del problema suscitado entre anglicanos y protestantes estadounidenses en cuanto a considerar a América Latina como tierra de misión:

> …el resultado de la Conferencia de Edimburgo, cualquiera que fuese, no afectó en nada las pretensiones misioneras en América latina. Más bien se puede afirmar que algunas de sus conclusiones vendrían a ser claves en el trabajo protestante en América Latina[487].

Uno de los resultados concretos de Edimburgo fue la creación del Comité de Cooperación para América Latina, que dio lugar a la realización del Congreso de Panamá realizado en 1916, el cual fue un hito en la

---

[483] *Ídem*, p. 128.

[484] *Ídem*, pp. 144–145.

[485] Citado por Piedra en *ídem*, p. 145. Cursivas originales.

[486] Cita tomada de W. R. Wheeler. *A man sent from God: A Biography of Robert E. Speer*, p. 190. Citado en *ídem*, p. 148. Cursivas originales.

[487] *Ídem*, p. 157.

historia del protestantismo latinoamericano[488]. Fue allí, creemos, donde se dio el paso, desde la exclusión, al naciente protagonismo misionero latinoamericano.

# Temas misiológicos y eclesiológicos en Edimburgo 1910

Acaso el documento más importante de Edimburgo 1910 en torno a la cuestión de la misión, es el informe de la comisión número 1: "Llevando el Evangelio a todo el mundo no cristiano" (*Carring the Gospel to all the non-Christian World*)[489]. ¿Cuál es ese "mundo no cristiano"? El documento ubica geográficamente ese mundo, incluyendo en él a países e imperios tales como Japón, Formosa, Corea, China, India, Asia central, África y, en el hemisferio occidental, a indígenas orientales de Sudamérica y de las Indias occidentales. El documento destaca el tiempo de oportunidad inigualable para llevar el evangelio a ese mundo no cristiano, cuyos pueblos, señala, están más abiertos y favorables a la presencia de misioneros respecto a tiempos pasados. Sobre las tendencias que se observan en las religiones no cristianas, el informe indica que esas religiones están perdiendo sostén en algunas clases sociales. En algunas regiones del mundo, esos movimientos religiosos se están adaptando a las condiciones modernas y manifestando una creciente actividad y agresividad. La urgencia de llevar el evangelio a estas naciones, también se debe a la oportunidad que ellas presentan en cuanto a su "plasticidad". Por "plasticidad", entiende su carácter maleable, cambiante, adaptable a nuevas condiciones. Presenta el caso de Corea, considerada clásicamente como "la tierra de la calma matutina" (*Land of the Morning Calm*), que ahora está vibrando con el espíritu del mundo moderno. A modo de conclusión de esta descripción somera del mundo no cristiano, la comisión dice:

---

[488] Arturo Piedra considera que el congreso de Panamá fue un acontecimiento que marcó una nueva etapa de la presencia y expansión del protestantismo en América Latina, representando el final de un período en que la Iglesia Católica hizo creer que el trabajo de los misioneros protestantes era extraño e ilegítimo (*idem*, p. 163). Allí mismo, Piedra consigna la opinión de Stanley Rycroft: "*Cuando se escriba la historia de los últimos veinticinco años del trabajo protestante en América Latina, los cristianos se percatarán del papel importante que desempeñó el Comité de Cooperación en América Latina.*"

[489] World Missionary Conference, 1910, Report of Commision I, Carring the Gospel to all Non-Christian World. Disponible en <http://www.archive.org/stream/reportofcommi00worliala>. Consulta: 13 de abril de 2010.

Nunca antes tales factores y movimientos estuvieron tan bien sincronizados. El mundo no cristiano es ahora accesible, abierto y dispuesto a responder; las religiones no cristianas pierden su legendario poder en ciertas clases sociales, por un lado, aunque por otro desarrollan una nueva actividad, empresa y antagonismo [...]. Seguramente todos estos hechos y factores, junto con los peligros y posibilidades de la Iglesia como determinados por su actitud en tal tiempo y encarando tal oportunidad, constituye una conjunción que viene de la mano del Dios viviente, y podría ser considerada por la Iglesia cristiana como un mandato irresistible[490].

De particular interés para nosotros como sudamericanos, es observar lo que la comisión dice sobre los indígenas de esta región. Se refiere a los "indios y orientales de Sudamérica" y sostiene que la mayoría vive en la región superior del Amazonas y sus brazos tributarios, los cuales llegan a los ríos que conforman el Río de la Plata. La mayoría de indígenas es agrícola y muchos son seminómadas. Hay indios en Brasil y también en Colombia, Bolivia, Ecuador, Perú y Venezuela. Los araucanos en Chile y el oeste de Argentina, están ubicados en chacras y estancias y viven vidas modestas. Los indígenas sudamericanos son animistas y adoran a los ancestros y al alma. En cuanto a lo que todavía debe hacerse en este ámbito, el documento dice que comparado con otros campos de misiones cristianas, Sudamérica todavía puede ser llamado el continente olvidado. La principal razón de los esporádicos esfuerzos de las misiones cristianas, se puede encontrar en que los Estados de los países de ese subcontinente son muy cercanos a la Iglesia Católica Romana, lo cual es un obstáculo para tal obra misionera[491].

¿Cómo se concebía la iglesia en Edimburgo 1910? Tomando como base el informe de la Comisión II: "La Iglesia en la misión de Dios", podemos extraer algunos conceptos clave de lo que Edimburgo decía sobre la iglesia.

En primer lugar, aclara que la expresión "campo de misión" es inexacta. Porque: "Todo el mundo es el campo de misión y no hay Iglesia si no está en el campo de misión"[492]. Con respecto a la constitución y or-

---

490 *Ídem*, p. 48.

491 *Ídem*, p. 249.

492 Disponible en <http://.www.archive.org/stream/rptcommissionii00worliala>, p. 4. Consulta: 13 de abril de 2010.

ganización de la iglesia, el documento reconoce la diversidad de comprensiones en torno a expresiones como "propio gobierno" y "propio sostén", que no es igual para el caso de anglicanos o de bautistas. Por ello, es necesario ejercer un gran cuidado a fin de evitar confusiones o interpretaciones erróneas. Pone una atención especial sobre aspectos muy prácticos de la eclesiología, tales como: a) la autoridad eclesiástica de las iglesias madre; b) el cuerpo administrativo de la sociedad misionera que fundó la iglesia; c) el cuerpo local de gobierno de la misión, es decir, si es conferencia, concilio o comité local de administración; d) la autoridad eclesiástica incipiente o plenamente establecida de la iglesia local.

En segundo lugar, luego de estudiar la política de gobierno de cada denominación, el documento presenta cinco tipos de problemas, entre los que se destacan los dos siguientes:

1. El problema del debido desarrollo del cristiano individual y la congregación individual.

2. La presente época de la vida de la iglesia en el campo de misión está marcada más profundamente debido al desarrollo de todas las comunidades de las iglesias en el sentido más amplio. Señala algunos lugares donde se ha hecho un avance sustancial en cuanto a una visible corporización de los ideales de la iglesia y su unidad corporativa en gran escala.

Como resultado de esta parte de la investigación, el informe destaca que la iglesia organizada en el campo de misión no debe ser más un ideal lejano sino una realidad de la iglesia y que esta necesita reconocimiento continuo en cuanto a su existencia organizada, su vida y acción corporativa, sus necesidades y problemas para lograr una influencia estable y efectiva en los pueblos no cristianos.

## Protagonismo misiológico de América Latina

¿Por qué la América latina excluida pasa a ser protagonista de la misión? Hay varios factores para tener en cuenta.

1. **El surgimiento del pentecostalismo prácticamente al mismo tiempo que Edimburgo.**

Casi simultáneamente con la realización de Edimburgo 1910, se produce el movimiento pentecostal en el mundo. Históricamente, el pentecostalismo es una prolongación de los llamados "movimientos de santidad" que hunden sus raíces en la teología de Wesley. Sus comienzos más remotos están vinculados a una escuela bíblica llamada Bethel College, en Topeka, Kansas, pero el comienzo, diríamos, "oficial" del movimiento se relaciona con William Seymount, un predicador negro que llevó la enseñanza pentecostal en 1906 a la calle Azusa y fundó la *Apostolic Faith Gospel Mission*. Movimientos similares se dieron también en Noruega, Dinamarca, Suecia y Chile. La obra pentecostal en el vecino país está ligada al ministerio de Willis Hoover, en Valparaíso, que era pastor de una iglesia metodista. Él mismo fundó la Iglesia Metodista Pentecostal, que en poco tiempo alcanzó un sostenido crecimiento en el país.

Jean-Pierre Bastian, quien es un crítico del pentecostalismo hasta el punto de pronosticar una declinación que lejos está de producirse[493], admite, sin embargo, la importancia que tuvo la expansión pentecostal en América Latina.

> Las sociedades pentecostales, sin los medios económicos de los cuales disponían los "evangélicos", se difundieron rápidamente a partir de los años cincuenta. Si el movimiento "evangélico" se caracterizaba por su "norteamericanización", los pentecostales, en cambio, se difundían, con pocas excepciones, mediante la labor de predicadores latinoamericanos, de origen social humilde, semianalfabetos y autodidactos. Con su exhuberancia, la espontaneidad de sus oraciones, la glosolalia, los cantos rítmicos, los gritos de exaltación religiosa y la ausencia de ornato en sus templos, el culto Pentecostal parecía ser la expresión de una auténtica religiosidad[494].

---

[493] Ese talante lo expuso en las Conferencias Carnahan del Instituto Universitario Isedet, donde manifestó, entre otras cosas, que el pentecostalismo carece de líderes con formación teológica. Ante una pregunta que le formulé en el sentido de que distinga entre pentecostalismo y neopentecostalismo, términos de uso frecuente en su presentación, su respuesta fue ambigua y difusa. Daba la sensación de que los prejuicios le impedían ver con más objetividad el fenómeno pentecostal latinoamericano. Esta visión contrasta con la de Carlos Ham, quien dice: "Creo que tenemos mucho que aprender de las iglesias pentecostales. Han madurado muchísimo. Ya no podemos decir que no tienen teología, porque tienen teología; tienen buenos teólogos y teólogas. Son además iglesias populares. Expresan su fe en categorías del pueblo. Tienen un compromiso social. Reciben el Evangelio de forma holística, integral, y llevan a cabo la proclamación del Evangelio y el compromiso social en términos prácticos. Creo que las iglesias "protestantes históricas" (nosotros) somos muy racionalistas. Racionalizamos demasiado". Disponible en <http://alcnoticias.net/interior.php?codigo=17068&lang=687>. Consulta: 01 de marzo de 2011.

[494] Jean-Pierre Bastian. *Protestantismos y modernidad latinoamericana*. México: FCE, 1994, pp. 210–211.

Hasta los años 1960, el pentecostalismo fue visto como de reojo por parte del liderazgo de iglesias protestantes y evangélicas. En la primera campaña de evangelización realizada por Billy Graham en el antiguo "gasómetro" de la Av. La Plata en 1964, el pentecostalismo casi no participó. En la campaña juvenil de Luis Palau en 1974, hubo cierta participación de las iglesias pentecostales, lo que produjo cierto cisma en los cuerpos eclesiales, particularmente de Hermanos Libres, que causó, a su vez, el surgimiento de iglesias independientes como "La Iglesia de la Puerta Abierta". Hoy ya es impensable hacer una campaña masiva sin la presencia de las iglesias pentecostales. Según las estadísticas, el 70% de los evangélicos en América Latina pertenece a las filas del pentecostalismo y los movimientos carismáticos. En Argentina, una estadística, fruto del trabajo de un equipo liderado por el sociólogo Fortunato Mallimaci, da cuenta de que el total de evangélicos en el país apenas supera el 9% y que el 7% de ese total es pentecostal y carismático.

## 2. El crecimiento exponencial del cristianismo evangélico en el continente.

El crecimiento del protestantismo latinoamericano en el siglo XX ha sido fantástico. Las cifras hablan por sí mismas. En una estadística que hemos citado en *Evangelio y antievangelio*[495], el crecimiento de los evangélicos en la región fue el siguiente:

Año 1900: 50 000

Año 1925: 756 000

Año 1936: 7 200 000

Año 1970: 16 000 000

Año 1990: 40 000 000

Año 2000: 100 000 000

## 3. Las teologías latinoamericanas y su repercusión mundial.

En este particular, hay que mencionar por lo menos cuatro movimientos teológicos latinoamericanos.

El primero, lo que denomino "pioneros de la teología evangélica latinoamericana", segmento en el cual se debe mencionar a Juan A. Mackay,

---

[495] Alberto F. Roldán. *Evangelio y antievangelio. Misión y realidad latinoamericana*. México: Kyrios, 1993, p. 82. La estadística es citada por Guillermo Taylor en "Reflections of maturing MK: grappling with tought latin realities" (*Evangelical Missions Quarterly*. Julio de 1991, p. 254).

Alberto Rembao, Gonzalo Báez-Camargo y Sante Uberto Barbieri, entre otros. Sus escritos representan la reflexión teológica y misiológica de los latinoamericanos y coloca las bases para futuras teologías latinoamericanas. En segundo lugar, debemos mencionar el movimiento ISAL (Iglesia y Sociedad en América Latina), que surgió en Buenos Aires y Montevideo en 1961, y en cuyo seno militaron teólogos como Emilio Castro, José Míguez Bonino, Julio de Santa Ana y Rubém Alves. Varios de ellos ingresarían después en la teología de la liberación. Justamente, esta última es el tercer movimiento para tomar en cuenta. Como escuela teológica, fue la de mayor repercusión mundial. Tuvo su génesis oficial en el Celam II de Medellín 1968, y por primera vez la teología latinoamericana impactaba en el mundo nordatlántico, ya que las obras de Rubém Alves, Gustavo Gutiérrez, Leonardo Boff, Juan Luis Segundo, Hugo Assmann y José Míguez Bonino, entre otros, eran traducidas al inglés, alemán, francés, italiano, etc.

Finalmente, en cuarto lugar, se debe mencionar a la Fraternidad Teológica Latinoamericana, la cual comenzó a gestarse en el CLADE I celebrado en Bogotá en 1969, y que hizo su primera consulta en Cochabamba, Bolivia, en noviembre de 1970. La importancia del debate realizado —que se recoge en *El debate contemporáneo sobre la Biblia*— es que allí este movimiento evangelical toma distancia tanto del liberalismo teológico como del fundamentalismo estadounidense. Su importancia radica en que varios de sus líderes, especialmente C. René Padilla y Samuel Escobar, tendrán una participación destacada en la Conferencia de Lausana en 1974, influyendo en el famoso "Pacto de Lausana", donde, por la decisiva participación de los mencionados, la agenda misionera incluirá la acción social y política. Como dice C. René Padilla:

> El origen del concepto y la práctica de la misión integral que hoy ocupan el centro del escenario en círculos de la Red Miqueas y de un creciente número de iglesias y entidades evangélicas alrededor del mundo se remonta a un movimiento global de reflexión teológica evangélica en cuyo seno sucedió, bajo la dirección de Dios, el redescubrimiento del Reino de Dios. Por lo menos en el caso de América Latina, es fácil demostrar que este concepto se constituyó en la clave para la comprensión de las bases bíblicas de la misión cristiana: habiéndose inaugurado en diciembre de 1970, la Fraternidad Teológica Latinoamericana (FTL) dedicó su segunda consulta, realizada en Lima en diciembre de 1972,

al tema "El reino de Dios y América Latina". A partir de esa consulta, mucha de la rica producción teológica de la FTL ejercería una influencia marcada en la articulación de la misión del Reino en términos de la misión integral no sólo en América Latina sino alrededor del mundo, especialmente en el Mundo de los Dos Tercios[496].

## 4. Una mayor conciencia de misión integral que supera la dicotomía evangelización vs. acción social

Uno de los aportes más significativos de movimientos como la FTL radicó en el desarrollo de una teología de la misión que, centrada en el reino de Dios, ampliara el horizonte de la acción de la iglesia en el mundo. Justamente, la teología del Reino, quizás presente de un modo muy esporádico y tenue en la Conferencia de Edimburgo, se tornará en un tema teológico central en el desarrollo del pensamiento cristiano. Se supera el concepto agustiniano católico romano clásico, para el cual la iglesia es el reino de Dios, para pasar a una noción más clara: la iglesia es la comunidad del reino de Dios, pero este último representa la acción total de Dios en el mundo y supera las fronteras de la iglesia. De ahí se pasa a entender la misión de Dios (*missio Dei*) como el propósito de Dios con toda su creación en todas sus dimensiones. De ahí que ya no es posible hablar de que la misión consista únicamente en la evangelización, sino que abarca la acción social, la solidaridad, la acción política, la economía y toda otra dimensión humana en el mundo. La idea de "misión integral" ya estaba expresada en artículos de la revista metodista *El estandarte evangélico* en los años 1940, donde se hablaba, literalmente, de un "evangelio integral", pero ahora el concepto está mucho más desarrollado teológica y sistemáticamente.

---

[496] C. René Padilla. "De Edimburgo 1910 a Lima 1972. Cambios de paradigma en el desarrollo de la misión" (segunda parte)". Disponible en <http://www.kairos.org.ar/blog/?p=373>. Consulta: 01 de marzo de 2011. De las varias ponencias que se incluyen en el libro citado por Padilla, se destaca la de José Míguez Bonino, a la sazón invitado a participar en los encuentros de la FTL sin ser miembro, titulada: "El reino de Dios y la historia", donde el teólogo metodista analiza la presencia del reino en los procesos históricos, cuya detección no se hace a partir de una perspectiva de la *nous* o la *ratio* que se lo discierne en la obediencia concreta, en la praxis. Dice Míguez Bonino: "Es imposible exagerar la importancia de esta última expresión: el reino no sólo se discierne en obediencia. Preguntarse por la presencia del reino en la historia es pedir que el Rey nos señale nuestra tarea y pedirle que se digne recoger nuestra obediencia en su reino" (C. René Padilla [editor]. *El reino de Dios y América Latina*. El Paso: CBP, 1975, P. 85).

# Desafíos de Edimburgo 2010

### 1. El desafío ecuménico

Hablar del desafío ecuménico implica referirnos a la unidad de la iglesia. Desde los primeros concilios universales, la iglesia se ha definido a partir de las cuatro notas esenciales: la iglesia es una, santa, católica y apostólica. Estas cuatro notas tienen su fundamentación bíblica y teológica, pero no es aquí el lugar donde analizarlas. Permítanme, simplemente, citar un texto paulino que muchas veces leemos sin tomar conciencia de sus alcances. Se trata del saludo de Pablo a la iglesia en Corinto: "a la iglesia de Dios que está en Corinto, a los que han sido santificados en Cristo Jesús y llamados a ser su santo pueblo, junto con todos los que en todas partes invocan el nombre de nuestro Señor Jesucristo, Señor de ellos y de nosotros" (1Co 1.2; *NVI*). Pablo saluda no solamente a la iglesia o comunidad en Corinto, sino a todos los que en cualquier lugar invocan el nombre de Jesucristo. Él es Señor tanto de los corintios como de aquellos que se encuentran en otros lugares geográficos. En términos de hoy, podríamos decir que Pablo refleja una visión ecuménica de la iglesia de Cristo. Él conoce algunas comunidades como la de Corinto, la cual fundó, pero entiende que en otras regiones geográficas hay otros miembros de la iglesia a quienes también se debe reconocer en la hermandad.

Podemos hablar mucho de la unidad de la iglesia, pero aquí solo queremos enunciar algunos principios: primero, que la unidad de la iglesia es el deseo del corazón de Dios expresado en la oración sacerdotal de Jesús: *…que todos sean uno [...] para que el mundo crea que tú me has enviado"* (Jn 17.21). La fe del mundo en Jesucristo depende de la unidad de los que ya somos creyentes en él. La misión depende de la unidad entre los hijos e hijas de Dios. Para que el mundo crea en que Jesús es el enviado (el misionero por excelencia) debemos vivir la unidad. Pero, en segundo lugar, la unidad de la iglesia es, siempre, unidad en diversidad. Toda tendencia a la uniformidad no solo es impracticable, sino que esconde motivaciones ocultas. Cuando un nuevo movimiento eclesial o misionero se erige en "el modelo" para seguir, sin admitir diferencias de prácticas y aun creencias que no tienen que ver con Cristo y la salvación, requieren de nosotros un ejercicio de discernimiento, porque tal vez esconden motivaciones y objetivos que no son la unidad sino la uniformidad. Esas tendencias están presentes hoy en las iglesias, las denominaciones, los "ministerios", los "movimientos" que, en general, reflejan dos rupturas: la histórica y la teológica. En síntesis: rompen con la historia como si nunca antes Dios hubiera obrado en ella y, segundo, rompen con la teología, como si estos nuevos movimientos fueran los únicos capacitados para la doctrina cristiana, a manera de *creatio ex nihilo*. En tercer lugar, la unidad debe materializarse en medio de la historia. En este sentido, como dice Emilio Castro:

> La búsqueda de la unidad de la Iglesia no puede ser localizada fuera de la historia. No es meramente un ejercicio intelectual de comparación de doctrinas en la esperanza de superar diferencias, sino que es un esfuerzo por descubrir la forma de obediencia cristiana que es apropiada para nuestro tiempo[497].

¿Por qué no podemos negar la historia a la hora de hablar de unidad? Para Castro, es imposible ignorar la historia porque las divisiones en torno a aspectos doctrinales o divergencias canónicas tienen sus raíces históricas, sociales, políticas y culturales. "Pero la razón central para localizar el tema de la unidad entre los conflictos humanos es que allí es donde la ubica la visión bíblica"[498]. La búsqueda de unidad de la iglesia en la visión del reino de Dios, es un esfuerzo constante que se concreta en medio de los conflictos mundiales que dividen a la humanidad. La iglesia está llamada a ser un agente de transformación, testigo del propósito reconciliador de Dios con todo el mundo, pues en la cruz Dios estaba reconciliando al mundo consigo mismo (2Co 5.19). La unidad de la iglesia, entonces, no es una opción cristiana, sino un mandato de Dios para quienes confesamos el nombre de Cristo. Es una unidad que debe materializarse en acciones concretas y que se da en medio de las luces y las sombras de la historia. Lo que debe unirnos, en suma, es precisamente la misión, porque es reconocer y vivir la unidad con un objetivo que va más allá de la iglesia: para que el mundo crea.

## 2. El desafío interreligioso

Se hace necesaria una teología cristiana que tome en cuenta el pluralismo religioso en un mundo global. ¿Qué es la teología del pluralismo religioso? He aquí un intento de definición:

> La teología del pluralismo religioso no es solamente, como su nombre pudiera indicar, una "teología de genitivo" o

---

[497] Emilio Castro. *A Passion for Unity*. Ginebra: WCC Publications, 1992, p. 9.
[498] *Ibíd.*

"sectorial", una teología que teologiza concretamente sobre la pluralidad de religiones. Es también una "teología de ablativo", o teología "fundamental", en cuanto que el pluralismo es la nueva formalidad o perspectiva desde la que se vuelve a leer todo el patrimonio simbólico del cristianismo. La teología del pluralismo religioso no habla sólo de la pluralidad religiosa, sino "del Padre, del Hijo y del Espíritu Santo, de la Gracia y del bautismo, de la elección y de la misión", de todo lo que se puede hacer teología, como cualquier otra teología general, sólo que haciéndolo desde la perspectiva del pluralismo[499].

¿Quiénes deben producir el diálogo con otras religiones? José Comblin reflexiona sobre el tema y compara dos posibilidades: una, que las personas más indicadas para ese diálogo serían los teólogos, teólogas y especialistas de la religión, o los representantes de ellas. Sin embargo, esta posibilidad no es la más atendible. La mejor, dice Comblin, radica en las posibilidades de los pueblos. "Hoy, esos encuentros se multiplican por el hecho de que la evolución de la economía provoca no solamente viajes de dirigentes, sino emigración de los pueblos pobres. Los emigrantes llevan su religión"[500]. Para Comblin, lo que permanece abierto es el problema de la relación entre cristianismo e historia, y el encuentro con otras religiones puede ser considerado como una nueva etapa de la historia[501].

Por su parte, Roberlei Panasiewicz sugiere que necesitamos un cristianismo con dos características: policéntrico y polifónico para que, de ese modo, continúe estimulando el diálogo y la vida en el mundo de hoy. "Policéntrico, debido a las variadas realidades culturales y, al mismo tiempo, polifónico, para que esas mismas realidades expresen su forma de comprender y vivir la fe cristiana"[502].

## Lo que dejó Edimburgo 2010

Edimburgo 2010 ya es historia. Corresponde, entonces, hacer una somera evaluación del evento. Víctor Rey, presidente de la FTL fue entrevistado durante la conferencia y ante la pregunta "¿Qué impresión le merece el desarrollo de la Conferencia Edimburgo 2010?", respondió:

---

[499] José María Vigil. *El actual debate de la teología del pluralismo*. Libros digitales Koinonía, p. 9.
[500] *Ídem*, p. 30.
[501] *Ibíd*.
[502] *Ídem*, p. 53.

En primer lugar, nos sentimos muy honrados de que nos hayan invitado a tres miembros de la Fraternidad Teológica Latinoamericana. El contenido de las sesiones y talleres es tremendamente ecuménico. Tenemos aquí una diversidad de denominaciones y corrientes. Hay carismáticos y pentecostales. También católicos, que no estuvieron en 1910[503].

Sobre la representación de América Latina en la conferencia, dijo Rey: "Por lo que respecta a la representación de Latinoamérica, si no tan amplia en número, sí es buena en calidad: está representado el Consejo Latinoamericano de Iglesias (CLAI), la FTL, el movimiento estudiantil [...]"[504].

Finalmente, con referencia a los talleres realizados en la conferencia, el líder chileno dijo:

Las discusiones en los talleres son muy buenas. Los problemas que se tratan a nivel global, son los mismos que los que se dan en Latinoamérica. Y es que hoy en día la misión de la iglesia es una misión global. En Latinoamérica tenemos la misma situación, los mismos desafíos: la justicia, la emigración, la unidad, la transformación, la comunión, el lenguaje, la comunicación[505].

Según Carlos Ham, líder latinoamericano en el Consejo Mundial de Iglesias y participante de Edimburgo 2010, América Latina ya no tiene el perfil que tenía en los años setenta y ochenta, con la teología de la liberación y las comunidades de base en pleno apogeo. Entonces el secretario general del CMI, Emilio Castro, y muchos empleados eran latinoamericanos. Ahora, América Latina ya no está en las noticias. Ya no es la prioridad. La prioridad es África, Europa del Este. América Latina ya no está en las noticias, a no ser que haya un terremoto en Chile o un golpe de Estado en Honduras[506].

En cuanto a la clausura de la conferencia, en un informe de la Agencia Latinoamericana de Noticias (ALC)[507] se comentan algunos momentos clave del cierre. En su sermón en el culto de clausura de la Con-

---

[503] La entrevista está disponible en <http://alcnoticias.net/interior.php?codigo=17069&lang=687>. Consulta: 01 de marzo de 2011.

[504] *Ibíd.*

[505] *Ibíd.*

[506] *Ibíd.*

[507] Edimburgo 2010 culminó en el recinto histórico CMI/ALC.

ferencia Edimburgo 2010, el arzobispo John Sentamu recordó que Jesús dijo a sus seguidores: "Ustedes son mis testigos". Sentamu, quien es arzobispo anglicano de York, Gran Bretaña, hizo un llamamiento a propósito de la "importancia crucial del testimonio cristiano". Sentamu lo afirmó en su sermón: "la actividad humana sólo genera actividad humana. La Palabra profética y el Espíritu nos hacen vivir". Su voz resonó con una pasión evangelizadora que recordó a predicadores del pasado que hablaron en ese mismo lugar.

"Este es probablemente el encuentro más abarcador sobre la misión desde 1910", comentó Vinoth Ramachandra, líder de la Comunidad Internacional de Estudiantes Evangélicos en Sri Lanka. Al igual que otros oradores, Ramachandra reconoció muchos avances prometedores en la Conferencia Edimburgo 2010. Sin embargo, también expresó su preocupación por el alto porcentaje de profesionales religiosos y académicos en comparación con el gran número de obreros laicos presentes un siglo atrás. Llamó a esto un "punto ciego" en los encuentros eclesiales contemporáneos: la incapacidad de darse cuenta de que "el trabajo principal de misión tiene lugar en la vida cotidiana de cristianos y cristianas comunes".

Finalmente, también las iglesias reformadas participantes en Edimburgo hicieron su evaluación del evento. Subrayaron la importancia de la unidad y la diversidad en la misión, evitando las tendencias imperialistas en su implementación. En una carta oficial expresan:

> En la conferencia de Edimburgo, nos quedó claro que la unidad en la misión es importante, pero también es importante que permitamos y le abramos espacio a la diversidad de métodos y expresiones. La misión cristiana está "proliferando" en diferentes lugares y diferentes formas. Nuestro deber primario es el de escuchar y afirmar, en lugar de controlar[508].

# Conclusión

Si algo hay que decir en cuanto al cambio teológico y misiológico producido en estos cien años que separan a Edimburgo 1910 de Edimburgo 2010, es el cambio de paradigma. De una visión eclesiocéntrica,

---

[508] "Edimburgo 2010. Ser testigos de Cristo hoy, carta de la delegación de Iglesias Reformadas a la Asamblea de la comunión mundial de iglesias reformadas" (*La Voz*. Alianza de Iglesias Presbiterianas y Reformadas de América Latina. Año XIX, número 53, diciembre de 2010, pp. 14–15).

hemos pasado a una visión del reino de Dios. La teología del Reino es la que ha permitido ampliar la visión misionera de la iglesia. En esa perspectiva, el aporte latinoamericano ha sido decisivo. Está representado por varios movimientos teológicos, entre los cuales es necesario mencionar los siguientes: la teología de ISAL (Iglesia y Sociedad en América Latina), que buscó insertar la misión en las realidades sociales y políticas del continente; la teología de la liberación, la cual continuó esa búsqueda articulando un pensamiento que surge de la praxis y comprometido con la misión en los pueblos latinoamericanos, y la teología de la FTL, cuyos pioneros influyen decisivamente en Lausana 1974 y articula una misión holística en la cual todos los aspectos de la realidad son parte del interés de Dios. Si la vida cristiana es una realidad entre los tiempos, del anuncio al *escatón*, la misión cristiana en América Latina está marcada por el cambio de una visión donde la iglesia era el fin último, a una perspectiva en la cual el fin último es el Reino y la iglesia una sierva que anuncia y prefigura el definitivo reinado de Dios en la historia. Este es el *kairós* que, en la providencia divina, nos toca protagonizar hoy en nombre de Cristo para que el mundo crea.

# Conclusión

Como hemos visto a lo largo de este libro, el reino de Dios prometido en el Antiguo Testamento y anunciado por Jesús, es el centro neurálgico de la acción de Dios en el mundo entendida como *missio Dei*. No hay misión sin referencia al Reino, porque es ese Reino el que resume el propósito de Dios con su mundo. Es necesario superar los esquemas eclesiocéntricos para los cuales la iglesia es el fin último de todo, y situarnos en la perspectiva del Reino como hilo conductor y meta de la historia. Si bien el Reino ha sido concebido de muchas maneras en la historia, una cosa es clara: el reino de Dios es el gobierno del Creador en el mundo produciendo justicia, paz y alegría en el Espíritu. Aunque para ciertas mentalidades, el Reino solo es mediado por la iglesia, desde el testimonio bíblico sabemos que Dios utiliza medios e instrumentos de los más diversos para la concreción de sus propósitos. No siempre es posible determinar cuáles son las mediaciones del Reino, pero lo importante es la obediencia activa para participar en las acciones redentoras del Reino, que abarcan, como hemos visto, no solo la salvación de las personas, sino la reconciliación de todas las cosas en Cristo. Participar en la misión de Dios, entonces, significa actuar en el nombre de Cristo, anunciando el evangelio del Reino y actuando a favor de la justicia, la paz y la alegría de los pueblos.

Todo Reino tiene una política. En este caso, se trata de "la política de Dios", que, en célebre expresión de Paul Lehmann, significa "mantener humana la vida humana en la tierra". No anunciamos un Reino etéreo y "espiritual" aislado de las realidades sociales y políticas. Por el contrario, la irrupción del Reino implica la transformación de las relaciones con Dios, con el prójimo y con la creación. Puesto que pretender definir la política de Dios es riesgoso y resulta inadecuado identificar un programa político humano con el Reino, cabe a la iglesia, como sujeto del Reino, ejercer discernimiento para saber qué camino tomar en cada situación histórica y contexto sociopolítico. En este sentido, las éticas sociopolíticas de Calvino y Barth nos orientan como ejemplos históricos, pero sería un error pretender extrapolarlas al presente de nuestro mundo. Ningún modelo es directamente aplicable a nuevos contextos cambiantes. La historia no se repite. Pero el modo en que los cristianos y cristianas han actuado en la historia promoviendo el reino de Dios, nos puede servir de modelo e inspiración para nuestra acción misionera en el mundo actual.

Desde otro ángulo, hemos visto que toda misiología representa una teología que le da un marco teórico. Así, hemos contrastado las teologías de Calvino y Barth como expresiones diversas de la tradición reformada que, entendemos, solo se pueden explicar a la luz del círculo hermenéutico que implica la sospecha, matriz de toda investigación, tanto ideológica como teológica y exegética y que, como resultado, da a luz una nueva hermenéutica más acorde con el nuevo tiempo histórico. De modo que, más allá de los aportes de Calvino y Barth, se nos presenta ahora un nuevo desafío: aplicar de nuevo el círculo hermenéutico a partir de otras sospechas. De manera incipiente, hemos intentando hacerlo en la presente obra al reflexionar sobre la teología latinoamericana que, más allá de su innegable aporte, implica ahora una revisión de sus postulados y desafíos.

Por otra parte, no hay misión sin teología, aunque sí puede haber teología sin misión. Por tal razón, en la presente investigación nos hemos ocupado de analizar las "teologías políticas" en las cuales el Reino sigue siendo el centro neurálgico, aunque sus contenidos teóricos pueden variar. A la luz de lo expuesto, entendemos que la teología política basada en el testimonio bíblico y en la reflexión teológica de Moltmann y Metz, debe ser la proclamación del reino del Dios trino y uno, el anuncio de las promesas de justicia, liberación y *Shalom*, promesas que no pueden ser privatizadas. Dios reina, pero su reinado no es monárquico, fundamento para dominadores, dictadores y tiranos, sino trinitario y, por lo tanto, comunitario. El Dios que reina es el Dios crucificado por los poderes no solo religiosos, sino también políticos e ideológicos. La misión implica el seguimiento del Crucificado sabiendo que su cruz es el camino hacia la gloria final.

Finalmente, la misión siempre se realiza en un locus histórico y social. Por eso, cerramos nuestra reflexión con una mirada a Edimburgo 1910 y 2010, porque entendemos que la Conferencia Misionera Mundial realizada allí hace cien años, representa no solo un hito en la historia de las misiones, sino también un paradigma de las tendencias monopólicas e imperialistas que han dominado esa historia. En efecto, así como América Latina fue decididamente excluida de Edimburgo 2010, a cien años de ese hecho, más allá de los esfuerzos por mantener esa exclusión, hoy ya no es posible ignorar un continente que es fértil en el desarrollo de la *missio Dei* y, en algunos casos, modelo para otras contextos misioneros. Pero todo esto nos debe conducir no al orgullo sino a la humildad, reconociendo que todo lo que se ha logrado en América Latina en términos del desarrollo del reino de Dios, se debe a su soberanía, su gracia y su poder desplegado a través del Espíritu Santo. Nos toca a nosotros, cristianos y cristianas del siglo XXI, proclamar, en palabras y acciones, el reino de Dios, su justicia, su paz y su alegría en nuestro mundo mientras oramos con esperanza:

> "… venga tu reino,
> hágase tu voluntad
> en la tierra como en el cielo".

# Bibliografía


Abbagnano, Nicola
1998  *Dicionário de filosofia*. Artículo "Deísmo". San Pablo: Martíns Fontes, p. 238.

Aguilar, Héctor Orestes
2001  *Carl Schmitt, teólogo de la política*. México: FCE.

Anticlimacus (S. Kierkegaard)
1961  *Ejercitación del cristianismo*. Madrid: Ediciones Guadarrama.

Ávila, Mariano
2008  *Entre Dios y el César: Líderes evangélicos y política en México (1992–2002)*. Grand Rapids: Michigan, Libros Desafío.

Báez-Camargo, Gonzalo
1949  "The Place of Latin America in the Ecumenical Movement". *The Ecumenical Review. A Quaterly*. The World Council of Churches, volumen I, Spring, p. 311.

Balthasar, Hans Urs
1992  *The Theology of Karl Barth*. San Francisco: Ignatius Press.

Barth, Karl
1978  "La humanidad de Dios". En *Ensayos teológicos*. Barcelona: Herder.
1967  "Kierkegaard and the Theologians". *Canadian Journal of Theology*, XIII, pp. 64–65.
1965  A Thank You and a Bow: Kierkegaard's Reveille". *Canadian Journal of Theology* XI, pp. 4 y ss.

1954 *Bosquejo de Dogmática.* Buenos Aires: La Aurora.

1998 *Carta a los Romanos.* Madrid: BAC.

1999 *Carta aos Romanos,* San Pablo: Novo Século.

1956 *Church Dogmatics,* Volumen IV.1. Edinburgh: T. & T. Clark.

1976 *Comunidad cristiana y comunidad civil.* Barcelona: Morava-Fontanella.

1986 *Dádiva e Louvor. Artigos seleccionados.* São Leopoldo: Sinodal.

1995 *The Theology of John Calvin.* Grand Rapids: Eerdmans.

1957 *The Word of God and the Word of Man,* Nueva York: Harper & Row.

Bastian, Jean-Pierre

1986 *Historia del protestantismo en América Latina.* México: CUPSA.

1994 *Protestantismos y modernidad latinoamericana.* México: FCE.

Bauckham, Richard (editor)

2001 *God will be all in all. The Eschatology of Jürgen Moltmann.* Minneapolis: Fortress Press.

Biéler, André

2005 *Calvin's Economic and Social Thought.* Traducido por James Greig. Ginebra: WWC Publications.

1973 *El humanismo social de Calvino.* Buenos Aires: Escatón.

Bloch, Ernst

1959 *The Prinzip Hoffnung.* Frankfurt-am-Main: Suhrkamp Verlag Kg.

Boff, Clodovis

1980 *Teología de lo político. Sus mediaciones.* Salamanca: Sígueme.

Boff, Leonardo

1988 *La Trinidad, la sociedad y la liberación.* Buenos Aires: Paulinas.

Borón, Atilio A. (compilador)

2004 *Filosofía política contemporánea.* Buenos Aires: CLACSO.

Bosch, David J.
2000  *Misión en transformación*. Grand Rapids: Libros Desafío.

Bouillard, Henri
1957  *Karl Barth*. Volumen 1: "Genèse et evolution de la thèologie dialectique". Aubier: Èditions Montaigne.

Bultmann, Rudolf
1974  *Creer y comprender*. Tres volúmenes. Madrid: Stvdium.
1998  *Nuevo Testamento y mitología*. Buenos Aires: Almagesto.
1981  *Teología del Nuevo Testamento*. Salamanca: Sígueme.

Bultmann, Rudolf y Karl Jaspers
1968  *Jesús. La desmitologización del Nuevo Testamento*. Buenos Aires: Sur.

Calvin, John
2009  "Commentaries on the Epistles of Paul to the Galatians and Ephesians". En *Calvin's Commentaries*. Volumen XXI. Grand Rapids: Baker Books.
2009  *Joel, Calvins's Commentaries on the Twelve Minor Prophets*. Volumen II. Grand Rapids: Baker Books.

Calvino, Juan
1968  *Institución de la religión cristiana*. Dos volúmenes. Rijswijk: Fundación editorial de literatura reformada.

Casalis, Georges
1966  *Retrato de Karl Barth*. Buenos Aires: Methopress.

Castro, Emilio
1992  *A Passion for Unity. Essays on Ecumenical Hopes and Challenges*, Ginebra: WCC.
1985  *Llamados a liberar: Misión y unidad en la perspectiva del reino de Dios*. Buenos Aires: La Aurora.

Cerutti-Guldberg, Horacio y Carlos Mondragón González (coordinadores)
2006  *Religión y política en América latina: la utopía como espacio de resistencia social*. México: Universidad Nacional Autónoma de México.

Cervantes-Ortiz, Leopoldo
2009   *Juan Calvino. Su vida y obra a 500 años de su nacimiento.*
       Barcelona: Clie.

Cone, James
1973   *Teología negra de la liberación.* Buenos Aires: Carlos Lohlé.

Cornu, Daniel
1971   *Karl Barth, Teólogo da Liberdade.* Río de Janeiro: Paz e Terra.

Cott, A. Moreau, Gary R. Corwin y Gary B. Mcgee
2004   *Introducing World Missions. A Biblical, Historical, and
       Practical Survey.* Grand Rapids: Baker Academic.

Crouzet, Denis
2001   *Calvino.* Barcelona: Ariel.

Cullmann, Oscar
1968   *Cristo y el tiempo.* Barcelona: Editorial Estela.

D'onovan, Oliver y Joan Lockwood O'Donovan (editores)
1999   *From Irenaeus to Grotius. A Sourcebook in Christian Political
       Thought.* Grand Rapids: Eerdmans.

Davies, Paul J.
2006   *Faith seeking Effectiveness: The Missionary Theology of Jose
       Miguez Bonino.* Uitgeverij Boekencentrum, Zoetermeer.

Dillenberger J. y C. Welch
1958   *El Cristianismo Protestante.* Buenos Aires: La Aurora.

Ebeling, Gerhard
1974   *Theology and Proclamation. A Discussion with Rudolf
       Bultmann* (1966); *Introduction to a Theological Theory
       of Language* (1973); *Word and Faith; Das Wesen des
       christlichen Glaubens* (traducción española: *La esencia de la
       fe Cristiana* [Madrid: Marova,]).

Escobar, Samuel
s. f.   "Edimburgo 1910 y los evangélicos iberoamericanos".
        Disponible en <https://www.misiopedia.com/images/
        stories/pdfs/Edimb EscobarES.pdf>, pp. 2 y 3. Consulta: 5
        de abril de 2010.

Gadamer, Hans-Georg

2003 *El giro hermenéutico*. Madrid: Editora Nacional.

2002 *La dialéctica de Hegel. Cinco estudios hermenéuticos*. Madrid: Editora Nacional.

2002 *Verdad y método* I. Volumen II. Madrid: Editora Nacional.

García Alonso, Marta

2008 *La teología política de Calvino*. Barcelona: Anthropos.

Geffré, Claude

1984 *El cristianismo ante el riesgo de la interpretación. Ensayos de hermenéutica teológica*. Madrid: Cristiandad.

Gesteira Garza, Manuel

1998 "Karl Barth: Un profeta del siglo XX". Introducción a Barth, Karl. *Carta a los Romanos*. Madrid: BAC.

Goski, Philip

2003 *The Disciplinary Revolution. Calvinism and the Rise of the State*. En *Early Modern Europe*. Chicago: The University of Chicago Press.

Graham, Fred

1971 *The Constructive Revolutionary Jon Calvin. His Socio-Economic Impact*. Richmond, Virginia: Jonn Knox Press.

Gutiérrez, Gustavo

1986 *Teología de la liberación. Tesis debate*. Buenos Aires: Latinoamérica Libros.

1973 *Teología de la liberación. Perspectivas*. Cuarta edición. Salamanca: Sígueme.

Niebuhr, H. Richard

1956 *The Kingdom of God in America*. Hamden: The Shoe String Press.

Hall, David W.

2008 *The Legacy of John Calvin, his Influence in the Modern World*. New Jersey: P. & R. Publishing.

Hamer, Jérôme

1949 *Karl Barth. L'Occasionalisme Théologique de Karl Barth, Étude sur sa méthode dogmatique*. París: Descleé de Brouwer.

Hancock, Ralph C.
1989   *Calvin and the Foundations of Modern Politics*. Ithaca:
       Cornell University Press.

Heidegger, Martín
2002   *Ser y tiempo*. Traducción de Jorge Eduardo Rivera.
       Madrid: Editora Nacional.

Herberg, Hill
1960   "The Social Philosophy of Karl Barth". *Community, State,
       and Church*. Garden City: Anchor Bookds.

Hirzel, Martin Ernst y Martin Sallmann (editores)
2009   *John Calvin's Impact on Church and Society 1509–2009*.
       Grand Rapids: Eerdmans.

Hughes, Richard T.
2005   *Los mitos de los Estados Unidos de América*. Grand Rapids:
       Libros Desafío.

Jeremías, Joachim
1977   *Teología del Nuevo Testamento*. Volumen I. Salamanca:
       Sígueme.

KcKee, Elsie Anne
2007   "The Character and Significance of John Calvin's
       Teaching on Social and Economic Issues". En Dommen
       Edward y James D. Bratt (editores). *John Calvin
       Rediscovered. The Impact of His Social and Economic
       Thought*. Louisville: Westminster John Knox Press.

Keen, Ralph
1992   "The Limits of Power and Obedience in the later Calvin".
       *Calvin Theological Journal*. Volumen 27, número 2,
       noviembre de 1992, pp. 252–276.

Kelly, Douglas F.
1992   *The Emergence of Liberty in the Modern World. The
       Influence of Calvin in Five Governments from the 16th
       throught 18th Centuries*, New Jersey: P. and R. Publishing.

Kierkegaard, Sören
1994   *Temor y temblor*. Barcelona: Altaya.

Kolakowski, Leszek
1973   *Vigencia y caducidad de las tradiciones cristianas*. Buenos Aires: Amorrortu editores.

Kopkins, C. Howard
1979   *John R. Mott 1865–1955: A Biography*. Geneva and Grand Rapids: WCC & Eerdmans.

Ladd, George E.
1952   *Crucial Questions about the Kingdom of God*. Grand Rapids: Eerdmans.

Löwith, Karl
2006   *Heidegger, pensador de un tiempo indigente. Sobre la posición de la filosofía en el siglo XX*. Buenos Aires: Fondo de Cultura Económica.

Lutero, Martín
1985   *Obras de Martín Lutero*. Volumen 10, *Comentario de la carta a los Romanos*. Buenos Aires: La Aurora.

Maldonado, Luis
1972   *El menester de la predicación*. Salamanca: Sígueme.

Massot, Vicente Gonzalo
2002   "Por qué Schmitt". En Dotti, Jorge y Julio Pinto (compiladores). *Carl Schmitt. Su época y su pensamiento*. Buenos Aires: Eudeba.

McGrath, Aliester E.
1999   *Reformation Thought. And Introduction*. Tercera edición. Oxford, Massachussets, Malden: Blackwell Publishers.
1990   *A Life of John Calvin*. Malden: Blackwell Publising.

McKim, Donald K.
2001   *Introducing the Reformed Faith*. Louisville: Westminster John Knox Press.

McNeill, John T.
1984   "Calvin and Civil Government". En McKim, Donald (editor). *Readings in Calvin's Theology*. Grand Rapids: Baker.

1965 "John Calvin on Civil Government". En Hunt, George L. (editor). *Calvinism and the Political Order*. Filadelfia: The Westminster Press.

Meeter, H. Henry

1990 *The Basic Ideas of Calvinism*. Sexta edición, revisada por Paul A. Marshall. Grand Rapids: Baker House.

Meeter, Henry H. y Paul Marshall

2001 *Principios teológicos y políticos del pensamiento reformado*. Grand Rapids: Libros Desafío.

Melano-Couch, Beatríz

1983 *Hermenéutica metódica. Teoría de la interpretación según Paul Ricoeur*. Buenos Aires: Docencia.

Metz, Johann Baptist

2002 *Dios y tiempo. Nueva teología política*. Madrid: Trotta.

1979 *La fe en la historia y la sociedad*. Madrid: Cristiandad.

1971 *Teología del mundo*. Salamanca: Sígueme.

Míguez Bonino, José

1975 "El reino de Dios y la historia". En Padilla, C. René (editor). *El reino de Dios y América Latina*. El Paso: CBP.

1964 "Fundamentos teológicos de la responsabilidad social de la iglesia". En *La responsabilidad social del cristiano*. Montevideo: Iglesia y Sociedad en América Latina.

1991 "Simplemente una experiencia". *Boletín Teológico*, números 42/43, Buenos Aires: FTL, setiembre de 1991.

1989 "Theology and Peace in Latin America". En Runyon, Theodore (editor). *Theology, Politics, and Peace*, Maryknoll, New York: Orbis Books.

1976 *Ama y haz lo que quieras*. Buenos Aires: La Aurora.

1977 *La fe en busca de eficacia*. Salamanca: Sígueme.

1995 *Rostros del protestantismo latinoamericano*. Buenos Aires: Nueva Creación.

1983 *Toward a Christian Political Ethics*. Philadelphia: Fortress Press.

Moltmann, Jürgen

1971 "Political Theology". *Theology Today*, volumen 28, abril de 1971.

1987    *Dios en la creación*. Salamanca: Sígueme.

1975    *El Dios crucificado. La cruz de Cristo como base y crítica de toda teología cristiana*. Salamanca: Sígueme.

1992    *La justicia crea futuro*. Santander: Sal Terrae.

1969    *Teología de la esperanza*. Salamanca: Sígueme.

1996    *The Coming of God. Christian Eschatology*, Minneapolis: Fortress Press.

1983    *Trinidad y reino de Dios*. Salamanca: Sígueme.

Mondragón, Carlos

1996    "Protestantismo y panamericanismo en América Latina". *Boletín teológico*, número 62, abril–junio de 1996, p. 9.

Mueller, David L.

1972    *Karl Barth*. Makers of the Modern Theological Mind. Peabody: Hendrickson Publishers.

Muller, William A.

1954    *Church and State in Luther and Calvin. A Comparative Study*. Nashville, Tennessee: Broadman Press.

Niebuhr, Reinhold

1966    *El hombre moral en la sociedad inmoral*. Buenos Aires: Siglo XX.

Packer, J. I.

1998    *Teología concisa*. Miami: Unilit.

Padilla, C. René (compilador)

1975    *El reino de Dios y América Latina*. El Paso: CBP.

Padilla, C. René

1985    "El reino de Dios y la historia en la teología latinoamericana". *Cuadernos de teología*. Volumen VII, número 1, 1985.

s. f.    "De Edimburgo 1910 a Lima 1972. Cambios de paradigma en el desarrollo de la misión" (segunda parte). Dispopnible en <http://www.kairos.org.ar/blog/?p=373>. Consulta: 01 de marzo de 2011.

1986    *Misión integral*. Buenos Aires: Nueva Creación.

Pannenberg, Wolfhart (editor)
1968   *Revelation as History. A proposal for a more open, less authoritarian view o fan important theological concept*, London: The Macmillan Company.
1974   *Teología y reino de Dios*. Salamanca: Sígueme, p.13.

Pauck, Wilhelm
1931   *Karl Barth*. Nueva York: Harper.

Peterson, Erik
1999   *El monoteísmo como problema político*. Salamanca: Sígueme.

Piedra, Arturo
2000   *Evangelización protestante en América latina*. Quito: CLAI.

Plantinga, Cornelius Jr.
1983   "The Concern of the Church in the Socio-political World: A Calvinist and Reformed perspective". *Calvin Theological Journal*, volumen 18, número 8, noviembre de 1983, p. 190.

Quintero Pérez, Manuel y Carlos Sintado
2007   *Pasión y compromiso con el reino de Dios. El testimonio ecuménico de Emilio Castro*. Buenos Aires: Kairós.

Rauschenbusch, Walter
1947   *Las enseñanzas sociales de Jesús*. Buenos Aires: La Aurora.

Reyes Mate, y José A. Zamora (editores)
2006   *Nuevas teologías políticas. Pablo de Tarso en la construcción de Occidente*. Barcelona: Anthropos.

Ricoeur, Paul
2000   *Del texto a la acción*. Buenos Aires: FCE.
2003   *El conflicto de las interpretaciones*. Buenos Aires: FCE.
1978   *El lenguaje de la fe*. Buenos Aires: La Aurora.
2006   *Caminos del reconocimiento*. México: FCE.

Roldán, Alberto F.
1999   *¿Para qué sirve la teología? Una respuesta crítica con horizonte abierto*. Buenos Aires: Fadeac.
2010   "El carácter mundano de la teología de Juan Calvino". En

Cervantes-Ortiz, Leopoldo (editor). *Calvino y la teología reformada. Un panorama.* Bogotá: AIPRAL-CUR.

2009 "La dialéctica de la justicia en el comentario de Karl Barth a la carta a los Romanos". *Enfoques*, año XXI, números 1–2. Libertador San Martín: Universidad Adventista del Plata.

2002 "O caráter libertario, bíblico e existencial da teologia de Lutero". *Práxis evangélica*, número 1. Londrina: Faculdade Teológica Sul Americana, pp. 37–55.

2002 *Escatología. Una visión integral desde América Latina.* Buenos Aires: Kairós.

1993 *Evangelio y antievangelio. Misión y realidad latinoamericana.* México; Kyrios.

2009 *Las relaciones entre la Iglesia y el Estado en la teoría de la justicia de Michael Walzer.* Tesis de maestría en ciencias sociales y humanidades. Buenos Aires: Universidad Nacional de Quilmes.

2010 "Giro hermenéutico, teología y debate con las ciencias en el Gadamer tardío" y "La reivindicación del prejuicio como precomprensión en la teoría hermenéutica de Gadamer". I Congreso Internacional de Filosofía Hermenéutica "A cincuenta años de Verdad y Método". San Miguel de Tucumán: Universidad del Norte Santo Tomás de Aquino, 20, 21 y 22 de mayo de 2010

Roldán, David A.
2004 "La escatología pre-crítica. Un balance de *La venida de Dios* (2004)". Revista *El títere y el enano*. Buenos Aires, número 1. Disponible en <http://www.teologiacritica.com.ar/>

2010 *Teología crítica de la liberación: Un replanteo desde el problema de la interioridad y la exterioridad, con especial atención a Juan Luis Segundo y José Míguez Bonino.* Tesis de doctorado en teología. Buenos Aires.

Rooy, Sydney
1986 "El modelo reformado" en Pablo A. Deiros (editor). *Los evangélicos y el poder político en América Latina.* Buenos Aires: Nueva Creación.

Ross, Kenneth R.

s. f.    "Edinburgh 1910-Its Place in History". Disponible en < http://www.towards2010.org.uk/downloads_int/1910-PlaceHistory.pdf>, p. 7. Consulta: 5 de abril de 2010.

Rousseau, Jean-Jacques

2004    *El contrato social.* Barcelona: RBA Coleccionables.

Santa Ana, Julio de

1964    "Algunas referencias teológicas actuales al sentido de la acción social". En VV. AA. *Responsabilidad social del cristiano.* Montevideo: ISAL.

Schaull, Richard

1971    "Iglesia y teología en la vorágine de la revolución". En Alves, Rubén y otros. *De la iglesia y la sociedad.* Montevideo: Tierra Nueva.

Schmitt, Carl

2000    *Romanticismo Político.* Quilmes: Universidad Nacional de Quilmes.

2001    *Teología política I. Cuatro capítulos sobre la teoría de la soberanía.* En Aguilar, Héctor Orestes. *Carl Schmitt: teólogo de la política.* México: FCE.

1985    *Teología política.* Buenos Aires: Editorial Struhart & Cia..

Schnackenburg, Rudolf

1974    *Reino y Reinado de Dios.* Tercera edición. Madrid: FAX.

Segundo, Juan Luis

1975    "El círculo hermenéutico". En *Liberación de la teología.* Buenos Aires: Carlos Lohlé.

1989    *El dogma que libera.* Santander: Sal Terrae.

1970    *Teología abierta para el laico adulto.* Volumen 3: "Esa comunidad llamada iglesia". Buenos Aires: Carlos Lohlé.

Sobrino, Jon

1991    *Jesucristo liberador. Lectura histórico-teológica de Jesús de Nazaret.* San Salvador: UCA editores.

1982    *Jesús en América Latina.* Santander: Sal Terrae.

Sölle, Dorothy
1972    *Teología Política*. Salamanca: Sígueme.

Taubes, Jacob
2007    *Del culto a la cultura. Elementos para una crítica de la razón histórica*. Buenos Aires: Katz editores.
2010    *Escatología occidental*. Buenos Aires: Miño y Dávila editores.
2007    *La teología política de Pablo*. Madrid: Trotta.

Taylor, Guillermo
1991    "Reflections of maturing MK: grappling with tought latin realities". *Evangelical Missions Quarterly*, julio de 1991, p. 254.

Templin, J. Alton
1988    "The Individual and Society in the Thought of Calvin". *Calvin Theological Journal*, volumen 23, número 2, noviembre de 1988.

Tepox-Varela, Alfredo
1987    "Calvino, el exégeta de la Reforma". En *Calvino vivo*, México: El Faro.

Tillich, Paul
1974    *Moralidad y algo más*. Buenos Aires: La Aurora.
1963    *Systematic Theology. Life and the Spirit History and the Kingdom of God*. Volumen III. Chicago: The University of Chicago Press.
1972    *Teología sistemática*. Volumen I. Barcelona: Ariel.

Trevor-Roper, Hugh
2009    *La crisis del siglo XVII. Religión, reforma y cambio social*. Buenos Aires: Katz.

Troeltsch, Ernst
1992    *The Social Teachings of the Christian Churches*. Volumen II. Louisville: John Knox Press.

Van Engen, Charles, Dean Gilliland y Paul Pierson
1993    *The Good News of the Kingdom*. Maryknoll, Ny: Orbis Books.
2004    *El pueblo misionero de Dios*. Grand Rapids: Libros Desafío.

Van Til, Henry R.
2001   *The calvinistic concept of culture*. Grand Rapids: Baker Academic.

Vattimo, Gianni
2004   *Después de la cristiandad. Por un cristianismo no religioso*. Buenos Aires: Paidós.

Verkuyl, Johannes
1978   *Contemporary Missiology. An Introduction*. Grand Rapids: Eerdmans.

Vigil, José María
s. f.   *El actual debate de la teología del pluralismo*. Libros digitales Koinonía. Disponible en  <http://www.servicioskoinonia.org/LibrosDigitales/LDK/LDK1.pdf>. Consulta: 01 de marzo de 2011.

Walzer, Michael
1976   *The Revolution of the Saints. A Study of Origins of Radical Politics*. New York: Atheneum.

Wilburn, Ralph G.
1960   "La teología de Karl Barth". *Cuadernos teológicos*. Tomo IX, número 3. Buenos Aires: Facultad de Teología.

World Missionary Conference, 1910. Report of Commision I, Carring the Gospel to all Non-Christian World. Disponible en <http://www.archive.org/stream/reportofcommi00worliala>. Consulta: 13 de abril de 2010.

Xhaufflaire, Marcel y otros
1978   *Práctica de la teología política*. Salamanca: Sígueme.
1974   *La teología política*. Salamanca: Sígueme.